税务教学案例精选

The Case of Tax

杨志清 主编

图书在版编目(CIP)数据

税务教学案例精选/杨志清主编.—北京:北京大学出版社,2019.3
(财经类专业硕士教学案例丛书)
ISBN 978-7-301-30354-2

Ⅰ.①税… Ⅱ.①杨… Ⅲ.①税收管理—研究生—教案(教育)—汇编 Ⅳ.①F810.423

中国版本图书馆 CIP 数据核字(2019)第 034760 号

书　　　名	税务教学案例精选
	SHUIWU JIAOXUE ANLI JINGXUAN
著作责任者	杨志清　主编
责 任 编 辑	任雪鋆　贾米娜
标 准 书 号	ISBN 978-7-301-30354-2
出 版 发 行	北京大学出版社
地　　　址	北京市海淀区成府路 205 号　100871
网　　　址	http://www.pup.cn
微信公众号	北京大学经管书苑(pupembook)
电 子 信 箱	em@pup.cn　　QQ：552063295
电　　　话	邮购部 010-62752015　发行部 010-62750672　编辑部 010-62752926
印 刷 者	北京富生印刷厂
经 销 者	新华书店
	720 毫米×1020 毫米　16 开本　16.75 印张　265 千字
	2019 年 3 月第 1 版　　2019 年 3 月第 1 次印刷
定　　　价	39.00 元

未经许可,不得以任何方式复制或抄袭本书之部分或全部内容。
版权所有,侵权必究
举报电话：010-62752024　电子信箱：fd@pup.pku.edu.cn
图书如有印装质量问题,请与出版部联系,电话：010-62756370

编委会
（按姓氏笔画排序）

马海涛　　王瑞华　　尹　飞　　白彦锋
朱建明　　李建军　　李晓林　　辛自强
张学勇　　赵景华　　袁　淳　　唐宜红
殷先军　　戴宏伟

总　　序

中国改革开放四十年来尤其是党的十八大以来,经济社会发展取得了举世瞩目的成就,党和国家事业发生历史性变革,中国人民向着决胜全面建成小康社会,实现中华民族伟大复兴的宏伟目标奋勇前进。党的十九大报告指出"建设教育强国是中华民族伟大复兴的基础工程,必须把教育事业放在优先位置",要"加快一流大学和一流学科建设,实现高等教育内涵式发展"。

实现高等教育内涵式发展,研究生教育是不可或缺的重要部分。2013年,教育部、国家发展改革委、财政部联合发布《关于深化研究生教育改革的意见》,明确提出研究生教育的根本任务是"立德树人",要以"提高质量、满足需求"为主线,以"分类推进培养模式改革、统筹构建质量保障体系"为着力点,更加突出"服务经济社会发展""创新精神和实践能力培养""科教结合、产学结合"和"对外开放"。这为研究生教育改革指明了方向,也势必对专业学位研究生教育产生深远影响。

深化研究生教育改革,要重视发挥课程教学在研究生培养中的作用,而高水平教材建设是开展高水平课程教学的基础。2014年教育部发布《关于改进和加强研究生课程建设的意见》,2016年中共中央办公厅、国务院办公厅发布《关于加强和改进新形势下大中小学教材建设的意见》,2017年国务院成立国家教材委员会,进一步明确了教材建设事关未来的战略工程、基础工程的重要地位。

中央财经大学历来重视教材建设,推进专业学位研究生教学案例集的建设是中央财经大学深化专业学位研究生教育改革、加强研究生教材建设的重要内容之一。从2009年起,中央财经大学实施《研究生培养机制综合改革方案》,提出了加强研究生教材体系建设的改革目标,并先后组织了多批次研究生精品教材和案例集建设工作,逐步形成了以"研究生精品教材系列""专业学位研究生教学案例集系列""博士生专业前沿文献导读系列"为代表的具有中央财经大学特色的研究生教材体系。其中,首批九部专业学位研究生教学案例集已于2014年前后相继出版。

呈现在读者面前的"财经类专业硕士教学案例丛书"由多部精品案例集组成,涉及经济学、管理学、法学三个学科门类,所对应课程均为中央财经大学各专业学位研究生培养方案中的核心课程,由教学经验丰富的一线教师组织编写。编者中既有国家级教学名师等称号的获得者,也不乏在全国百篇优秀案例评选中屡获佳绩的中青年学者。本系列丛书以"立足中国,放眼世界"的眼光和格局,本着扎根中国大地办大学的教育理念,突破案例来源的限制,突出"全球视角、本土方案",在借鉴国外优秀案例的同时,加大对本土案例的开发力度,力求通过相关案例的讨论引导研究生思考全球化带来的影响,培养和拓宽其国际视野。

"财经类专业硕士教学案例丛书"的出版得到了"中央高校建设世界一流大学(学科)和特色发展引导专项资金"的支持。我们希望本套丛书的出版能够为相关课程开展案例教学提供基础素材,并启发研究生围绕案例展开讨论,提高其运用理论知识解决实际问题的能力,进而帮助其完成知识构建与知识创造。

编写面向专业学位研究生的教学案例集,我们还处在尝试阶段,虽力求完善,但难免存在这样那样的不足,恳请广大同行和读者批评指正。

"财经类专业硕士教学案例丛书"编委会
2018年8月于北京

序　言

中央财经大学税务学科起步于1949年的中央税务学校,是中华人民共和国成立后国内最早建立的税务人才培养基地,也是全国最早设立税务专业的高校之一。

为了满足我国税收事业发展对专业人才的迫切需求,完善税务人才培养体系,创新税务人才培养模式,国务院于2010年批准设置税务硕士专业学位(简称MT)。经国家相关机构审查批准后,中央财经大学、西安交通大学即从当年开始招生,成为全国第一批招收税务专业硕士的学校。中央财经大学2010年招收税务专业硕士24人,2011年招收37人,2012年招收52人,2013年招收42人,2014年招收55人,2015年招收47人,2016年招收47人,2017年招收48人,2018年招收48人。目前税务专业硕士设税收政策与管理、国际税收、税收筹划与管理等方向。

在全国税务硕士专业学位教育指导委员会的指导下,中央财经大学依托财政税务学院连续9年招收税务专业硕士,在不断完善培养方案的同时,重视人才培养质量的提高,特别是实践教学与案例教学,鼓励教师撰写案例,进行企业调研、案例研究与分析,不断提高教学技能与科研能力。

2015年9月中央财经大学专业学位研究生教学案例集建设项目立项以来,为进一步推动税务专业硕士教育中案例教学的交流与提高,中央财经大学原税务学院多次举行了案例教学研讨会,相互分享案例教学或案例调研方面的经验。对研讨会收到的案例进行筛选后,我们编写了《税务教学案例精选》,本书共包括16个案例,内容涵盖税务专业硕士培养核心课程,包括税收理论与政策、国际税收理论与政策、税务管理理论与政策、税收筹划等,从税务管理、税收筹划、国际税收几个板块入手进行了案例设计。案例内容大多以实际的企事业单位为原型进行编写，核心素材是通过实地调研或访谈得到的第一手材料。

本案例集在税务专业硕士教学领域试用五年来，推动了税务专业硕士教育中案例教学的交流与提高。本案例集立足于提高课程教学质量和效果、培养高素质人才，以及让学生满意的宗旨，特色鲜明，教学实践效果显著，既体现了税务专业硕士专业课程的教学特点，又具有较强的推广应用价值。

本案例集作者均为中央财经大学财政税务学院专业教师，他们既有扎实的专业理论基础，又有丰富的税务实践经验。所有案例仅供教学研究之用，不妥之处敬请谅解，欢迎各位读者提出批评意见。

杨志清
2018 年 11 月

目 录

Contents

国际税收

CAMCO 委内瑞拉 TW 项目所得税 ………………………………… 杨志清 003
AX 公司技术服务费的税务核定 …………………………………… 王文静 029
非居民企业取得中国境内支付的营业中断险的保险赔偿款项，
　　需要在中国缴税吗？ ……………………………………………… 嵇 峰 041

税法应用

两面针出售中信证券股权补税案 …………………………………… 杨 虹 049
M 公司融资方案决策 ……………………………… 黄 桦 李美昀 068
S 公司基于净现值法的投资项目决策 …………… 黄 桦 李美昀 097
商业企业多种营销方案的涉税分析与会计处理 ………………… 王怡璞 109

税收筹划

上海蓝岛钻石商贸公司税收筹划 …………………………………… 蔡 昌 129
A 公司税收筹划 ……………………………………………………… 赵 涛 150
A 公司跨境无形资产税收筹划 ……………………………………… 何 杨 159
加拿大葛兰素史克转让定价诉讼案 ………………………………… 曹明星 168

税收征管

M 机械制造有限公司税务检查 ………………………… 樊　勇　185
R 公司转让定价特别纳税调整案 ……………………… 刘天永　195
一次追溯十年的税务查核 ……………………………… 燕　冬　217
亚马逊美国无形资产的成本分摊 …………… 杨志清　官　昊　景诗曼　227
A 公司平价股权转让的特别纳税调整 ………………… 杨志清　陈　珂　245

国际税收

CAMCO 委内瑞拉 TW 项目所得税

杨志清

摘　要：CAMCO 委内瑞拉 TW 项目是公司在委内瑞拉承包的一项从勘察设计到供货施工的交钥匙总承包工程。公司起初没有就 TW 项目在委内瑞拉进行所得税申报与缴纳。会计师认为 TW 项目应当在委内瑞拉进行纳税申报。因此,公司对 2012 年的所得税进行了重新申报与缴纳,并在 2014 年年初对 TW 项目 2013 年的所得税进行了申报与缴纳。2014 年,在委内瑞拉税务局开展的税务检查中,税务局认为 TW 项目在对其 2012 年和 2013 年的所得税申报中存在重大缺陷,需要重新进行计算并补缴。

CAMCO 在委内瑞拉承包的 TW 项目所得税问题及其解决过程,为我国对外承包工程企业在项目所在国进行所得税缴纳提供了启示与所得税管理建议。

关键词：CAMCO　对外承包工程项目　TW 项目　常设机构　所得税缴纳

近年来,在国家"走出去"战略的指导下,中国对外承包工程业务发展迅速,成为国际承包工程市场上的重要力量。对外承包工程业务的蓬勃发展吸引了越来越多的中国企业直接或间接地参与其中。这些企业在从事对外工程承包项目时,经常会遇到税务管理方面的问题,其中包括所得税问题。弄清楚是否应该在项目所在国缴纳所得税,如何计算应缴纳的所得税,做好对外承包工程的所得税管理,对工程承包企业具有重要意义。

1. CAMCO 基本情况

CAMCO 是 2006 年经中华人民共和国商务部批准，由国内著名的外贸公司、设计院、机械制造商和施工单位共同发起设立的股份有限公司，于 2011 年 6 月在深圳证券交易所挂牌上市。CAMCO 的主营业务是国际工程总承包，经营范围：承包各类境外工程及境内国际招标工程；上述境外工程所需的设备、材料出口；对外派遣工程、生产及服务行业所需的劳务人员；经营和代理各类商品及技术的进出口业务；进料加工和"三来一补"业务；经营外销贸易和转口贸易。

CAMCO 具有丰富的国际工程总承包管理经验，截至 2013 年年底，已完成了数十个大型交钥匙工程和成套设备进出口项目。业务范围涉及东南亚、南亚、中亚、中东、非洲、南美洲及加勒比等地区，业务领域涉及交通运输、市政建设、水利工程、电力工程、建筑材料、食品加工、轻工纺织、电信、石油化工、农业机械与工程设备等。已完成的项目获得了所在国家业主的广泛认可和好评。

CAMCO 主营业务均在国际市场，其中 95% 的收入来自对外承包工程和成套设备出口。经过多年发展，CAMCO 已经拥有 5 家国内子公司和 20 多家驻外机构，员工人数从成立之初的 54 人发展到 500 多人，业务从较为单一的缅甸市场发展到遍布东南亚、西亚、非洲、拉美、中亚及东欧地区的 40 多个国家和地区，从单一的工程承包发展到工程承包、投资、贸易等多种业务齐头并进。2013 年，公司实现营业总收入 50.57 亿元，比上年同期增长 19.35%；实现营业利润 46 324.34 万元，比上年同期增长 0.34%；实现利润总额 46 348.50 万元。2013 年新签合同额 40.45 亿美元，同比增长了 516.23%，在手合同余额达到 47.66 亿美元。

2. TW 项目概况

CAMCO 委内瑞拉 TW 项目是 CAMCO 在委内瑞拉承包的一项从勘察设计到供货施工的交钥匙总承包工程。主要内容是在委内瑞拉法肯州设计和建设 180 公里的钢管输水管道及 3 个市政净水厂，具体包括勘察设计、设备供货和土建施工，是一个较标准的EPC合同（Engineer、Procure和Construct的首字母缩写，即"设计—采购—施工"合同，是一种从设计、设备采购、施工、安装和调试直至竣工移交的总承包模式，即交钥匙总承包工程）。该工程合同发包方即项目业主为委内瑞拉环境部，合同总金额1亿美元，其中设计部分约1 000万美元，设备部分约5 000万美元，土建安装部分约4 000万美元。合同总成本预计8 000万美元，其中设计部分约800万美元，设备部分约4 000万美元，土建安装部分约3 200万美元。合同总工期为30个月。2011年7月，在收到业主预付款后，CAMCO委内瑞拉TW项目合同正式生效，并立刻开始勘察设计等工作。2011年10月，该项目组在法肯州正式开工建设。

根据项目总包合同要求，工程开始前，CAMCO公司有义务在委内瑞拉境内进行注册登记，以利于项目执行。为符合合同要求，2011年，CAMCO在委内瑞拉首都加拉加斯租用了办公室作为注册地址，并在加拉加斯第七司法管辖区商业注册处进行了登记，注册名为CAMCV，同时投入注册登记资金10万美元。随后，作为外国投资方，CAMCO根据要求在加拉加斯外资监察署（SIEX）进行了登记，根据SIEX的公司类型判定，CAMCV被登记为CAMCO委内瑞拉分公司。之后，CAMCV以分公司的身份在当地税务局进行了税务注册。与此同时，为便于支付项目采购款和当地管理人员电话、差旅等日常费用，项目以CAMCV的名义在银行开立了账户，开始进行日常收支活动。CAMCV还根据当地税务局的要求建立了账簿，将TW项目的成本费用视为CAMCV的成本费用并以该机构为纳税实体进行所得税的纳税申报与缴纳。

3. TW项目初期所得税的处理

在CAMCV刚开始进行纳税申报时，CAMCO认为，这个应业主要求进行注册的机构，只是CAMCO设在委内瑞拉的一个方便项目执行的辅助机构，除接受CAMCO中国总部的委托，为TW项目的执行代为支付一些采购合同款和项目管理人员日常费用以外，仅产生一些该机构本身的日常维持费用，如房租、水电、办事处雇员工资等，因此，该机构只是一个费用中心，没有应税收入，纳税申报也只需按实际情况体现因费用导致的亏损，没有利润也无须缴纳所得税。因此2011年CAMCV在进行纳税申报时，申报收入为零，成本费用根据实际发生情况列支，最终利润申报数是负数，没有需要缴纳的所得税。

TW 项目的总包合同是一个以美元结算的合同，具体结算方式为合同签订后，业主在一定时间内支付预付款给 CAMCO 中国总部。CAMCO 收到预付款后合同正式生效，项目正式开工建设，之后 CAMCO 根据工程进度向业主提交工程量单和结算申请，业主审批通过后将相应的美元进度款支付给 CAMCO 中国总部。TW 项目的收款与 CAMCO 在委内瑞拉的注册机构 CAMCV 没有任何关系。TW 项目执行中所需的设计、设备采购、土建安装分包等成本费用的支付，也基本在 CAMCO 中国总部直接进行，CAMCV 只是接受 CAMCO 的委托，为 TW 项目的执行方代为支付少量采购合同款和项目管理人员的日常费用，因此 CAMCO 一直认为 TW 项目与其之前从事过的其他承包项目一样，项目的收入、成本、利润都在中国体现，所得税都在中国缴纳。另外，在 CAMCO 与委内瑞拉环境部签订的 TW 项目的总包合同中还规定，在中国产生的所有税款、海关税、银行税和其他来自签署合同的税款由 CAMCO 承担，而相应的在委内瑞拉产生的税款则应当全部由委内瑞拉发包方机构即环境部承担。因此，在 TW 项目初期，CAMCO 没有就 TW 项目本身的收入和利润在委内瑞拉做任何的纳税申报。

4. TW 项目面临的所得税问题

TW 项目自 2011 年开工后，CAMCO 一直采用的办法是项目的收入、成本、利润都在中国体现，所得税都在中国缴纳，在委内瑞拉不缴纳任何所得税。只由 CAMCO 在委内瑞拉的注册机构 CAMCV 按要求向税务局做一个零收入的纳税申报。

2013 年年初，在进行 CAMCV 2013 年度所得税纳税申报时，办事处雇用的委内瑞拉主任会计师突然提出，他不能再为 CAMCV 做零收入的纳税申报。因为在他看来，依据相关法律法规，CAMCO 委内瑞拉 TW 项目 1 亿美元的合同总承包额，都应该在委内瑞拉体现为收入，都应该纳入 CAMCO 在委内瑞拉已注册机构 CAMCV 的所得税纳税申报表中，进行纳税申报，而不是像现在这样 TW 项目的收入和利润全部体现在中国、在委内瑞拉不缴纳任何所得税。CAMCO 立刻就会计的观点向委内瑞拉当地的一些律师、会计师等进行咨询，结果他们都

CAMCO委内瑞拉TW项目所得税

一致认为上述观点没有错误,TW 项目的收入来自委内瑞拉,依据委内瑞拉税法,TW 项目的所有收入、成本、利润都应该在委内瑞拉当地进行纳税申报与税款缴纳。

假设 TW 项目真的要在委内瑞拉全额缴纳所得税,与在中国缴纳所得税相比,由于两国所得税税率不同,TW 项目的实际税负会有很大区别。根据委内瑞拉税法,委内瑞拉的企业所得税税率是 34%,而由于 CAMCO 属于高新技术企业,其在中国实际纳税的所得税税率是 15%,两个税率之间相差 19%。假设 TW 项目总成本 8 000 万美元中包括了该项目的所有直接成本和其他费用(下同),则在两种不同税率下,TW 项目应纳所得税计算如表 1 所示。

表 1 TW 项目在两种不同税率下应纳所得税比较

序号	纳税地	收入 (万美元)	成本 (万美元)	利润 (万美元)	税率 (%)	所得税 (万美元)
1	委内瑞拉	10 000	80 000	2 000	34	680
2	中国	10 000	80 000	2 000	15	300

从表 1 可以看出,如果 TW 项目在委内瑞拉缴纳所得税,需缴纳 680 万美元的所得税,而如果在中国缴纳所得税,则只需要缴纳 300 万美元的所得税。通过进一步咨询,CAMCO 发现,上述在委内瑞拉 680 万美元的纳税数额还只是一个理想的数字,由于 CAMCO 的实际管理机构在中国,TW 项目的 8 000 万美元成本支出中,大部分是通过 CAMCO 中国总部直接支付给分包商的,为 TW 进行设备、材料采购的很多辅助费用也都发生在中国,TW 项目中方执行人员的工资福利也都在中国发放,这些成本费用若要在委内瑞拉申报所得税时进行税前列支,还需要进行预先审批并办理公证等一系列手续,这一过程存在诸多困难和不确定因素。因此,如果 TW 项目真的要在委内瑞拉全额申报缴纳所得税,则实际纳税金额比 680 万美元还要多。

TW 项目是否应该在委内瑞拉缴纳所得税?如何正确地计算和缴纳所得税?能否合理合法地实现税收减免?……这些是 TW 项目亟待解决的重要问题,均对企业有重要影响。

5. TW 项目所得税问题的争议与解决

5.1 CAMCO 的观点

CAMCO 认为,TW 项目不应在委内瑞拉缴纳所得税。

针对 TW 项目是在中国缴纳所得税还是在委内瑞拉缴纳所得税,CAMCO 在分析后认为不应在委内瑞拉缴纳所得税,理由如下:

第一,CAMCO 在委内瑞拉的注册机构是应业主在主承包合同中的要求设立的,从设立之初起,CAMCO 一直认为其只是一个在委内瑞拉注册的外国公司办事机构,不具有分公司性质,因此,不能将其认定为一个税法意义上的常设机构。CAMCO 没有在委内瑞拉设立常设机构,所以 TW 项目的所有利润没有义务在委内瑞拉缴纳所得税。

第二,TW 项目是 CAMCO 同委内瑞拉政府部门——环境部签订的解决当地居民饮水问题的重大合同,带有一定的惠民性质,而且合同中明确规定,在中国产生的所有税款、海关税、银行税和其他来自签署合同的税款由 CAMCO 公司承担,而相应的在委内瑞拉产生的税款则应当全部由委内瑞拉发包方机构,即环境部承担。因此,TW 项目产生的所得税,不应该由 CAMCO 负担,理应由委内瑞拉环境部承担。

第三,TW 项目是中国和委内瑞拉两国间的国际工程项目,该项目的签约方为中国的 CAMCO 公司,项目分包合同也都是由该公司直接进行签署的。中国的 CAMCO 公司承担了该项目的所有风险和责任,该项目的重大决策和管理活动也都在中国进行,所以全部所得税在委内瑞拉缴纳是不合理的。

5.2 普华会计师事务所的所得税解决方案

在这种情况下,CAMCO 意识到仅仅依靠自身力量是无法解决这个问题的,所以决定聘用当地的中介机构,期望利用中介机构丰富的经验和熟悉法律法规的优势协助自己处理所面临的纳税问题。委内瑞拉普华会计师事务所(以下简称"普华")在对 CAMCO、CAMCV 和 TW 项目进行了解之后,正式接受了 CAMCO 的委托,为 TW 项目面临的税务问题提供解决方案。

在对 TW 项目的详细情况和 CAMCO 面临的税务问题进行了仔细的研究之后，结合委内瑞拉所得税法和中委双边税收协定，普华为 TW 项目出具了一个被命名为"利润分割"的所得税解决方案。根据该方案，普华认为，虽然 CAMCO 对以前在委内瑞拉注册的机构是否构成分公司存有疑虑，但由于注册登记的问题，这个机构已经被判定为分公司并在委内瑞拉税务部门进行了注册登记，因此，CAMCV 本身已经构成了 CAMCO 在委内瑞拉的常设机构。即使这个机构设立初衷不是常设机构，但 CAMCO 在委内瑞拉法肯州进行的超过九个月的施工、安装和监理相关的活动，也已经使其构成实际的常设机构，需要在委内瑞拉缴纳所得税。但是，项目所有收入均在委内瑞拉体现是不合理的，因为根据中委双边税收协定，"不应仅由于常设机构为企业采购货物或商品，就将利润归属于该常设机构"，另外"建筑工地，建筑、装配或安装工程，或者与其有关的监督管理活动，仅以该工地、工程或活动连续超过九个月的为常设机构"。因此，他们认为 TW 项目的设计、设备供货部分的收入不应该归入当地的收入。以此为基础，普华对 TW 项目在委内瑞拉的具体纳税办法设计如下：

第一，在纳税申报时，只将土建安装部分的利润作为 TW 项目在委内瑞拉当地应当纳税的利润。具体做法是先根据中委双边税收协定确定的常设机构认定原则，将项目在当地形成常设机构的土建安装部分的收入作为应在委内瑞拉当地纳税的收入。将未形成常设机构的设计、设备采购等部分的收入归属于应在中国纳税的收入，在中国计算缴纳所得税。

第二，为了表明常设机构获取的收入、成本和利润与母公司是独立的、合理的，不存在转移利润的问题，TW 项目在委内瑞拉当地应纳税的土建安装部分的利润按照成本加利润的办法（即交易利润范围法）确定。具体做法为按照土建安装部分实际的成本支出以及土建安装行业的平均利润率来确定应在委内瑞拉纳税的土建安装部分的收入和利润。经过查询，普华将与 TW 项目形成的常设机构可比较的进行类似活动的其他公司可能获取的平均利润率3%，作为计算 TW 项目利润的依据。据此计算，TW 项目应在委内瑞拉缴纳的所得税如表2所示。

表 2　交易利润范围法下 TW 项目应纳所得税计算

(单位：万美元)

序号	项目	计算过程	计算结果
1	土建安装收入	3 200/(1-3%)	3 299.00
2	土建安装成本	3 200	3 200.00
3	土建安装利润	3 299-3 200	99.00
4	TW 项目应在委内瑞拉缴纳的所得税	99×34%	33.66

依据普华的这一解决方案，TW 项目在委内瑞拉所要缴纳的所得税为 33.66 万美元，要远远小于原来 680 万美元的估算。CAMCO 立刻根据方案将 TW 项目 2012 年的收入成本和利润纳入 CAMCV，以 CAMCV 为纳税主体对其 2012 年的所得税进行了重新申报和缴纳，并向税务局提交了关于 TW 项目土建工程施工方面的税务咨询函，就这一方案寻求税务局的官方认可。不久以后，CAMCO 接到委内瑞拉税务局的咨询回复，回复中没有对这一方案的合理性提出异议。2014 年年初，CAMCO 再次依照普华的利润分割解决方案，以 CAMCV 为主体对 TW 项目 2013 年的所得税进行了申报缴纳。

5.3　税务局要求的纳税方法及提供的合同签署建议

2014 年年初，委内瑞拉税务局开始对各个企业进行税务大检查。CAMCO 在委内瑞拉的注册机构 CAMCV 就被税务局选中，属于被检查之列。从 2014 年 5 月到 7 月，委内瑞拉税务局对 CAMCO 在委内瑞拉的注册机构 CAMCV 的账务报表和纳税情况进行了严格的审查。同时，调阅了 CAMCO 与委内瑞拉环境部签署的 TW 项目的总承包合同及 CAMCO 就该项目与分包商签署的所有分包合同。最后税务局的检查结论认为：(1) TW 项目设备部分不在委内瑞拉生产和购买，因此该部分的所得不需要在委内瑞拉缴纳所得税；(2) TW 项目设计活动不在委内瑞拉发生，也不需要在委内瑞拉缴纳所得税；(3) 这两部分的所得税由 CAMCO 总部在中国缴纳即可；(4) TW 项目在对其 2012 年和 2013 年的所得税申报中存在重大缺陷，土建安装利润率被严重低估，从而导致所得税被低报。TW 土建安装工程部分工期为 30 个月，超过了中委双边税收协定中连续超过 9 个月即成为常设机构的规定，因此 TW 项目土建安装部分的利润应该依法在委内瑞拉进行纳税。CAMCV 需要立刻对其在 2012 年和 2013 年产生的利润及所得税依据项目的实际收入和成本进行重新计算,并补缴所得税。除此之外,CAMCO 还要根据委内瑞拉税法承担 TW 项目晚交税款产生的相应利息和罚金。

具体做法是,首先,确定在委内瑞拉的应纳税收入为总包合同中规定的也是应归属于 TW 项目形成的常设机构的土建安装收入 4 000 万美元,而不是依据普华纳税方案中 3% 的利润率计算的 3 299 万美元。可以扣减的成本费用为与取得 4 000 万美元土建安装收入相关的全部成本费用 3 200 万美元。其次,TW 项目应在委内瑞拉建立完整的会计账簿,并将归属于常设机构的土建安装部分收入、成本和费用全部体现在该账簿中。以上述数据为基础,TW 项目 2012 年和 2013 年应该在常设机构体现的应税收入和成本应采用完工百分比法确定。再次,用当年的应税收入减去相应成本以及常设机构发生的各项允许扣除的营运费用,得到应纳税所得额,并以应纳税所得额乘以税率计算出应纳所得税额。最后,在收到 TW 项目的所得税后,税务局会根据规定为 CAMCO 出具所得税纳税证明。根据中委双边税收协定,中国居民企业从委内瑞拉取得所得、在委内瑞拉缴纳的税额,可以在对该居民企业征收中国税收时抵免。CAMCO 在纳税并取得上述纳税证明后,在中国缴纳所得税时,按规定向主管税务机关申请纳税抵免。

委内瑞拉税务局还对 CAMCO 今后在委内瑞拉进行其他对外承包工程项目提出了合理化建议。根据建议,CAMCO 在与业主签署总承包合同时,应将总承包中包括的设计、设备供货与土建安装分开签订三个独立的合同。这样,由于设计活动不是在委内瑞拉发生的,因此,可以不在委内瑞拉缴纳所得税。设备供货属于正常的进出口贸易合同,不涉及 CAMCO 在委内瑞拉取得收入并缴纳所得税问题。土建安装部分,如果在委内瑞拉形成常设机构,并且收入来源于委内瑞拉,则只对该部分内容依照相关税法规定计算缴纳所得税即可。一个总包合同分成三个不同的合同签署,可以使项目在进行所得税纳税地判定时清楚明了,也有利于降低项目的应税利润和应纳税金。

如果出于业主的原因或项目发包形式的原因,不能分开签订合同,只能签署一个总的承包合同,则应该争取在合同中将设计、设备供货与土建安装价格分项列示,实际执行合同时,在向业主提交的工程量单中也将三个部分分项列示。这样,如果总承包合同不被认定为是一项总服务的提供,则设计和设备部分也不需要在委内瑞拉纳税,而只需要就土建和安装部分按规定在委内瑞拉计算缴纳所得税即可。

5.4 TW 项目所得税问题的最终解决

2014 年,按照税务局的要求,CAMCV 对其账面记录进行了全面调整,按照 TW 项目土建安装部分总的成本预算 3 200 万美元及实际完工成本,以及土建安装部分的总收入 4 000 万美元,以完工百分比法计算确认了 TW 项目 2012 年和 2013 年土建安装部分的收入和成本,并以此为基础重新确定了 CAMCV 应纳税所得额和应纳税额,补缴了税款。此外,根据委内瑞拉税法要求,CAMCV 还缴纳了因晚缴税款产生的相应利息和罚金。之后,TW 项目的收入、成本、利润的记录、计算及缴纳,全部按照税务局的上述要求进行处理。

案例使用说明

一、教学目的与用途

1. 本案例主要适用于税务专业硕士"国际税收理论与实务"课程,也适用于税收学研究生"国际税收研究"与本科生"国际税收"等相关课程。

2. 本案例的教学目的:

(1) 使学生了解和掌握我国对外承包工程企业在国外进行所得税申报缴纳的方法和主要问题。

(2) 使学生了解与分析企业、会计师、税务局对 CAMCO 所得税处理的不同观点及其方法。

(3) 使学生能够针对 TW 项目从税法与税收协定角度进一步分析与理解常设机构与所得税处理方法。

(4) 使学生能够从 TW 项目所得税问题的解决过程中得到启示。

二、启发思考题

1. 公司起初没有就 TW 项目在委内瑞拉进行所得税申报与缴纳是否正确?

2. 公司 TW 项目产生所得税缴纳问题的原因是什么？

3. 普华提供的利润分割方案的合理性如何？该方案的关键点何在？

4. 委内瑞拉税务局的纳税方案合理性如何？

5. 本案例对我国对外承包工程企业所得税缴纳有何启示？

6. 本案例对我国对外承包工程企业的所得税管理有何借鉴意义？

三、分析思路

1. 本案例主要是针对税务硕士专业学位的学生而设计的，要求他们在案例资料的基础上，围绕案例的内容搜集案例所涉及的法律法规资料，在一定的假设条件下，深入分析公司有关所得税问题。

2. 可以采取外部咨询公司对该公司进行咨询诊断的形式，分成不同小组对公司涉税问题进行分析；也可以在分组讨论时，模拟担任公司高层领导角色，从该公司发展角度对问题进行分析。

3. 要求学生重点分析普华所提供的所得税解决方案的合理性、关键点，以及委内瑞拉税务局提出的纳税方案的合理性。

4. 在分析的基础上，要提示学生在讨论中应对常设机构、相关税法、税收协定的有关规定与解释进行重点分析并理解运用。

5. 最后，在各组讨论发言的基础上，教师做一个代表自己观点的总结，供学生参考，并进一步提出深入思考性的问题，为后续课程的讲授打好基础。

四、理论依据与分析

（一）TW 项目面临的税收管辖分析

CAMCO 是一个在中国境内注册成立的受中国法律约束和保护的中国居民企业。TW 项目是 CAMCO 在委内瑞拉进行的对外承包工程项目，是中国居民企业在委内瑞拉从事经营并取得收入的活动。中国政府行使的税收管辖权，是同时行使居民管辖权和地域管辖权。委内瑞拉政府行使的税收管辖权，是单一行使地域管辖权。

当一国政府行使地域税收管辖权（即收入来源地税收管辖权）时，政府对来源于该国境内的全部所得以及存在于本国范围内的财产等行使征税权利，而不考虑取得所得、收入者和财产的所有者是否为该国的居民或公民。而当一国政府行使居民税收管辖权时，政府对该国居民世界范围内的全部所得和财产等行使征税权利，而不管该国居民的收入、所得和财产是否来源或存在于本国境内。如果一国实施收入来源地税收管辖权，另一国实施居民税收管辖权时，那么实施居民税收管辖权的国家的居民在实施收入来源地税收管辖权的国家从事经营活动取得的收入将面临双重征税的局面。

CAMCO 作为中国的居民企业在委内瑞拉从事 TW 项目取得的收入，就面临这样的局面。委内瑞拉政府行使的是地域税收管辖权，该国对来源于该国境内的全部所得行使征税权利，不考虑取得所得、收入者和财产的所有者是否为该国的居民或公民，因此，CAMCO 虽然不是委内瑞拉的居民，TW 项目在委内瑞拉取得的收入，也要受到该国地域税收管辖权的管辖，需要在委内瑞拉缴纳所得税。

与此同时，中国政府行使的是居民管辖权和地域管辖权，政府对中国居民世界范围内的全部所得使征税权利，不管该收入是否来源于财产是否存在于中国境内。CAMCO 作为中国的居民企业，在委内瑞拉从事 TW 项目所取得的收入，在中国同样需要缴纳所得税。

（二）TW 项目与中委双边税收协定分析

税收协定是指两个或两个以上的主权国家，为了协调相互间在处理跨国纳税人征纳事务方面的税收关系，依照平等原则，通过政府间谈判所缔结的确定其各自在国际税收分配关系中的权利和义务的具有法律效力的书面税收协议。税收协定可以实现消除双重征税，稳定税收待遇，适当降低税率，分享税收收入，减少管理成本，合理归属利润，防止偷漏税，实行无差别待遇，建立有效争端解决机制等目的。

中国政府同委内瑞拉政府于 2001 年 4 月 17 日共同发布了《中华人民共和国政府和委内瑞拉玻利瓦尔共和国政府关于对所得和财产避免双重征税和防止偷漏税的协定》（以下简称"中委双边税收协定"），并于 2004 年 12 月 23 日开始执行。

根据中委双边税收协定第七条："缔约国一方企业的利润应仅在该缔约国征税，但该企业通过设在缔约国另一方的常设机构在该缔约国另一方进行营业的除外。如果该企业通过设在该缔约国另一方的常设机构在该缔约国另一方进行营业,其利润可以在该缔约国另一方征税,但应仅以属于该常设机构的利润为限。"TW 项目是否应在委内瑞拉纳税,主要看 CAMCO 是否是通过设在委内瑞拉的常设机构来实施 TW 项目。

中委双边税收协定第五条规定"常设机构"是指企业进行全部或部分营业的固定营业场所。"常设机构"特别包括管理场所、分支机构、办事处、工厂(作业场所,矿场、油井或气井、采石场或其他开采自然资源的场所)。建筑工地,建筑、装配或安装工程,或者与其有关的监督管理活动,仅以该工地、工程或活动连续超过九个月的为常设机构。"常设机构"不包括专为储存、陈列或交付本企业货物或商品的目的而使用的设施;专为储存、陈列或者交付的目的而保存本企业货物或商品的库存;专为另一企业加工的目的而保存本企业货物或者商品的库存;专为本企业采购货物或商品,或者搜集情报的目的所设的固定营业场所;专为本企业进行其他准备性或辅助性活动的目的所设的固定营业场所。

在案例中,我们知道,CAMCO 在 TW 项目开始之初,就应业主在合同中的要求,在委内瑞拉进行了商业注册,这个机构如果被认定为分公司,就必然属于 CAMCO 在委内瑞拉设立的常设机构;如果被认定是为企业进行准备性或辅助性活动而设的固定营业场所,则不应被认定为常设机构。经过查询,这个机构在商业注册处并没有被认定为分公司,但在外资监察署(SIEX)进行登记时,被登记为 CAMCO 委内瑞拉分公司,并以分公司的名义在税务局进行了税务登记,因此,这个机构已经构成了 CAMCO 设在委内瑞拉的常设机构。即使 CAMCO 在委内瑞拉进行注册的机构不是分公司,由于 TW 项目在委内瑞拉进行的土建和安装工期是 30 个月,远远超过了"建筑工地,建筑、装配或安装工程,或者与其有关的监督管理活动,仅以该工地、工程或活动连续超过九个月的为常设机构"这一规定。因此,TW 项目土建安装现场本身已经构成了在委内瑞拉的常设机构。TW 项目作为 CAMCO 在委内瑞拉实施的对外承包工程项目,是 CAMCO 通过设在该国的常设机构在该国进行的营业活动,应该在委内瑞拉进行所得税缴纳。

(三)根据双边税收协议分析确定 TW 项目应税利润

从前面的分析中,TW 项目已经被认定为 CAMCO 通过设在委内瑞拉的常设机构从事的营业活动,因此,双边税收协议中与常设机构有关的规定都适用于 TW 项目。中委双边税收协定第七条营业利润规定:缔约国一方企业的利润应仅在该缔约国征税,但该企业通过设在缔约国另一方的常设机构在该缔约国另一方进行营业的除外。如果该企业通过设在该缔约国另一方的常设机构在该缔约国另一方进行营业,其利润可以在该缔约国另一方征税,但应仅以属于该常设机构的利润为限。除适用第三款的规定以外,缔约国一方企业通过设在缔约国另一方的常设机构在该缔约国另一方进行营业,应将该常设机构视同在相同或类似情况下从事相同或类似活动的独立分设企业,并同该常设机构所隶属的企业完全独立处理,该常设机构可能得到的利润在缔约国各方应归属于该常设机构。在确定常设机构的利润时,应当允许扣除其进行营业发生的各项费用,包括行政和一般管理费用,不论其发生于该常设机构所在国,还是其他任何地方。但是,常设机构使用专利或其他权利支付给企业总机构或该企业其他办事处的特许权使用费、报酬或其他类似款项,具体服务或管理的佣金,以及因借款所支付的利息(该企业是银行机构的除外)都不作任何扣除(属于偿还代垫实际发生的费用除外)。同样,在确定常设机构的利润时,也不考虑该常设机构从企业总机构或该企业其他办事处取得的特许权使用费、报酬或其他款项,具体服务或管理的佣金,以及贷款给该企业总机构或该企业其他办事处所获的利息(该企业是银行机构的除外,属于偿还代垫实际发生的费用除外)。

从上述规定可以看出,TW 项目在委内瑞拉纳税,首先要确定归属于 TW 项目形成的常设机构的利润。TW 项目本身形成常设机构的主要原因就是由于土建安装工期超过了 9 个月,TW 项目土建安装部分的利润是归属于常设机构的利润,TW 项目在委内瑞拉的纳税额,应仅以该土建安装部分的利润为限。在确定该常设机构的利润时,应将该常设机构视同为一个独立分设企业,并同 CAMCO 完全独立分开计算收入、成本和利润。CAMCO 利润和常设机构利润之间不能互相混淆,即将土建安装部分 4 000 万美元的收入完全视作常设机构的收入,与 CAMCO 没有任何关系,相应的成本和利润也都以常设机构为单位单独计算,不能和 CAMCO 混在一起。在具体进行利润计算时,双边避税协定没有详细规定,依据委内瑞拉税法,工程合同如果收入和成本可以进行可靠的衡量,就建议考虑使用施工进度率方法(即完工百分比法)进行计算。TW 项目土建安装部分的收入成本能够可靠计量,所以税务局要求 CAMCV 根据完工百分比法计算确认 TW 项目 2012 年和 2013 年的土建安装部分的收入、成本和利润。TW 项目总成本为 3 200 万美元,假如 2012 年实际成本 1 200 万美元,不考虑其他费用,则其 2012 年的利润和应纳税金计算如表 3 所示。

表 3 TW 项目 2012 年土建安装部分利润税金计算表

(单位:万美元)

序号	项目	计算过程	计算结果
1	2012 年应确认收入	4 000×1 200/3 200	1 500
2	2012 年应确认成本	1 200	1 200
3	2012 年应确认利润	1 500−1 200	300
4	2012 年应在委内瑞拉缴纳的所得税	300×34%	102

计算确定 TW 项目应税利润时,可以扣除 TW 项目常设机构运营时发生的各项行政和一般管理费用,包括发生在委内瑞拉 TW 项目常设机构中的费用,以及发生在中国总部的同样性质的费用。根据委内瑞拉所得税法,常设机构的费用扣除需要满足一定标准。比如,开支必须反映在固定基地或常设机构的财务报表中、采用的归属标准必须合理且具有长期性等,TW 项目的相关费用必须符合这些标准,才能被允许税前扣除。

(四) TW 项目面临的双重征税问题以及解决情况分析

从 TW 项目的所得税税收管辖分析中我们可以看到,TW 项目的所得需要在委内瑞拉缴纳所得税,也需要在中国缴纳所得税,不可避免地面临双重征税问题。TW 项目如果在委内瑞拉缴纳了所得税,CAMCO 在中国就不应该就同样的所得再次缴纳所得税,否则会给企业带来沉重的税收负担。

目前,许多国家在国内法中通过单边税收减免以最大限度地消除双重征税的影响。这些减免措施包括免税,税收抵免,或者将外国已纳税额作为费用予以扣除的方法(该种方法最常被采用)。我国现行税法对所得避免双重征税按国际惯例做出了相应规定。其主要内容包括:居民企业来源于中国境外的应税所得已在境外缴纳的所得税税额,可以从其当期应纳税额中抵免,抵免限额为该项所得依照本法规定计算的应纳税额;超过抵免限额的部分,可以在以后五个年度内,用每年度抵免限额抵免当年应抵税额后的余额进行抵补;纳税人境外已缴税款的抵扣,一般采用分国不分项抵扣境外已缴税款的方法。其抵扣额为"境内境外所得按中国税法计算的应纳税额×来源于某国（地区）的所得/境内境外所得总额"。企业从境外取得营业利润所得以及符合境外税额间接抵免条件的股息所得，虽有所得来源国（地区）政府机关核发的具有纳税性质的凭证或证明，但因客观原因无法真实、准确地确认应当缴纳并已经实际缴纳的境外所得税税额的，除就该所得直接缴纳及间接负担的税额在所得来源国（地区）的实际有效税率低于我国企业所得税法第四条第一款规定税率50%以上的外，可按境外应纳税所得额的12.5%作为抵免限额，企业按该国（地区）税务机关或政府机关核发具有纳税性质凭证或证明的金额，其不超过抵免限额的部分，准予抵免；超过的部分不得抵免。另外，根据中委双边税收协定第二十四条消除双重征税方法中的规定，中国居民从委内瑞拉取得的所得，按照本协定规定在委内瑞拉缴纳的税额，可以在对该居民征收的中国税收中抵免。但是，抵免额不应超过对该项所得按照中国税法和规章计算的中国税收数额。

根据这些规定，TW项目应根据实际情况确定是否在委内瑞拉纳税，如果确定在委内瑞拉缴纳所得税后可以凭委内瑞拉征税机关的相关征税凭证到中国向主管税务部门申请税收抵免。但是，当年抵免额不能超过对该项所得按照中国税法和规章计算的中国税收数额。以TW项目为例，其2012年土建安装部分在委内瑞拉缴纳的所得税是102万美元，假如CAMCO在中国依然按这个利润率纳税，则这部分利润按照CAMCO在中国的实际税率计算的应纳税数额是300×15%＝45万美元。由于45万美元小于102万美元，因此，TW项目在委内瑞拉实际缴纳的102万美元的所得税款在当年中国只能抵扣45万美元，其余部分当年不能获得抵扣，只能在以后五个年度内，用每年度抵免限额抵免当年应抵税额后的余额进行抵补。

五、关键点

1. 企业进行对外承包工程作业时，首先要在对我国与项目所在国税收法律及税收协定分析的基础上，分析解决所得税问题。

2. 重点要对常设机构、相关税法、税收协定的有关规定与解释进行分析、理解和运用。

3. 本案例对我国对外承包工程企业所得税缴纳的启示与所得税管理的借鉴意义。

六、建议的课堂计划

1. 课堂教学建议安排 3 课时。其中引导学生复习国际税收关于税收管辖权与常设机构的基本知识 1 课时,分组讨论 2 课时。

2. 介绍案例背景,了解企业的全球商业架构。

3. 分析该案例税收的关键点,并就其可行性和风险进行分析讨论。

4. 总结和归纳该案例所涉及的主要知识点,对我国对外承包工程企业所得税缴纳的要点、风险和所得税管理建议进行深化。

七、案例的建议答案以及相关法规依据

(一) TW 项目产生所得税缴纳问题的原因分析

1. 我国对外承包工程企业境外纳税观念不强。我国现在的很多对外承包工程企业,以前都是从事一般商品进出口的外贸进出口企业。是在对外承包工程业务蓬勃发展的大环境下,结合自身商务和融资优势,逐渐转变业务重点,开始开展对外承包工程业务的。因此,这些企业在海外开展工程承包的经验并不是特别丰富,对于承包工程中的税务问题尤其缺乏实践经验。很多外贸企业认为,进行对外承包工程业务,其实就是向进口国出口成套设备,并协助他们进行安装调试,与之前进行的一般贸易商品出口一样,无需在进口国缴纳任何税金。

另外由于技术、管理、行业标准等原因,中国企业对外承包工程的主要市场是亚洲和非洲一些不发达国家,这些国家经济发展水平相对较低,税收征管水平也比较落后,因此在这些国家进行工程承包一般也较少遇到税务问题。有些国家出于发展自身经济的需要,会对外国公司到本国进行基础设施建设等工程项目采取税收优惠政策。企业会通过在和业主签订的主承包合同中加入免税条款,如"本合同免税或者本合同在当地的所有税款均由合同业主方面承担"等,对税收优惠进行确认,从而达到减少税务方面风险的目的。这也使得许多中国对外承包工程企业较少考虑缴纳所得税的问题。

2. CAMCO 自身缺少对国际税收的了解。CAMCO 的前身就是一个从事一般商品出口的外贸企业,在同委内瑞拉环境部签署 TW 项目之前,也在其他一些亚洲和非洲国家实施过一些对外工程承包项目,但基本没有在项目所在国缴

纳过所得税,其部分从事过的项目和在项目所在国的所得税应对情况如表 4 所示。

表 4　CAMCO 主要项目在项目所在地的所得税缴纳情况

序号	国别	项目	所得税应对	所得税缴纳
1	缅甸	水泥厂	合同中规定业主承担当地所有税金	不缴纳
2	缅甸	糖厂	合同中规为免税合同	不缴纳
3	缅甸	玻璃厂	合同中规定业主承担当地所有税金	不缴纳
4	苏丹	泵站	合同规定为免税合同	不缴纳
5	菲律宾	泵站	未在当地注册	无需纳税

从表 4 可以看出,CAMCO 几乎没有在对外承包工程项目所在地缴纳所得税的经验,并且 CAMCO 认为,TW 项目在与业主的主承包合同中有规定"中国产生的所有税款、海关税、银行税和其他来自签署合同的税款由 CAMCO 公司承担,而相应的在委内瑞拉产生的税款则应当全部由委内瑞拉承包方机构承担"。因此,TW 项目与以前在缅甸等国实施其他项目一样,不用在项目所在地缴纳所得税。

由于 CAMCO 在项目所在地缺乏纳税经验,缺乏对国际税收的了解,没有对对外承包工程项目的所得税给予足够的重视,最终导致了 TW 项目所得税问题的产生。

(二) CAMCO 观点的简要分析

经过进一步咨询分析,上述理由都不能为 CAMCO 在委内瑞拉不缴纳所得税提供支持。

首先,通过查询到的注册文件发现,CAMCO 在委内瑞拉进行注册登记时,没有被注册为分公司,仅仅是按照合同中环境部的要求进行了驻地登记,但是,在外资监察署(SIEX)进行登记时,根据其公司类型判定,该机构被登记为 CAMCO 委内瑞拉分公司,税务登记也是以分公司身份进行的。即使该注册机构不是分公司,不被认定为常设机构,CAMCO 在法肯州的建筑工地也会被认定为常设机构。因为根据中委双边协定第三条"建筑工地,建筑、装配或安装工程,或者与其有关的监督管理活动,仅以该工地、工程或活动连续超过九个月的为常设机构"。TW 项目工期为 30 个月,已经远远超出这条规定。

其次，虽然 TW 项目是同委内瑞拉政府部门签订的，且带有惠民性质，但是，在委内瑞拉所得税法中，并无法找到与此直接相关的税收优惠条款。合同中规定的委内瑞拉产生的税款当全部由委内瑞拉发包方机构承担，只能理解为他们承担流转税等其他税种，因为 TW 项目的合同总金额已经确定为 10 000 万美元，环境部对该项目的预算也是 10 000 万美元，预算中是不包括所得税的。另外，环境部在项目结束前是不可能知道 CAMCO 承接该项目的盈利水平的，因此也无法预测 TW 项目的所得税具体数额。如果将此条理解为环境部作为委内瑞拉政府部门的一个承诺，可以替本项目解决在委内瑞拉的所得税问题，如进行免税等，则需要得到委内瑞拉税务局的书面批准。事实上，在就此问题与环境部沟通后，他们也确实不认为他们应该承担 TW 项目在委内瑞拉可能缴纳的所得税，也无法为 CAMCO 获得所得税免税许可。

最后，尽管中国的 CAMCO 公司承担了该项目的所有风险和责任，但是，根据委内瑞拉税法及税收管辖原则，如果 CAMCO 在委内瑞拉进行了经营，形成了常设机构，取得了收入，就应当就该常设机构的利润在委内瑞拉纳税，是否承担风险和责任在法律法规中没有做出明确规定。

因此，上述理由都不能为 CAMCO 在委内瑞拉不缴纳所得税提供足够支持。

（三）普华利润分割方案的合理性分析

普华提供的所得税解决方案最关键的是两点：一是以双边税收协定为依据确定项目在委内瑞拉当地应当纳税的利润。根据中委双边税收协定，将项目的土建安装部分的收入作为应在委内瑞拉当地纳税的收入，其余的设计、设备采购等部分的收入均属于应在中国纳税的收入。二是为了表明常设机构获取的收入、成本和利润与母公司是独立的、合理的，不存在转移利润的问题，TW 项目在委内瑞拉当地应纳税的土建安装部分的利润按照成本加利润的办法（即交易利润法）确定。

首先，TW 项目设备都是从中国进口的，并且进口人和收货人都是业主。通常一国公司同他国公司的进出口贸易活动一般不会涉及两国政府针对他国贸易主体征收所得税的问题，另外，根据双边税收协议，不应仅由于常设机构为企业采购货物或商品而将利润归属于该常设机构。因此，TW 项目设备部分的所得税不需在委内瑞拉缴纳，由 CAMCO 在中国进行缴纳即可。TW 项目的设计部分也是中国公司在中国进行的,虽然该部分收入在委内瑞拉取得,但根据中委双边税收协定来看,由于这部分收入的设计活动是在中国进行的,而不是通过在委内瑞拉设立的机构或其他形式的常设机构进行的,因此,TW项目设计部分的所得税也不需要在委内瑞拉进行缴纳,由CAMCO在中国进行缴纳即可。TW土建安装工程部分工期为30个月,已经远远超过了中委双边税收协定中连续超过9个月成为常设机构的规定,因此只有TW项目土建安装部分的利润应该依法在委内瑞拉进行纳税。这一观点也在税务检查中得到了税务局的认可。

其次,根据中委双边税收协定,"缔约国一方企业通过设在缔约国另一方的常设机构在该缔约国另一方进行营业,应将该常设机构视同在相同或类似情况下从事相同或类似活动的独立分设企业,并同该常设机构所隶属的企业完全独立处理"。为了表明常设机构获取的收入、成本和利润与母公司是独立的、合理的,不存在转移利润的问题,普华认为TW项目在委内瑞拉当地缴纳的土建安装部分的利润应按照成本加利润的方法(即交易利润法)确定。具体做法为,以常设机构的成本和支出为计算基础,同时确定一个同CAMCO公司的常设机构可比较的进行相似活动的其他公司可能获取的运营利润率。在普华的方案中,该利润率的确定方法:由于2012税务年度观察到可比较的公司在总成本基础上的运营利润范围在1.44%和6.68%之间,中间值为3.17%,因此,确定3%作为TW项目土建安装部分的利润率。

从表面上看,这种交易利润法相对合理,但实际并不能反映TW项目利润的客观真实情况。从案例数据中我们可以看出,TW项目土建安装部分的实际收入为4 000万美元,成本为3 200万美元,实际利润率为(4 000-3 200)/4 000 = 20%,远远大于3%的利润率。我们知道,交易利润法是以可比非关联交易的利润率指标确定关联交易的净利润,主要作用在于规范关联企业之间的非公平交易。当认为两个关联企业之间涉及非公平定价从而进行利润转移,而税务机关又无法确定其公平价格时,通常会使用该方法。但本案例中,TW项目的收入成本税务机关是能够确定的,因此,确定该项目利润时税务机关会要求CAMCO按照实际收入和实际成本计算,而不是采用交易利润法来确定,尤其是使用这个严重偏小的利润率来确定。

(四)税务局纳税方案及合同签署建议分析

委内瑞拉税务局的纳税方案,实际上也包括了两个方面,一方面是确定了

TW 项目应该在委内瑞拉缴纳所得税，但不是以项目的全部利润缴纳所得税，而是只就构成常设机构的土建安装部分的利润为依据缴纳所得税，这一观点和普华出具的所得税解决方案相同。另一方面确定在计算土建安装部分的应纳税利润时，使用土建安装部分的实际收入和实际成本，并以此为基础按照完工百分比法确定每一个纳税年度应该缴纳所得税的应纳税所得额。这一观点与普华方案完全不同。根据税务局的纳税方案，TW 项目土建安装部分的实际收入为 4 000 万美元，成本为 3 200 万美元，实际利润率应为（4 000 - 3 200）/4 000 = 20%，而不是普华运用交易利润法确定的 3% 的利润率（见表 5）。

表 5　项目两种利润计算方法下应纳税额比较

（单位：万美元）

序号	计算方法	利润率	应纳税所得	应纳税额
1	成本加利润	3%	42.06	24.30
2	实际收入成本	20%	800.00	272.00
差额				257.70

从税务局给出的总承包合同签署方式的建议可以看出，合同签署方式与项目所得税缴纳之间具有重要联系。一项包含设计、设备采购和土建安装的总承包合同或交钥匙工程合同，如果只签订一个合同、一个金额，就可能被认定为一个总的服务合同。包含在合同中的设计、设备采购可以被认为是提供的总服务中必不可少的一部分，而不是可以和总服务相分离的单独的设计、单独的货物售卖。因此，在计算缴纳所得税时，这个总的服务合同将会被要求按照合同总额减去设计、设备采购和土建安装的成本统一计算缴纳所得税。以 TW 项目为例，如果 TW 项目合同汇总签订，未明确设计、设备和土建部分各自的合同额，而是合在一起签订一个总的合同额，则委内瑞拉税务局在确定常设机构利润时就不是只确认土建安装部分，而是将整个合同视为一个建筑安装工程，并根据有关常设机构的相关规定将整个合同的收入确认为常设机构的收入，并以此为基础计算收缴所得税。这样一来 TW 项目在委内瑞拉的纳税额将是 680 万美元。

如果将总承包中包括的设计、设备供货与土建安装分开签订三个不同的合同。则设计和设备供货可以被认定为和土建安装服务合同相分离的单独的合同。由于设计活动不是在委内瑞拉进行的,可以不在委内瑞拉缴纳所得税。设备供货属于正常的进出口贸易合同,也不涉及在委内瑞拉取得收入并缴纳所得税问题。这样只需要就土建安装部分,依照相关税法规定计算缴纳所得税即可。仍以 TW 项目为例,分开签订合同后在委内瑞拉只需要缴纳 272 万美元所得税即可。

在一个合同中将设计、设备供货与土建安装价格分项进行列示虽然也能达到上述目的,但是被认定为一个总服务合同的风险要大于分开签订三个不同合同的风险。

(五) TW 项目所得税问题的启示

通过对 TW 项目遇到的所得税纳税问题和解决过程的研究,以及随后的总体分析,我们可以得到几点关于我国对外承包工程企业在项目所在国进行所得税缴纳的启示。

1. 对外承包工程与一般的进出口贸易不同,取得收入后通常在项目所在国负有纳税义务。因为一国公司同他国公司的进出口贸易活动一般不会涉及两国政府针对他国贸易主体征收所得税的问题。而对外承包工程项目的施工地都在中国以外的其他国家的地域内,世界上大多数国家的政府都行使地域管辖权,并且,按照国际税收规范,当国与国之间税收管辖权发生冲突时,在税收权益的分配上,地域管辖权优先。因此,如果没有被给予特殊的优惠,通常中国的工程承包企业就所承包的项目在取得收入的项目所在国负有纳税义务。

2. 对外承包工程企业应树立在境外依法纳税的观念,提早动手解决对外承包工程项目在项目所在国的纳税问题。无论是刚开始从事对外工程承包的企业还是进入一个新市场的有过一些经验的工程承包企业,都应该对承包项目的所得税纳税问题足够重视,牢固树立依法纳税的观念,提早采取具体措施解决好在项目所在地的纳税问题,无视所在国税法的规定造成偷漏税的事实,将受到所在国家政府的制裁,如罚款、罚息、甚至更严重的处罚。

3. 对外承包工程企业应加强境内外所得税的税务管理,尽量消除双重征税的影响。世界上大多数国家对税收都行使地域管辖权,中国政府行使的是居民管辖权和地域管辖权,对外承包工程在境外缴纳所得税后,工程承包企业在国内仍然对这部分收入有纳税义务,不可避免地面临被双重征税。但是,我国现行税法按照国际惯例有对所得避免双重征税的规定,如税收抵免政策。因此,对外承包工程项目应加强对境内外所得税的税务管理,境外纳税后保存整理好纳税凭证,在境内积极学习、掌握相关政策,凭纳税凭证向主管税务局申请税收抵免。

4. 工程承包企业在项目所在国缴纳所得税时应积极运用税收协定,依据税收协定中的相关规定进行所得税缴纳。截至2015年5月月底,我国已对外正式签署了101个避免双重征税的协定或安排。税收协定对一国企业在另一国如何缴纳所得税,如何在两国之间实现避免双重征税,两国企业在对方国家纳税如何实现无差别待遇等,都做了比较详细的规定。在处理有关国际税务关系时,如果税收协定与国内税法发生矛盾和冲突,大多数国家采取的是税收协定优先的做法。因此,工程承包企业在与中国签订税收协定的国家内承包工程时,应积极运用税收协定,严格依据税收协定中的相关规定进行所得税的缴纳。在税收协定中,一般都规定了无差别待遇原则,根据该原则,如果企业认为项目所在国的征税措施导致其承受了不符合协定规定的过高征税时,可以向协议中的相关主管税务当局进行申诉。

（六）结论及建议

TW项目在开始之初,由于纳税观念和经验等问题,项目在所在地委内瑞拉的所得税缴纳问题没有得到应有的重视,由此导致了漏缴税款等问题的发生,虽然后来通过普华会计师事务所设计纳税方案、通过直接和税务局沟通使问题得以解决,但还是对CAMCO造成了利息、罚款等经济利益上的损失,影响了TW项目的最终收益。通过这个案例,我们也得到了一些关于我国对外承包工程企业在项目所在国进行所得税缴纳的启示。同时,根据TW项目遇到的所得税纳税问题及解决过程,以及随后的总体分析,可以提出一些供对外承包工程项目参考的所得税管理建议。

1. 通过一些措施避免成为项目所在国的常设机构,这样做可以使工程承包企业合理合法的减少在项目所在国的所得税缴纳。在税收协定中,如果一国企业通过设在该缔约国另一方的常设机构在该缔约国另一方进行营业,其利润就要在该缔约国另一方征税。因此,"构成常设机构"是在工程所在国纳税的基础,如果工程项目在工程所在国构成了常设机构,就需要在该国进行纳税。常设机构包括管理场所、分支机构、办事处等,建筑工地、建筑、装配或安装工程,或者与其有关的监督管理活动,工地、工程或活动连续超过一定时间也会构成常设机构。如果工程承包企业为了该工程项目的顺利进行在当地设立了分公司、办事处等机构,令其直接对该工程项目进行管理,即使工程持续时间没有达到协定的规定,也极容易被认定为常设机构,从而被要求在工程所在国纳税。因此,工程承包企业应尽量不在工程所在国为了更顺利地完成工程成立分公司、办事处等管理机构。同时,工程承包企业需要仔细研究我国和工程所在国签订的税收协定中有关工程承包与服务活动构成常设机构的相关规定,设法将工程持续时间控制在协定规定的范围之内,避免成为另一种类型的常设机构。

2. 将一个总包合同分解成单项合同同样可以达到在项目所在国减少缴纳所得税的目的。一个工程承包项目的内容通常包括了设计、设备、土建安装等多项内容,在签订合同时,尽量就这些内容分别签订合同。一个综合性的工程承包项目在计算所得税的时候可能会被要求按照合同总额进行计算。这样合同中各单项内容包含的利润就会作为项目总利润被要求在项目所在国缴纳所得税。如果分项签订合同,则可以比较灵活,一些在国内进行的项目如设计、设备供货等就可以依照规定,在中国进行纳税。如设备部分就可以作为业主和承包企业之间的进出口买卖合同单独签订。因为一国公司同他国公司的进出口贸易活动一般不会涉及两国政府针对他国贸易主体征收所得税的问题。因此,设备部分的所得税在中国缴纳就可以了。但是这个合同的收货人、运输保险的办理人等必须是业主,而不应是企业在当地的分支机构或构成常设机构的承包项目。更重要的是,在一些实行累进税率的国家,过高的利润会被要求承担高税率的税负,如果分成多个项目,每个项目的利润就比较低,在适用税率的时候就比较有利。

如果条件具备,对外承包工程企业还可以将一个总包项目分割开来直接分包给不同的企业来完成。因为如果主承包商独立签订合同独立承建,作为一个法人单位计算所得税时只能对应一个税率。如果多个单位共同实施,每个单位只承担其中的一部分,因为每个单位对应的纳税条款和税率不尽相同,则可能达到总体税负降低的效果。

3. 应注意及时跟进合同中约定的减免税条款,将减免税落在实处。企业在与业主达成减免税条款时,不应做一般性规定,而应在合同中做非常明确的列示。此外还要注意,尽管合同中已经列明了减免税条款,但有些国家仍需报经财政、税务部门批准,否则不能生效。因此,企业应及时为财政、税务部门办妥证明文件。否则即使合约在手,未办手续前,也并不等于减免税已经成功。合同中规定由业主缴纳所在国的应纳税基的,应与业主明确是否包括所得税,以及如何进行计算与支付等,防止因双方理解原因出现后续问题。

4. 对外承包工程项目开始前,应及时聘用当地会计公司或税务咨询公司协助企业处理涉税事项。因为当企业进入一个新的市场时,对当地的税务会计等法律法规并不了解。聘用经验丰富的会计公司或税务咨询公司协助企业在当地合理合法地纳税,为企业制定税务筹划方案,可以为对外承包工程企业减少很多税务风险,并协助企业实现以最低成本和风险,在项目所在国合理合法获取税后收入的目标。

5. 境外承包工程企业应积极采取措施,进行一些其他的税务筹划,避免在项目所在国缴纳过高的所得税。如通过转移定价法、成本调整法等减少和推迟缴纳税金。世界上多数国家的所得税税率较高。虽然在境外纳税后在中国可以抵免,但如果境外所得税税率高于工程承包企业在国内的所得税税率,高出部分已纳税额将难以抵扣。即使项目所在国的所得税税率比中国低,由于对外工程承包企业的管理活动部分发生国内,行政和管理费用等要在国外计算项目利润时进行扣除存在一定难度。并且项目如不在国外纳税,在国内纳税时可以和企业内其他项目之间实现利润率的高低平衡。所以,通常情况下工程承包企业应尽量以最低成本和风险,在项目所在国合理合法获取税后收入,减少税金缴纳,而将项目的大部分收入和成本在国内公司依据中国税法汇总计算缴纳所得税。

总之,对外承包工程企业在项目所在国的所得税缴纳是一个不容忽视的问题。承包企业在项目成立之初,就应该重视这个问题,深入了解当地法律,仔细研究两国之间的税收协定,积极接触当地税务机关,必要时还要寻求相关权威咨询机构的帮助,综合考虑,做好项目的整体纳税方案。力争企业在圆满完成承包项目的同时,合理合法地履行好自己的纳税义务,最终实现企业的整体利益最大化。

八、其他教学支持材料

1. OECD, *Base Erosion and Profit Shifting*, www.oecd.org/tax。

2. 杨志清,《国际税收前沿问题研究》,中国税务出版社,2012年。

3. 朱青,《国际税收》(第六版),中国人民大学出版社,2014年。

4. 杨斌,《国际税收》,复旦大学出版社,2004年。

5. 邓力平,《国际税收学》,清华大学出版社,2005年。

6. Brian J. Arnold, Michael J. McIntyre, *International Tax Primer*(《国际税收基础》)(第二版),中国税务出版社,2005年。

7. 罗伊·罗哈吉,《国际税收基础》,北京大学出版社,2006年。

AX 公司技术服务费的税务核定

王文静

摘　要：本案例讨论的是居民企业向非居民企业支付技术服务费的税务核定问题。中国居民企业 AX 公司与境外 BM 公司签订了 TC 技术开发合同、TC 技术服务合同、TC 技术后续开发合同（TCT 合同），从 BM 公司引进新技术。AX 公司将 TC 技术开发合同提供的服务认定为特许权许可使用性质，代扣代缴了企业所得税。AX 公司将 TC 技术服务合同、TC 技术后续开发合同提供的服务认定为劳务服务，且由于劳务均发生在境外，因此没有向中国缴纳所得税。税务机关认为，TC 技术服务合同与 TC 技术开发合同具有密切关系，其所提供的服务均与 TC 技术的许可使用有关，因此应将该技术服务认定为特许权许可使用性质，AX 公司应就 TC 技术服务费代扣代缴企业所得税。

关键词：特许权使用费　劳务费　专有技术　企业所得税

在我国税务机关近几年所处理的国际反避税案件中，特许权使用费与劳务费的认定和区分，已经成为核心问题之一。为了更好地理解企业进行跨国避税的主要思路，以及税务机关开展反避税工作的主要突破点，有必要对这两个概念进行辨析，并且深入分析相应的税收问题。

1. AX 公司基本情况

AX 公司是生产精密仪器的中国居民企业，除拥有本公司研发的多项专利技术之外，还经常从国外引进先进技术与生产设备。2006年，AX公司接受境外BM公司的注资。BM公司通过注资持有AX公司28%的股权。

2007—2010年间，AX公司从BM公司引进了大量生产技术与设备，并与BM公司签订了多个合同，分别涉及多项技术许可和仪器设备的特许权使用费，AX公司在向BM公司支付特许权使用费时，均按我国税法规定代扣代缴了BM公司的预提所得税。

2. AX公司与BM公司签订技术合同的基本情况

2.1　AX公司与BM公司签订TC技术开发合同

2011年，AX公司与BM公司签订了一份TC技术开发合同。根据合同规定，AX公司委托BM公司根据AX公司的需求研发一项TC技术，并协助AX公司将技术应用于其生产经营。该技术于2012年年底开发完毕。

BM公司拥有该技术成果的所有权。BM公司允许AX公司在2013年至2014年期间自由使用该技术，每年由AX公司支付技术使用费100万美元。

2.2　AX该公司与BM公司签订TC技术服务合同

2013年1月，AX公司又与BM公司签订了一份关于TC技术的服务合同，对TC技术服务规定如下。

第一，BM公司根据AX公司的需求，在境外为合同中TC技术的认证、测试等提供技术协助工作。

第二，BM公司按照合同要求，在境外提供与TC技术修改和变更有关的支持。

第三，BM公司为AX公司人员提供售后培训等服务。

合同特别注明BM公司为AX公司提供的上述服务均在中国境外进行。

根据合同规定，AX公司应根据BM公司提供的上述服务支付服务费。合同规定的服务期限为2013年2月至2013年5月。2013年6月，AX公司向BM公司技术服务费500万美元。

2.3 AX 公司与 BM 公司签订 TC 技术后续开发合同

2013 年 7 月,AX 公司又与 BM 公司签订了一份关于 TC 技术的后续开发合同。合同规定,在 2011 年技术开发合同的基础上,由 BM 公司结合 AX 公司的特殊生产线技术需求,对 TC 技术进行调试开发,形成 TCT 技术,并协助 AX 公司将成果应用于其生产经营,该合同涉及的全部技术开发及服务均在 BM 公司所在国进行。

根据合同规定,AX 公司拥有该项 TCT 技术成果的所有权,AX 公司一次性支付技术开发和技术服务费 1 000 万美元。

3. 关于三份技术合同的所得税问题

3.1 TC 技术开发合同的所得税问题

AX 公司在 2013 年和 2014 年均按照 TC 技术开发合同规定支付特许权使用费,并代扣代缴了 BM 公司的预提所得税。

3.2 TC 技术服务合同的所得税问题

2013 年 6 月,AX 公司向 BM 公司支付 500 万美元技术服务费,AX 公司认为全部劳务发生在境外,故未代扣代缴任何所得税。

3.3 TC 后续技术开发合同(TCT 技术开发合同)

2013 年 12 月,AX 公司向 BM 公司支付 1 000 万美元技术开发和技术服务费,AX 公司认为全部劳务发生在境外,故未代扣代缴任何所得税。

对于 TC 后续技术开发合同,因为后续研发出来的 TCT 技术的所有权属于 AX 公司,BM 公司提供的是劳务,而非特许权,因此 AX 公司支付给 BM 公司的款项属于 BM 公司的劳务所得,且因为所有服务均位于美国,属于来源于中国境外的所得,因此 AX 公司没有代扣代缴企业所得税。

3.4 三份合同的对比

对比这三份关于 TC 技术的合同,第一份是技术开发合同,第二份是技术服务合同,第三份为后续技术开发合同。表面上看起来都是关于 TC 技术的许可与使用服务,但是 AX 公司对于向 BM 公司支付的三笔费用,第一笔作为特许权使用费,代扣代缴了 BM 公司的企业所得税,第二笔和第三笔则作为劳务费,且属于发生在境外的劳务,未在我国缴纳相关税款。

考虑到 TC 技术服务合同与 TC 技术开发合同之间可能存在的关系,将 AX 公司根据 TC 技术服务合同支付的技术服务费认定为特许权使用费,那么也应该由 AX 公司代扣代缴 BM 公司的特许权使用费预提所得税。

考虑到 TC 技术开发合同与 TCT 技术开发合同之间可能存在的关系,将 AX 公司根据 TCT 合同支付的技术开发和技术服务费认定为特许权使用费,那么也应该由 AX 公司代扣代缴 BM 公司的特许权使用费预提所得税。

综上可见,问题的关键点在于 TC 技术服务合同、TCT 技术开发合同所涉及的技术开发和服务费是否被认定为特许权使用费。这将决定 AX 公司就这些所得并未代扣代缴 BM 公司企业所得税的行为是否符合我国税法规定。

4. 关于 TC 技术服务合同的所得税争议

4.1 AX 公司的观点

TC 技术开发合同与 TC 技术服务合同,这是两份独立的合同。在 TC 技术开发合同中已经注明,包括"协助 AX 公司将技术应用于其生产经营",在 2013 年和 2014 年支付的特许权使用费中,已经包含了 TC 技术所涉及的相关服务费,且已经代扣代缴相关企业所得税。

TC 技术的许可、开发及技术指导等都已经体现在 TC 技术开发合同中,TC 技术服务合同中所涉及的技术服务,与 TC 技术的许可、开发、技术指导没有关系,只与 TC 技术的售后服务活动有关,所以认定为劳务所得。

按照劳务发生地原则,合同中明确注明技术服务均发生在中国境外,应认定为非居民企业来源于中国境外的所得,无需代扣代缴 BM 公司的企业所得税。

关于 TCT 技术开发合同,后续技术成果 TCT 的所有权属于 AX 公司,BM 公司提供的只是技术开发服务,而非特许权许可服务,认定为劳务合同,由于服务均发生在中国境外,因此认定为非居民企业来源于中国境外的所得,无需代扣代缴 BM 公司的企业所得税。

4.2 税务部门的观点

税务机关认为,TC 技术服务合同与 TC 技术开发合同并非完全独立。TC 技术服务合同的内容是 BM 公司对已授权许可使用的 TC 技术能够适应 AX 公司多条生产线而进行的改进和升级。如果没有这些技术服务和培训,AX 公司无法顺利使用之前引进的 TC 技术,无法将两者剥离,因此,不能单纯将 TC 技术服务合同中的服务认定为售后服务。

税务机关指出,TC 技术服务合同所涉及的内容,是基于已许可 TC 技术的完善与修改,应认定为特许权许可性质,AX 公司所支付的费用应为特许权使用费。

因此,应按照我国税法有关规定由 AX 公司代扣代缴 BM 公司的企业所得税。税务机关并未对另外两份合同的纳税问题提出异议。

案例使用说明

一、教学目的与用途

1. 本案例主要适用于税务专业硕士"国际税收筹划"课程,也适用于税收学研究生"国际税收研究"与本科生"国际税收"等相关课程。

2. 教学对象为具有一定税法基础、对国际税收问题具有一定了解的税务专业硕士、税收学研究生、税收相关专业的本科生。

3. 本案例的教学目标:

(1) 使学生了解、辨析特许权使用费的概念和税务处理。

(2) 引导学生区分特许权使用费与劳务费的概念和税务处理。

(3) 使学生深入了解企业跨境技术服务问题中常见的税务争议点。

(4) 使学生掌握利用国内税法和双边税收协定解决跨境技术服务认定问题的基本思路。

二、启发思考题

1. AX 公司关于三份合同中的技术开发费、技术服务费、后续技术开发费所履行的纳税义务是否正确？
2. 税务机关将 TC 技术服务费认定为特许权使用费的主要依据是什么？
3. 如何认定服务合同下的收入是否属于特许权使用费？
4. 你是否认同税务机关对这三份合同纳税义务的认定？

三、分析思路

（一）引导学生区分 AX 公司三份技术合同的差异

主要从三个层次进行分析。首先，三份合同的内容不同，第一份是技术开发合同，第二份是技术服务合同，第三份是后续技术开发合同。其次，三份合同中所涉及的服务性质不同。最后，由于三份合同服务性质的不同，AX 公司的相关纳税义务也有所不同。

（二）引导学生找出 AX 公司与税务机关之间关于税收问题的争议点

AX 公司与税务机关之间关于税收问题的争议点在于 TC 技术服务合同的所得税问题。AX 公司认为该合同所涉及的技术服务属于劳务性质，且完全发生在中国境外，因此不需要代扣代缴企业所得税。税务机关认为，TC 技术服务合同并不能单纯地看作劳务合同，其中涉及的服务跟特许权许可有关，与专有技术有关，因此应认定为特许权使用费，应由 AX 公司代扣代缴企业所得税。引导学生对 TCT 技术开发合同的纳税义务进行发散性探讨。

（三）组织学生得出小组讨论的分析结论

在了解多方观点的基础上，由各组学生进行角色扮演，分别从 AX 公司、BM 公司、税务机关、税务师事务所四个角度，阐述关于本案例的税务处理观点。最终由每个小组得出具体的分析结论。

四、理论依据与分析

（一）所得类型与所得来源地的判定

所得来源地的认定，通常体现在一国税法中，或者通过国际税收协定条款来明确缔约双方对于跨境所得的征税权划分。各国对于所得来源地的认定,通常存在很多差异,不同类型所得的来源地判定规则也存在差异。首先应判定所得类型,通常分为经营所得、个人劳务所得、投资所得和财产所得。如果是企业提供劳务所取得的劳务所得,应属于企业的经营所得,经营所得来源地的判定标准有常设机构标准和交易地点标准。

特许权使用费的所得来源地判定标准,通常有特许权的使用地标准、特许权所有者的居住地标准、特许权使用费支付者的居住地标准、无形资产的开发地标准。

在本案例中,主要涉及的就是企业提供劳务的经营所得,以及特许权使用费所得。具体的所得来源地判定标准,还需依据我国税法、我国与BM公司所在国签署的税收协定的规定加以确定。

(二)特许权使用费、劳务费的定义

《中华人民共和国企业所得税法实施条例》规定,"特许权使用费收入是指企业提供专利权、非专利技术、商标权、著作权以及其他特许权的使用权取得的收入"。

根据《中华人民共和国企业所得税法》及《中华人民共和国企业所得税法实施条例》的相关规定,非居民企业取得来源于中国境内的特许权使用费所得,应缴纳10%预提所得税。若中国与非居民企业所在国家或地区签订的税收协定(或安排)为特许权使用费所得提供了较低的税率,则适用税收协定规定的税率。

如果非居民企业的一笔所得被认定为特许权使用费性质的所得,那么应该根据《中华人民共和国企业所得税法实施条例》规定,"特许权使用费所得,按照负担、支付所得的企业或者机构、场所所在地确定,或者按照负担、支付所得的个人的住所地确定所得来源地"。

如果非居民企业的一笔所得被认定为劳务所得,那么根据"提供劳务所得,按照劳务发生地确定所得来源地"。并且我国实施的是常设机构标准,还要看该所得是否为非居民企业通过设立在我国的常设机构所取得的。

结合本案例,TC技术开发合同的服务所得,是一种许可使用专有技术的所得,BM公司将其所有的技术成果许可给AX公司使用的行为,可以被认为是特许权使用费性质。

对 TC 技术服务合同中的服务所得性质的判定，还需要进一步根据实际服务提供情况，以及中国与 BM 公司所在国签署的税收协定的相关内容，以判定该服务是符合中美税收协定中关于特许权使用费的定义或劳务所得的规定。

关于 TCT 技术开发合同中的服务所得，合同中的 TCT 技术所有人为 AX 公司，技术开发者为 BM 公司，技术使用者为 AX 公司，鉴于之前已有相关技术服务关系，对这种特殊形式的服务所得，还应进一步根据中国与 BM 公司所在国签署的税收协定的相关内容，以及实际服务提供情况，判定该所得是劳务所得还是特许权使用费所得，或者是技术转让所得。

（三）税收协定中关于特许权使用费和劳务费的相关规定及分析

第一，关于特许权使用费。

按照中国与其他国家或地区签订的税收协定或安排，通常将"特许权使用费"定义为"使用或有权使用文学、艺术或科学著作所支付的作为报酬的各种款项，包括电影影片、无线电或电视广播使用的胶片、磁带的版权，专利、专有技术、商标、设计、模型、图纸、秘密配方或秘密程序；使用或有权使用工业、商业、科学设备或有关工业、商业、科学经验的情报所支付的作为报酬的各种款项"。

在申请适用国际税收协定时，还需注意两个问题：（1）在申请适用税收协定时，须提供税收居民身份的证明；（2）在申请适用特许权使用费预提税限定税率优惠时，必须符合"受益所有人"的规定，并且需要关注我国关于税收协定受益所有人的相关法规，包括国税函〔2009〕601 号（已废止）、国家税务总局公告 2012 年第 30 号（已废止）、国家税务总局公告 2018 年第 9 号。

第二，关于提供服务的营业利润。

如果将 TC 技术服务合同的服务判定为劳务，那么就构成 BM 公司的营业利润。我国对外签署的税收协定或安排通常规定，缔约国一方企业的利润应仅在该缔约国征税，但该企业通过设在缔约国另一方常设机构在该缔约国另一方进行营业的除外。如果该企业通过设在该缔约国另一方的常设机构在该缔约国另一方进行营业，其利润可以在该缔约国另一方征税，但应仅以属于该常设机构的利润为限。

结合本案例，如果认定 BM 公司提供 TC 技术服务为劳务所得，那么 BM 公司是否在我国有纳税义务，主要看是否在我国构成常设机构，以及上述劳务所得是否通过该生产机构取得。

（四）国税函〔2009〕507号文件的相关规定及分析

《国家税务总局关于执行税收协定特许权使用费条款有关问题的通知》（国税函〔2009〕507号）明确区分了特许权使用费和劳务所得。

国税函〔2009〕507号文规定："税收协定特许权使用费条款定义中所列举的有关工业、商业或科学经验的情报应理解为专有技术，一般是指进行某项产品的生产或工序复制所必需的、未曾公开的、具有专有技术性质的信息或资料。"

"与专有技术有关的特许权使用费一般涉及技术许可方同意将其未公开的技术许可给另一方，使另一方能自由使用，技术许可方通常不亲自参与技术受让方对被许可技术的具体实施，并且不保证实施的结果。被许可的技术通常已经存在，但也包括应技术受让方的需求而研发后许可使用并在合同中列有保密等使用限制的技术。"

"在服务合同中，如果服务提供方提供服务过程中使用了某些专门知识和技术，但并不转让或许可这些技术，则此类服务不属于特许权使用费范围。但如果服务提供方提供服务形成的成果属于税收协定特许权使用费定义范围，并且服务提供方仍保有该项成果的所有权，服务接受方对此成果仅有使用权，则此类服务产生的所得，适用税收协定特许权使用费条款的规定。"

根据上述规定，可以明确判定TC技术开发所得属于特许权使用费性质。核心判定依据为技术所有权仍属于BM公司。

国税函〔2009〕507号文规定："在转让或许可专有技术使用权过程中如技术许可方派人员为该项技术的使用提供有关支持、指导等服务并收取服务费，无论是单独收取还是包括在技术价款中，均应视为特许权使用费，适用税收协定特许权使用费条款的规定。但如上述人员的服务已构成常设机构，则对服务部分的所得应适用税收协定营业利润条款的规定。如果纳税人不能准确计算应归属常设机构的营业利润，则税务机关可根据税收协定常设机构利润归属原则予以确定。"

国税函〔2009〕507号文还明确规定："下列款项或报酬不应是特许权使用

费,应为劳务活动所得:单纯货物贸易项下作为售后服务的报酬;产品保证期内卖方为买方提供服务所取得的报酬;专门从事工程、管理、咨询等专业服务的机构或个人提供的相关服务所取得的款项;国家税务总局规定的其他类似报酬。上述劳务所得通常适用税收协定营业利润条款的规定"。

根据上述规定,对 TC 技术服务合同、TCT 技术开发合同中所得性质的认定,需要进一步结合实际提供技术服务的情况,判定其属于特许权使用费还是属于劳务费。如果被认定为特许权使用费,AX 公司则应代扣代缴 BM 公司在我国的企业所得税;如果仍被认定为劳务费,则 BM 公司在我国无需缴税。除此之外,还需要注意一笔所得同时包含特许权使用费和劳务费的情形。

(五)分析结论

本案例中,TC 技术开发合同的所得税认定较为明确,即特许权使用费,由 AX 公司代扣代缴 BM 公司在我国的企业所得税。对于 TC 技术服务合同、TCT 技术开发服务合同的所得税问题,则需要引导学生展开情景假设,结合我国税法及国际税收协定的相关规定,通过设置提供服务的情况,判定所得性质,从而明确相应的纳税义务。这也是本案例教学启发学生思考的核心价值所在。

五、关键点

1. 特许权使用费和劳务费是国际避税、反避税行为中的一个重要问题。根据我国税收法律法规,以及对外签订的双边税收协定规定,区分特许权使用费与劳务所得的性质与认定,掌握这两种所得类型的税务处理。

2. 掌握常设机构标准在判定特许权使用费和劳务费纳税义务时的重要作用。

3. 深入思考本案例对税务机关加强反避税工作的重要意义。

六、建议的课堂计划

1. 建议安排课堂教学 2 课时,以小组讨论的形式研讨本案例。

2. 分组讨论以角色分配的形式开展,分为 AX 公司、BM 公司、我国税务机关、税务师事务所四个主体,分别对这个案例进行观点阐述。

3. 小组讨论之后,形成书面形式的讨论报告。

七、案例的建议答案以及相关法规依据

1. AX 公司关于三份合同中的技术开发费、技术服务费、后续技术开发费所履行的纳税义务是否正确？

单就 TC 技术开发合同、TC 技术后续开发合同而言，AX 公司将这两笔所得分别认定为特许权使用费和劳务费。对于 TC 技术开发合同所涉及的特许权使用费，AX 公司按照税法规定，代扣代缴了 BM 公司的企业所得税。对于 TC 技术后续开发合同所涉及的劳务费，一般来说按照合同描述，因为劳务活动均在中国境外发生，所以属于来源于中国境外的劳务所得，无需缴纳中国企业所得税。

单就 TC 技术服务合同而言，AX 公司的税务处理存在问题。税务机关认定这笔所得属于特许权使用费，应由 AX 公司代扣代缴 BM 公司的企业所得税。

2. 税务机关将 TC 技术服务费认定为特许权使用费的主要依据是什么？

税务机关认为，TC 技术服务合同与 TC 技术开发合同并非完全独立。TC 技术服务合同的内容是 BM 公司对已授权许可使用的 TC 技术能够适应 AX 公司多条生产线而进行的改进和升级。如果没有这些技术服务和培训，AX 公司无法顺利使用之前引进的 TC 技术，两者是密不可分的。

主要依据是《国家税务总局关于执行税收协定特许权使用费条款有关问题的通知》（国税函〔2009〕507 号）的相关规定。根据该规定，"在转让或许可专有技术使用权过程中如技术许可方派人员为该项技术的使用提供有关支持、指导等服务并收取服务费，无论是单独收取还是包括在技术价款中，均应视为特许权使用费，适用税收协定特许权使用费条款的规定"。

3. 如何认定服务合同下的收入是否属于特许权使用费？

主要思路：应根据服务合同内容和实际服务提供情况，判定该笔收入的性质是否与我国国内税法，以及相关双边税收协定中关于特许权使用费定义相吻合，如果吻合，则将其判定为特许权使用费，并履行相应的纳税义务。如果不吻合，则需要明确所得的实际性质。如果是劳务所得，则主要依据劳务发生地原则及协定中的常设机构条款进行确定。在一些现实情况中，有可能一笔所得既包括部分特许权使用费，又包括部分劳务费，因此需要进一步将两者分离，分别认定相应的纳税义务。

4. 你是否认同税务机关对这三份合同纳税义务的认定？

可以确定的是在 TC 技术开发合同中 AX 公司支付的这笔服务费并非单纯的劳务所得，而是与 TC 技术开发合同密切相关的技术支持费。且考虑到 TC 技术的所有权在 BM 公司那里，因此，TC 技术开发及技术服务均属于特许权使用性质，这笔所得来源于中国境内，应由 AX 公司代扣代缴 BM 公司的企业所得税。

具体而言，还应判定两个问题：第一，这笔所得是否是通过 BM 公司在我国设立的常设机构而取得的，或是否与 BM 公司在我国设立的常设机构有实际联系。如果答案是肯定的，则应由 BM 公司在我国设立的机构、场所就这笔经营利润缴纳 25% 的企业所得税。第二，TC 技术服务合同提供的服务，是否应全部认定为特许权使用费。就本案例而言，对于合同具体内容的描述较为简略，但现实合同中很可能会存在与技术支持无关的纯劳务服务，因此不能完全将所有服务都认定为特许权使用性质。

关于 TCT 合同中所得性质的认定，存在可供探讨和拓展的空间。这份合同既涉及合同开发，也涉及合同服务，所以也可以将所得性质认定为特许权使用费和劳务费的结合体，或者进一步考虑是否涉及技术转让性质的所得。因此，建议通过细化案例情景做出进一步判断。这一问题也正是目前税收征管的现实难点。

八、其他教学支持材料

1. 杨志清，《国际税收前沿问题研究》，中国税务出版社，2012 年。

2. 朱青，《国际税收》（第六版），中国人民大学出版社，2014 年。

3. 曹明星，于海，李娜，《跨境所得的国际税收筹划与管理——以中国现行税法体系为基础》，中国税务出版社，2014 年。

4. 国家税务总局国际税务司，《非居民企业税收管理案例集》，中国税务出版社，2012 年。

5. 铂略咨询网站，技术服务费与特许权使用费争议案例合集，http://www.linked-f.com/insights_content.asp？id=4647&cid=121。

非居民企业取得中国境内支付的营业中断险的保险赔偿款项，需要在中国缴税吗？

嵇 峰

摘 要：法国恒诚有限公司投资了武汉恒诚电子科技有限公司，两者共同投保营业中断险。后来武汉恒诚电子科技有限公司发生水灾，保险公司予以赔付，本案例主要分析该笔赔付款项是否负有中国纳税义务。

关键词：非居民企业　税收协定　营业利润

1. 相关背景

2005年9月16日，法国恒诚科技有限公司（以下简称"法国恒诚"）全资成立了武汉恒诚电子科技有限公司（以下简称"武汉恒诚"，税务登记证号码为：897491618445254），负责生产电脑配件。法国恒诚负责在海外市场进行销售，武汉恒诚主要根据法国恒诚下达的订单进行生产加工，法国恒诚将武汉恒诚生产的商品销售给中国以外的最终客户。

由于武汉恒诚是法国恒诚的主要供应商，如果武汉恒诚因意外情况发生营业中断会对法国恒诚造成重大营业损失。因此，法国恒诚和武汉恒诚一起作为共同被保险人与世纪保险公司(以下简称"世纪保险")签订了《财产一切险保险合同》和《营业中断险保险合同》,被保险财产地址均为武汉恒诚位于中国湖北省武汉经济技术开发区的厂房及员工宿舍,保险期间均为 2016 年 1 月 1 日至 2017 年 12 月 31 日。法国恒诚缴纳保费 456 348.66 元人民币。(前述营业中断险又称"利润损失保险",是指因物质财产遭受损失而导致投保人的营业受到干扰或暂时中断而遭受损失的风险。根据该营业中断险保险合同第三十四条的规定:该保险的赔偿范围为赔偿期间内因意外灾害导致营业收入减少和经营费用增加而产生的毛利润损失。如前所述,由于法国恒诚销售的产品来自武汉恒诚,武汉恒诚的营业中断同样导致法国恒诚暂停销售武汉恒诚制造的产品,包括不能如期交付产成品给其客户导致客户以违约为由索赔等,从而产生毛利润损失。)

2016 年 6 月 1 日,武汉恒诚发生意外水灾(持续一个月暴雨导致江水漫堤,淹没厂房及机器设备)直接导致了武汉恒诚生产停止,营业中断并产生重大的财产损失。随后,法国恒诚与武汉恒诚向世纪保险索赔 624 453 000 元。经谈判,最终与世纪保险达成了《赔偿协议书》,世纪保险共赔付法国恒诚和武汉恒诚约 352 879 000 元人民币,并已全部由武汉恒诚先行代收。

由于相关财产损失全部发生在武汉恒诚,故将财产损失险对应赔偿金约 101 676 859 元人民币归属于武汉恒诚;对于余下约 251 202 141 元人民币的营业中断险赔偿金部分,法国恒诚和武汉恒诚将按照其在本次火灾中产生的毛利润损失(包括营业收入减少和经营费用增加)的比例进行划分。根据武汉会计师事务所出具给世纪保险的损失鉴定报告的数据,法国恒诚及武汉恒诚之间就营业中断险的赔偿款分配比例按照"各自的赔偿款/总赔偿款"计算,分别约为 58%和 42%。按照该分配比例,法国恒诚应分配的赔偿款约 145 697 241.78 元,武汉恒诚应分配赔偿款约 105 504 899.22 元。

2. 问题焦点

武汉恒诚将于近期向法国恒诚支付应分配的营业中断保险赔偿款约 145 697 241.78 元,该笔款项是否负有中国纳税义务?

3. 分析过程

3.1 从税法角度分析

《中华人民共和国企业所得税法》第三条规定,居民企业应当就其来源于中国境内、境外的所得缴纳企业所得税。非居民企业在中国境内设立机构、场所的,应当就其所设机构、场所取得的来源于中国境内的所得,以及发生在中国境外但与其所设机构、场所有实际联系的所得,缴纳企业所得税。非居民企业在中国境内未设立机构、场所的,或者虽设立机构、场所但取得的所得与其所设机构、场所没有实际联系的,应当就其来源于中国境内的所得缴纳企业所得税。

法国恒诚在中国境内无机构、场所,但取得营业中断险所得,那么这笔所得来源于中国境内吗?

《中华人民共和国企业所得税法实施条例》第七条规定,《中华人民共和国企业所得税法》第三条所称来源于中国境内、境外的所得,按照以下原则确定:

(1) 销售货物所得,按照交易活动发生地确定;

(2) 提供劳务所得,按照劳务发生地确定;

(3) 转让财产所得,不动产转让所得按照不动产所在地确定,动产转让所得按照转让动产的企业或者机构、场所所在地确定,权益性投资资产转让所得按照被投资企业所在地确定;

(4) 股息、红利等权益性投资所得,按照分配所得的企业所在地确定;

(5) 利息所得、租金所得、特许权使用费所得,按照负担、支付所得的企业或者机构、场所所在地确定,或按照负担、支付所得的个人的住所地确定;

(6) 其他所得,由国务院财政、税务主管部门确定。

可见,来源地规则对保险所得(包括本案中的营业中断险)没有明确规定,应适用尾款规定,即"其他所得,由国务院财政、税务主管部门确定"。

3.2 从税收协定待遇角度分析

法国恒诚和武汉恒诚一起作为共同被保险人与世纪保险签订了《财产一切险保险合同》和《营业中断险保险合同》,源于武汉恒诚的营业中断同样导致法国恒诚暂停销售由武汉恒诚制造的产品,其营业受到干扰或中断,包括不能如期交付产成品给其再销售客户、成本增加和客户索赔等,从而产生毛利润损失。按照法国恒诚和世纪保险签订的营业中断险保险单,该保险属于"在保险期间,被保险人因物质损失保险合同主险条款所承保的风险造成营业所使用的物质财产遭受损失,导致被保险人营业受到干扰或中断,由此产生的赔偿期间内的毛利润损失,保险人按照本保险合同的约定负责赔偿"。因此,在本质上看,保险赔偿款就是法国恒诚预期能够在法国实现的营业利润。

根据中法税收协定第七条营业利润,缔约国一方企业的利润应仅在该缔约国征税,但该企业通过设在缔约国另一方常设机构在该缔约国另一方进行营业的除外。如果该企业通过设在该缔约国另一方的常设机构在该缔约国另一方进行营业,其利润可以在该缔约国另一方征税,但应仅以属于该常设机构的利润为限。

4. 分析结论

法国恒诚取得营业中断险赔偿金应适用中法税收协定"营业利润"条款,由于法国恒诚在中国境内无常设机构,这笔所得应仅在其居民国——法国征税。武汉恒诚在向法国恒诚转其代收的保险赔偿金时,无需代扣代缴中国预提所得税。

案例使用说明

一、教学目的与用途

教学目的:适用于"国际税收"等课程。使学生了解国内税法与税收协定等相关内容。

适用对象:适用于学习过国际税收基本知识的学生。

二、启发思考题

1. 非居民企业负有纳税义务的两个条件是什么?
2. 税收协定中营业利润与其他所得的适用顺序是什么?

三、分析思路

第一步：法国恒诚在境内有无机构场所；
第二步：国内法来源地原则是否可作为免税依据；
第三步：中法税收协定营业利润条款含义。

四、理论依据与分析

《中华人民共和国企业所得税法》第三条；
《中华人民共和国企业所得税法实施条例》第七条；
《中华人民共和国政府和法兰西共和国政府对所得避免双重征税和防止偷漏税的协定》中的营业利润条款、其他所得条款。

五、关键点

《中华人民共和国企业所得税法》中对非居民企业纳税义务的规定，以及来源地规则等内容。
中法税收协定中营业利润、其他所得等内容。

六、建议的课堂计划

1. 时间安排：建议 1.5 小时。
2. 黑板板书布置：可将案例概要进行板书或以 PPT 方式呈现。
3. 学生准备工作：了解税收协定基础知识，以及财产保险（营业中断险）有关知识。
4. 分组讨论：如果从国内税法规定的角度进行抗辩，应考虑从哪些方面展开叙述？如果从税收协定规的角度进行抗辩，应考虑从哪些方面开展叙述？由小组指派代表发言。最后讨论确定策略的选择。

七、案例的建议答案以及相关法规依据

1. 非居民企业负有纳税义务的两个条件是什么？
税收协定允许中国作为来源国行使征税权，同时国内税法有具体征税规定及相关程序。
2. 税收协定中营业利润与其他所得的适用顺序是什么？

首先是特殊条款,如教师、学生条款优先于独立个人劳务、非独立个人劳务条款;其次是一般条款,如常设机构等;最后是兜底条款,主要是其他所得条款。

3. 法规依据:《中华人民共和国企业所得税法》第三条;《中华人民共和国企业所得税法实施条例》第七条;《中华人民共和国政府和法兰西共和国政府对所得避免双重征税和防止偷漏税的协定》中的营业利润条款、其他所得条款。

税法应用

两面针出售中信证券股权补税案

杨 虹

摘 要：2013年2月，上市公司两面针（600249）一则补缴税款的公告引发震动，公告称，根据国税总局及柳州地税的要求，公司补缴2009—2011年期间出售中信证券股权所应缴纳的营业税及附加税费合计1 297.41万元。

2012年11月，国家税务总局检查组到柳州市抽查部分企业纳税情况，抽查两面针纳税申报材料后认为，两面针于2009—2011年期间出售中信证券股权所获收益应缴纳营业税1 535.42万元，附加税费201.70万元，合计1 737.12万元。

两面针认为公司无需缴纳增值税，于2012年11月预缴营业税及附加税费合计305.36万元，并向国家税务总局提出申请复议。2013年1月，国家税务总局向柳州市地方税务局下达通知，要求公司补充申报缴纳2009—2011年期间出售中信证券股权应缴纳营业税及附加税费合计1 297.41万元。两面针于当月补缴剩余营业税及附加税费。

关键词：股权转让　股票转让　营业税

1. 公司基本情况

1.1 两面针公司背景介绍

柳州两面针股份有限公司（以下简称"两面针"），是经广西壮族自治区经济体制改革委员会桂体改股字〔1993〕156号文批准，由柳州市牙膏厂独家发起，采取定向募集方式设立的股份有限公司。2003年11月，公司向社会公开发行人民币普通股股票6 000万股，并于2004年1月30日在上海证券交易所上市。截至2011年12月31日，两面针公司控股股东为柳州市产投公司（由柳州市人民政府国有资产监督管理委员会100%持股），产投公司持有两面针公司股票83 360 652股，占公司总股本的18.52%。

两面针的主营业务为生产和销售牙膏、香皂、牙膏原料、牙具、日用洗涤用品、化妆品、卫生巾、尿巾及其他家庭卫生用品；生产和销售药品、原料药、卫生消毒用品；生产和销售三氯蔗糖；房地产开发经营、物业管理、室内外装饰、建筑工程设备租赁；生产和销售宾馆酒店一次性用品；生产和销售纸浆、纸及纸制品；生产和销售造纸原材料；造纸竹、木的收购、加工、销售；货物的进出口业务。

两面针主要子公司及参股公司有8家，分别是柳州惠好卫生用品有限公司、柳州两面针进出口贸易有限公司和广西亿康药业股份有限公司、安徽两面针•芳草日化有限公司、盐城捷康三氯蔗糖制造有限公司、柳州两面针房地产开发有限公司、两面针酒店用品有限公司和柳州两面针纸品有限公司，分为大日化、房地产、精细化工、医药和房地产五大业务板块。

两面针2009—2011年主要会计数据和财务指标如表1和表2所示。

表1 2009—2011年主要会计数据

（单位：元）

主要会计数据	2009年	2010年	2011年
营业总收入	712 994 548.84	936 393 649.73	1 115 283 524.66
营业利润	2 775 575.44	−24 878 742.19	−3 555 536.06
利润总额	20 808 266.63	11 088 564.04	14 494 528.97

（续表）

主要会计数据	2009 年	2010 年	2011 年
归属于上市公司股东的净利润	16 673 933.36	10 829 378.11	15 563 273.83
归属于上市公司股东的扣除非经常性损益的净利润	−78 780 463.96	−81 636 368.13	−96 378 810.07
经营活动产生的现金流量净额	−115 131 381.58	−130 108 600.09	−160 929 243.80
	2009 年年末	2010 年年末	2011 年年末
资产总额	4 079 858 271.28	3 307 598 156.50	3 179 206 197.29
负债总额	943 904 354.15	926 853 962.29	1 159 164 995.09
归属于上市公司股东的所有者权益	2 956 110 276.54	2 204 806 753.01	1 856 991 857.27
总股本	450 000 000.00	450 000 000.00	450 000 000.00

表 2　2009—2011 年主要财务指标

主要财务指标	2009 年	2010 年	2011 年
基本每股收益（元/股）	0.0371	0.0241	0.0346
稀释每股收益（元/股）	0.0371	0.0241	0.0346
用新股本计算的每股收益（元/股）	/	/	0.0346
扣除非经常性损益后的基本每股收益（元/股）	−0.1751	−0.1814	−0.2142
加权平均净资产收益率（%）	0.64	0.42	0.77
扣除非经常性损益后的加权平均净资产收益率（%）	−3.04	−3.16	−4.75
每股经营活动产生的现金流量净额（元/股）	−0.2600	−0.2900	−0.3600
	2009 年年末	2010 年年末	2011 年年末
归属于上市公司股东的每股净资产（元/股）	6.5700	4.9000	4.1300
资产负债率（%）	23.14	28.02	36.46

1.2　中信证券公司背景介绍

中信证券股份有限公司（以下简称"中信证券"）的前身是中信证券有限责任公司。中信证券有限责任公司成立于 1995 年 10 月 25 日，注册地为北京市，注册资本3亿元人民币,主要股东为中国中信集团公司(以下简称"中信集团",原中国国际信托投资公司)。1999年12月29日,中信证券有限责任公司完成增资扩股,改制为中信证券股份有限公司,注册资本增至208 150万元人民币。2000年4月6日,经中国证监会和国家工商局批准,公司注册地变更为深圳市。中信证券的经营范围包括:证券经纪(限山东省、河南省、浙江省、福建省、江西省以外区域);证券投资咨询;与证券交易、证券投资活动有关的财务顾问;证券承销与保荐;证券自营;证券资产管理;融资融券;证券投资基金代销;为期货公司提供中间介绍业务。

2002年12月,中信证券首次公开发行人民币普通股(A股)40 000万股,发行价格为4.5元/股,于2003年1月6日在上海证券交易所上市交易。发行完成后,总股数变更为248 150万股。

2005年8月15日,中信证券完成股权分置改革工作。股权分置完成时,总股数仍为248 150万股,所有股份均为流通股,其中有限售条件的股数为194 150万股,占公司总股数的78.24%。2008年8月15日,发起人限售股份全部上市流通。

2006年5月29日,中信证券非公开发行A股50 000万股,发行价格人民币9.29元/股。发行完成后,总股数由248 150万股变更至298 150万股。

2007年8月27日,中信证券公开发行A股33 373.38万股,发行价格人民币74.91元/股。发行完成后,总股数由298 150万股变更至331 523.38万股。

2008年4月,中信证券完成2007年度利润分配方案,即,每10股派发现金红利人民币5元(含税)、资本公积每10股转增10股,资本公积转增完成后,总股数由331 523.38万股变更至663 046.76万股。

2010年6月,中信证券完成2009年度利润分配方案,即每10股派发现金红利人民币5元(含税)、资本公积每10股转增5股,资本公积转增完成后,总股数由663 046.76万股变更至994 570.14万股。

两面针是中信证券的原始股东之一,1999年8月,两面针作为发起人参股中信证券,持有中信证券9 500万股,投资成本1.52亿元。根据两面针2004—2011年公布的年度报告,两面针历年持有中信证券的股份情况如表3所示。

表 3 两面针持有及出售中信证券股份情况表

年份	年末账面金额（元）	年初持股数（万股）	本年出售或减少持股票数量（万股）	本年增加股票数量（万股）	年末持股数（万股）	本年出售或减少持股数占持股总额的比重(%)	本年因出售本股票获得投资收益（元）
2003	152 000 000.00	9 500.00	—	—	9 500.00	—	—
2004	88 000 000.00	9 500.00	4 000.0	—	5 500.00	73	20 000 000.00
2005	80 812 876.80	5 500.00	449.2	—	5 050.80	9	股权分置改革①
2006	78 351 819.84	5 050.80	488.0	—	4 562.80	11	116 960 792.91
2007	2 969 566 550.00	4 562.80	1 586.3	350.00②	3 326.50	48	849 895 491.96
2008	1 195 544 100.00	3 326.50	—	3 326.50③	6 653.00	—	—
2009	2 023 272 450.00	6 653.00	284.5	0.00	6 368.50	4	90 707 714.98
2010	1 103 062 186.27	6 368.50	791.3	3 184.25④	8 761.45	9	83 155 241.52
2011	676 783 941.35	8 761.45	1 791.4	—	6 970.05	26	177 444 345.40

① 中信证券 2005 年 8 月股权分置改革，公司支付流通股股东股份 3 699 255 股（无对价）；支付用于股权激励的股份 792 697 股（有对价）。
② 2007 年中信证券增发时以 74.91 元/股价格转入股票，于 2007 年 9 月 4 日获准上市流通，当日收盘价为 87.05 元。
③ 2008 年中信证券资本公积转增股本 10 转 10。
④ 2010 年中信证券资本公积转增股本 10 转 5。

截至 2011 年 12 月 31 日,中信证券前十名股东持股情况及两面针 2009—2011 年持股比例变动情况如表 4 和图 1 所示。

表 4　中信证券前十名股东情况表

股东名称	股东性质	持股数量（股）	比例（%）	年内股份变动数量（股）	持有无限售条件股份数量（股）	持有有限售条件股份数量（股）
中国中信集团公司	国有法人	2 236 890 620	20.30	-95 640 601	2 236 890 620	—
	暂存股	23 510 652	0.21	—	—	23 510 652
香港中央结算（代理人）有限公司	境外法人	1 178 083 200	10.69	1 178 083 200	1 178 083 200	—
中国人寿保险股份有限公司	境内非国有法人	497 969 991	4.52	—	497 969 991	—
中国人寿保险（集团）公司-传统-普通保险产品		231 141 935	2.10	-50 000 000	231 141 935	—
中国运载火箭技术研究院	国有法人	106 478 308	0.97	-4 552 592	106 478 308	—
南京新港高科技股份有限公司	境内非国有法人	91 823 634	0.83	—	91 823 634	—
柳州两面针股份有限公司		69 699 685	0.63	-17 914 468	69 699 685	—
UBS AG	境外法人	65 688 055	0.60	6 061 018	65 688 055	—
光大证券股份有限公司	境内非国有法人	65 643 778	0.60	65 643 778	65 643 778	—
中信国安集团公司	国有法人	63 739 930	0.58	-2 725 268	63 739 930	—

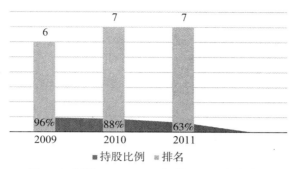

图 1 两面针 2009—2011 年持股比例变动情况

2. 案例介绍

2013 年 2 月 23 日,两面针发布《关于补缴税款的公告》。公告中称 2013 年 1 月,两面针收到柳州市地方税务局直属第一税务分局关于补缴税款的通知。

2012 年 11 月,国家税务总局检查组到柳州市抽查部分企业纳税情况,两面针为抽查企业之一。国家税务总局检查组抽查公司纳税申报材料后认为,根据国务院 2008 年 11 月 10 日颁布的《中华人民共和国营业税暂行条例》第五条第四项的有关规定认定,两面针 2009—2011 年期间出售中信证券股权所获收益应缴纳营业税 15 354 176.45 元,附加税费 2 017 043.91 元,合计 17 371 220.36 元。

两面针则认为公司 2009—2011 年期间出售中信证券股权无需缴纳营业税及相关附加税费。两面针转让的中信证券股票是公司 1999 年以发起人身份投资中信证券取得的原始法人股,2005 年实行股权分置改革支付对价后,于 2006 年 8 月 15 日成为全流通股。公司出售该部分股票,实质上应界定为股权转让行为,根据《关于股权转让有关营业税问题的通知》(财税〔2002〕191 号)第二条"对股权转让不征收营业税"的规定,不应交纳营业税。

此外双方对如何确定所售股票购入成本问题也存在分歧。两面针认为税务机关对 2008 年 12 月 31 日之前持有、2009 年 1 月 1 日之后出售的中信证券股权相应购入成本认定与《中华人民共和国营业税暂行条例》第五条第四项的规定相冲突,就应如何确定购入成本这一问题上公司与税务机关存在分歧,截至 2012 年 11 月双方仍未达成共识。

两面针于 2012 年 11 月预缴上述营业税及附加税费合计 3 053 571.43 元并

向国家税务总局提出申请复议,申请对公司 2009—2011 年期间出售中信证券股权收益相关的营业税暂不予征收。截至 2012 年 12 月 31 日两面针未收到税务机关就此事项如何计税的回复文件。

2013 年 1 月,国家税务总局督察内审司向柳州市地方税务局下达了《国家税务总局督察内审司关于征求广西壮族自治区地方税务局税收执法督察报告意见的通知》(以下简称"《通知》")(督审便函〔2012〕113 号),要求公司补充申报缴纳 2009—2011 年期间出售中信证券股权应缴纳营业税及附加税费合计 12 974 073.06 元。两面针于 2013 年 1 月补缴剩余营业税及附加税费合计 9 920 501.63 元。根据国家税务总局的《通知》决定,公司因补缴上述税款减少 2012 年度利润总额 3 053 571.43 元,减少 2013 年度利润总额 9 920 501.63 元。

附录①

表 5 两面针关于中信证券的投资收益占比

年份	本年度因中信证券获得投资收益(元)	合并利润总额(元)	因中信证券获得投资收益占当年利润总额的比重(%)	合并净利润总额(元)	占当年净利润比重(%)
2003	4 180 000.00	67 968 560.42	6	40 967 862.76	6
2004	30 450 000.00	51 721 851.11	59	40 594 665.64	59
2005	2 750 000.00	9 832 158.02	28	10 634 772.62	28
2006	116 960 792.91	35 195 361.87	332	32 011 086.03	332
2007	849 895 491.96	742 302 695.90	114	625 077 771.85	114
2008	16 632 500.00	5 968 497.27	279	5 261 522.61	279
2009	123 972 714.98	20 808 266.63	596	16 673 933.36	596
2010	114 997 741.52	11 088 564.04	1 037	10 829 378.11	1 037
2011	177 444 345.40	14 494 528.97	1 224	2 675 177.56	1 224
2012	145 564 956.93	52 222 584.13	279	34 466 834.81	279
2013	164 538 520.77	28 899 434.13	569	7 775 507.48	569
2014	263 518 608.05	−238 406.12	−110 533	−32 381 802.67	−110 533

① 本文中相关数据均取自两面针及中信证券相关年份年报。

表6 2009—2011年两面针销售中信证券股权相关财务数据

年份	年末持股数（股）	出售股票数（股）	出售股票收益（元）	出售原始股收益（元）	出售申购取得新股收益（元）
2009	63 685 000	2 845 000	90 707 714.98	90 536 619.15	171 095.83
2010	87 614 153	7 913 347	83 155 241.52	82 635 758.78	519 482.74
2011	69 699 685	17 914 468	177 444 345.40	177 163 131.54	281 213.86

表7 2004—2011年两面针持有中信证券原始成本变动

年份	持股数（股）	原始成本（元）	财务每股成本（元/股）
2004年年末	55 000 000	88 000 000.00	1.6000
2005年年末	50 508 048	86 731 684.80	1.7172
2006年年末	45 628 048	78 351 819.84	1.7172
2007年年末	33 265 000	299 485 181.67	9.0030
2008年年末	66 530 000	299 485 181.67	4.5015
2009年年末	63 685 000	286 678 397.63	4.5015
2010年年末	87 614 153	262 930 412.63	3.0010
2011年年末	69 699 685	209 169 024.75	3.0010

表8 2009—2011年两面针转让中信证券情况

年份	财务每股成本A（元/股）	转让股份数B（股）	转让成本 C＝A×B（元）	转让股票账面收益D（元）	转让总收入 F＝C+D（元）
2009	4.5015	2 845 000	12 806 784.04	90 536 619.15	103 343 403.19
2010	3.0010	7 913 347	23 747 985.01	82 635 758.78	106 383 743.79
2011	3.0010	17 914 468	53 761 387.88	177 163 131.54	230 924 519.42
合计		10 031 772①		350 335 509.47	440 651 666.40

① 将转让股份数兑换为2008年4月（10转10）和2010年6月（10转5）资本公积转股本之前的股份数，[2 845 000+(7 913 347+17 914 468)/1.5]/2＝10 031 772股。

表9　税收扣除成本确定表

税务机关要求补缴税款 A（元）	营业税税率 B	附加费税率	与补缴税款有关的税收收益 C＝A/1.12/B（元）	税收扣除成本 D＝转让总收入①−C（元）
12 974 073.06	5%	营业税的12%	231 679 876.07	208 971 790.33

表10　中信证券主要时间窗口价格

时间窗口	招股说明书发布日	上市首日	股权分置改革完成复盘日	可上市流通日
日期	2002.12.11	2003.1.6	2005.8.15	2006.8.15
价格（收盘价/开盘价）（元）	4.50（发行价）	5.53/5.01	5.4/5.2	12.23/12.80

案例使用说明

一、教学目的与用途

1. 本案例主要适用于"税收筹划"课程，也适用于"中国税制""税务管理"等课程。

2. 本案例的教学目的在于将真实案例带入课堂，激发学生学习兴趣，促使其独立地思考，综合运用所学的各种知识。通过案例教学，促进师生之间、学生之间多方互动，提高学生分析问题和解决问题的能力。

二、启发思考题

1. 限售股上市流通后的转让是否应当缴纳营业税？
2. 股权和股票交易的关系应当如何判定？
3. 税务机关确定的补税额是否合理？
4. 企业应如何规避纳税风险？

---

① 转让总收入见表8。

三、分析思路

本篇案例分析主要从两方面展开,一方面,分析限售股转让是否需要缴纳营业税,明确两面针出售中信证券股票行为的适用政策。另一方面,对税务机关征收营业税款的计算分析。首先分析转让股票的性质,即转让的是 2007 年申购的新股还是 2003 年持有的原始股份,涉及股票转让方法为先进先出原则或比例转让原则;其次分析转让股票扣除成本价格的确定,即原始购买价、股票发行价、上市首日开盘价、上市首日收盘价等之间的选择。

四、理论依据与分析

(一)出售中信证券股票行为定性

下面我们就股权转让与金融产品买卖行为二者之间的关系进行分析。对金融商品买卖行为,结合案例情况,我们仅对其中的股票买卖进行分析,为方便表述,以股票转让表示。

1. 股权转让与股票转让的关系与区别。

(1) 股权与股票概述。

关于"股权"的概念,学术界有多种不同的理解。

有人认为股权就是股东权。广义上的股权是指股东将自己的财产交由公司进行经营,按其投资份额对公司享有一定权利并承担一定义务,这种权利和义务的总称就是股权;狭义上的股权是指股东因其股东地位而对公司享有的一系列权利的综合。

有人认为股权与股东权是两个不同的概念。股东权包括股权和股东参与权两种权利:股权是指股东对股份的所有权,是一种物权、财产权,其实质仅为一种单纯的财产权,并不包括公司事务参与权;股东参与权即投资人因为出资获得股份取得股东身份后获得的一种社员权、非财产权利。

也有人认为股权是股东按其所持有股份享有的权利和承担的义务的总称。股权是随着现代股份公司的出现、有限责任的创立而出现的一种因持有股份而享有的权利。

根据我国《公司法》第四条规定,公司股东作为出资者投入公司的资本额享有所有者的资产受益、重大决策和选择管理者等权利。在我国,通常认为股权是股东基于其出资所获得的股东资格而享有的各种权利的集合体。

股票是股份公司为筹集资金而发行给各投资者作为持股凭证的一种有价证券,是公司的所有权凭证。它本身没有价值,但作为股本所有权的证书,代表着取得一定收入的权利,因此具有价值,可以作为商品转让。

我国证券市场在设立之初,上市公司国有股不能在二级市场流通,A股市场上的公司股份分为流通股与非流通股,就此形成股权分置的局面。股权分置改革将非流通股转换为流通股,为缓解非流通股进入流通领域对股市产生消极影响,相关部门从转让时间与数量方面制订了限制措施。根据2005年9月4日所颁布的《上市公司股权分置改革管理办法》第27条规定:改革后公司原非流通股股份的出售,应当遵守下列规定:"自改革方案实施之日起,在12个月内不得上市交易或转让;持有上市公司股份总数5%以上的原非流通股股东,在前项规定期满后,通过证券交易所挂牌交易出售原非流通股股份,出售数量占该公司股份总数的比例在12个月内不得超过5%,在24个月内不得超过10%。"期满解禁后,限售股上市流通。

(2) 股权转让与股票转让的联系。

对于股份有限公司来说,股权的载体即为股票,股权转让的直接形式体现为股票的转让。会计上认为股票转让是股权转让的一种。股权转让与股票转让在法律上实质是一种买卖关系,二者表现的结果是股票的所有权发生了转移。

(3) 股权转让与股票转让的区别。

税法中没有对股权转让与股票转让明确界定。通常认为股权投资应长期(至少在一年以上)持有一个公司的股票或长期投资一个公司,通过控制被投资单位、对被投资单位施加重大影响、与被投资单位建立密切关系等方式,达到分散经营风险的目的。

大致可以从以下几个方面来看股权转让与股票转让的区别:

介入时间。股权的取得可以是在公司创立初期,也可以在公司发展成熟期。股票只能在公司发展到一定时期,上市发行后才能获得。

发生场所。根据《公司法》第139条的规定,股份有限公司的股权转让在证券交易所完成,或者按照国务院规定的其他方式进行。有限责任公司的股权转让方面,对其国有股权转让的要求是转让须在产权交易所进行,对其非国有股权转让的交易场所,国家相关法律法规并没有强制性的限制性要求。股票交易在证券交易所进行。

持有目的。股权持有应当是作为公司股东,参与公司成长与发展,共享公司利润分配,共同承担投资风险的行为。从持有时间上来看,股权持有是一种长期持有。股票转让主要是为了赚取股票买卖差价,其目的是为了获取收益,不可避免也要承担一定风险。从持有时间上来看,短期居多,也有长期持有的,满足其收益目标即可。

2. 结合案例分析。

两面针持有中信证券的股权,是作为发起人于1999年购入的原始法人股,当时中信证券并没有上市。而根据两面针2009—2011年年报,两面针这3年中出售的中信证券股票一部分是1999年持有的法人原始股,于2005年8月15日实施股权分置改革,支付对价成为有限售条件的流通股后,于2006年8月15日获准上市流通;另一部分是2007年中信证券增发时以74.91元/股价格购入的股票,于2007年9月4日获准上市流通。

2004—2011年,两面针在不断减持其所持有中信证券股票。其公告中称自1999年投资中信证券股权以来,两面针获得了丰厚的回报。为锁定盈利,合理规避市场、股价向下波动及调整的风险,集中资金和精力发展主业,出售部分股票。

两面针以锁定盈利,规避风险、集中发展主业两大缘由多次出售中信证券股票。自2004年起,该公司以出售中信证券获取收益,将报表数据扭亏为盈(见表5)。

3. 各地方执行办法。

现行营业税暂行条例及实施细则对于限售股上市流通是否应缴纳营业税及如何缴纳并无明确规定。各地方政府在执行中主要有两类做法。

第一,确认为金融商品买卖行为,征收营业税。

厦门市地方税务局于2012年2月29日发布《厦门市营业税差额征税管理办法》(厦门市地方税务局公告〔2012〕3号)规定,外汇、有价证券、期货等金融商品买卖业务,以卖出价减去买入价后的余额为计税营业额。其中,纳税人在股份公司获准上市前取得的股票,以该公司获准上市后首次公开发行股票的发行价为买入价,买入价的扣除凭证为股份公司首次公开发行股票的招股说明书。

天津市地方税务局于2013年6月7日发布的《天津市地方税务局公告

2013年第4号》明确规定:纳税人在股份公司获准上市前取得的股票,以该公司获准上市后首次公开发行股票的发行价为买入价。买入价的扣除凭证为股份公司首次公开发行股票的招股说明书。

深圳市地方税务局于2009年6月在其官方网站上刊登了《福田区局制定"大小非"解禁减持持税收工作指南》,明确了关于转让股票营业税的问题:纳税人在依法设立的证券交易所或国务院批准的其他证券交易所转让股票,应当按照"金融保险业"税目中"金融商品(有价证券)转让"缴纳营业税,计税营业额为卖出价减去买入价后的余额。

南京市地方税务局于2010年2月在其官方网站上刊登了"南京市地方税务局2010年工作要点",工作要点指出,做好"大小非"解禁后股票转让营业税征管工作。《江苏省南通市地方税务局关于加强非金融机构从事金融商品买卖业务营业税征管的通知》(通地税发〔2010〕78号),但该文件的具体操作办法与《国家税务总局关于印发〈金融保险业营业税申报管理办法〉的通知》(国税发〔2002〕9号)基本一致。

第二,全国政策尚未明确,暂不征收营业税。

北京市海淀区地方税务局于2011年3月29日在其官方网站上发布了《政策解读》(2011年第2期总第2期),该局税政管理一科指出,对于股票市场大小非解禁后,对外转让收入是否应税问题,涉及全国统一执行口径,在总局正式明确相关政策之前,暂不征收营业税。

宁波市东江区于2010年6月发布的《近期税收政策解答》中指出,对"大小非"解禁出售后在总局明确前暂不征收营业税。

(二)出售中信证券股票应纳税额的计算

2012年11月,税务机关认定两面针公司2009—2011年期间出售中信证券股权所获收益应缴纳营业税及附加税费合计17 371 220.36元。而2013年1月再次下达的《通知》要求公司补充申报缴纳2009—2011年期间出售中信证券股权应缴纳营业税及附加税费合计却变成了12 974 073.06元。两者相差近440万元,这说明在对限售股转让征收营业税的计算过程中,双方的认定存在不可忽视的争议。

2009年开始实施的修订后的《中华人民共和国营业税暂行条例》(国务院

第540号令)第五条及《中华人民共和国营业税暂行条例实施细则》(财政部、国家税务总局第52号令)第十八条规定:纳税人从事的外汇、有价证券、期货等金融商品买卖业务,以卖出价减去买入价后的余额为营业额,计算缴纳营业税,所称外汇、有价证券、期货等金融商品买卖业务,指纳税人从事的外汇、有价证券、非货物期货和其他金融商品买卖业务。

依据《国家税务总局关于印发〈金融保险业营业税申报管理办法〉的通知》(国税发〔2002〕9号)第十四条的规定,金融商品转让业务,按股票、债券、外汇、其他四大类来划分。同一大类不同品种金融商品买卖出现的正负差,在同一个纳税期内可以相抵,相抵后仍出现负差的,可结转下一个纳税期相抵,但年末仍出现负差的,不得转入下一个会计年度。金融商品的买入价,可以按加权平均法或移动加权法进行核算,选定后一年内不得变更。①

股票转让营业额的确定:股票转让营业额为买卖股票的价差收入,即营业额=卖出价-买入价。股票买入价是指购进原价,不得包括购进股票过程中支付的各种费用和税金。卖出价是指卖出原价,不得扣除卖出过程中支付的任何费用和税金。

由上述规定可以看出,税法及相关条例并没有对原限售股及增发新股的买入价做出具体规定,而通过这两种方式获得的股票也与通过一般二级市场获得股票有所不同。因此,对于两面针出售中信证券股票征收营业税的另一个关键点就是如何确定所售股票的买入价。根据两面针2009—2011年的公司年报,两面针在这三年中出售的中信证券股票一部分为1999年持有的法人原始股。该原始股已于2005年8月15日实施股权分置改革,支付对价成为有限售条件的流通股,并于2006年8月15日获准上市流通。另一部分为2007年中信证券增发时以74.91元/股价格购入股票,于2007年9月4日获准上市流通收盘价为87.05元。所以此案例涉及两个关键点,一是转让股票的性质,即转让的是2007年申购的新股还是2003年持有的原始股份,涉及股票转让方法为先进先

---

① 上述内容部分失效,依据2013年12月1日执行的国家税务总局公告2013年第63号《国家税务中欧根据关于金融商品转让业务有关营业税问题的公告》,纳税人从事金融商品转让业务,不再按股票、债券、外汇、其他四大类来划分,统一归为"金融商品",不同品种金融商品买卖出现的正负差,在同一个纳税期内可以相抵,按盈亏相抵后的余额为营业额计算缴纳营业税。若相抵后仍出现负差的,可结转下一个纳税期相抵,但在年末仍出现负差的,不得转入下一个会计年度。

出原则或比例转让原则;二是转让股票扣除成本价格的确定,即原始购买价、股票发行价、上市首日开盘价、上市首日收盘价等之间的选择。

1. 股票转让原则的确定。

根据表6可以看出两面针每年出售中信证券的股票均有法人原始股和新购入股票,并未使用先进先出法。因此,采用比例转让原则。

公司于2007年8月27日以74.95元/股购得350万股中信证券增发的股票并于2007年9月4日上市流通,之后转让1 586.3048万股,截至期末公司持有中信证券股票3 326.5万股,总成本为299 485 181.67元。单个股票计价成本分为两种不一样的税务成本:2007年以前持有的原始股股票,每股成本1.7172元;2007年参与增发的股票,每股成本74.91元。

所以截至2007年年底:

持有原始股股票+增发股票=33 265 000(股)

持有原始股股票×1.7172+增发股票×74.91=299 485 181.67(元)

解之可得持有原始股股票29 953 705股,申购新股股票3 311 295股,比例分别为0.9005和0.0995。

因此,2008年及以后出售时,应按上述比例确认转让成本。2008年公司没有对其持有的中信证券股票进行出售或其他变化。结合表8相关数据可以算出2009—2011年累计出售股票10 031 772股,按照上述比例推算,即出售原始股9 033 180股,出售新股998 592股。

2. 转让股票成本扣除价格的确定。

(1) 2007年申购新股以申购价为成本扣除价格。

若申购的新股按照申购价74.91元/股扣除,则原始股的税务扣除成本=(税收扣除成本(见表9)-申购新股税收购入总成本)/出售原始股股数。

因此,

原始股的税务扣除成本=(208 971 790.33-74.91×998 592)/9 033 180

=14.85(元/股)

与两面针持有中信证券原始股主要时间窗口价格(见表10)差距较大。

(2) 2007年申购新股以上市流通日收盘价为成本扣除价格。

若申购的新股按照公司可上市流通日的收盘价扣除,2007年9月4日中信证券收盘价为87.05元,则

原始股的税务扣除成本 = (208 971 790.33 - 87.10×998 592)/9 033 180
= 13.51(元/股)。

这与两面针持有原始股可上市流通日的收盘价(见表10)更为接近。

中信证券在2006年以前的交易价格比较低,交易基本都在10元以下,基本可以排除以2006年以前某一日交易价作为税务扣除成本。根据上述推算情况可以看出,两面针出售中信证券补缴的营业税及附加的扣除成本,应该是以可上市流通的交易价为依据的。推算的税务扣除成本与可上市流通日交易价的差异可能系公司与税务局谈判的结果,实际出售中新股占比较大。

五、关键点

本案例的关键要点有两点,一是两面针于限售期后转让中信证券原始股的行为应如何定性,是股权转让行为还是金融商品的买卖行为。二是如果明确要交纳营业税,应当如何计算缴纳营业税。

六、建议的课堂计划

1. 建议进行课堂案例讨论,将班级学生分成小组,以小组为单位开展。
2. 必备课堂工具:税法书、电脑、笔、纸、U盘。
3. 案例阅读10分钟,在老师的带领下,初步形成对案例的认识。

小组分析70分钟,以小组为单位展开讨论,70分钟的时间内需要完成案例问题,并简单制作PPT,包括主要分析思路、分析结果。相关计算过程过于复杂的,可以只提供思路。

小组展示40—50分钟,小组选择代表进行陈述,每组陈述时间10—15分钟(可以选择部分小组陈述)。

老师点评20—30分钟,课堂讨论结束后,老师对案例、讨论结果进行综合点评。

4. 也可作为课后小组讨论,分小组进行。其他参照上述步骤。

七、案例的建议答案以及相关法规依据

1. 限售股不应该缴纳营业税,理由如下:
(1) 从营业税的立法目的看,营业税是对提供劳务(这里指金融劳务)等经

营活动征税，属于流转税，而不是对资本增值征税，旧营业税暂行条例"非金融机构和个人从事外汇、有价证券和期货买卖不征收营业税"的规定正说明了营业税的立法意图。

（2）持有限售股的股东大多是公司的发起人，持有目的是为了参与公司的经营，获得经营的收益，这和代表着财产权利的有价证券等金融商品的买卖具有本质的不同。

（3）限售股的持有阶段具有流通期限和流通比例的限制，不能够自由买卖，这违背了有价证券等金融商品的核心价值理念，即可变现性。既然其不能够流通，不能够变现，不能够实现利益，就不能认定其为金融商品，或者说不是完整的金融商品，也就不应该完全适用于金融商品买卖的营业税规定。

（4）《财政部、国家税务总局关于股权转让有关营业税问题的通知》（财税〔2002〕191号）规定，以无形资产、不动产入股，与接受投资方利润分配，共同承担投资风险的行为，不征收营业税；对股权转让不征收营业税。这项规定除直接明确了股权转让不征收营业税之外，也规定了不征收的原因即参与投资方利润分配，共同承担风险，这说明了股权的本质特征就是参与企业经营并承担经营风险。股权是指股东因出资而取得的、依法定或者公司章程的规定和程序参与公司的经营管理并从中享受财产利益的、具有可转让性的权利。有限责任公司和股份公司的股东因出资而获得的公司的份额就是股权，有限责任公司用出资证明书，股份公司用股票来表征其拥有的股份。公司法第七十二条规定："有限责任公司的股东之间可以相互转让其全部或者部分股权。"有限责任公司兼具人合和资合的性质，其股东是基于相互信任而共同经营公司的目的而成立公司拥有股份的，因此有限责任公司的股份被称作股权。股份公司分为非上市公司和上市公司，非上市公司由于发行范围相对较窄，参与的股东一般是基于对发起人的信任而出资且关心或是参与公司的经营，因此也应该被认为是股权。而上市公司的股份则应该区别对待，上市公司的发起人以经营公司为目的而拥有的股份应该认定为股权，在二级市场买卖的股票则一般不应该被界定为股权转让。因为发起人拥有的原始股是作为对公司的出资而参与经营和承担经营风险的。在公开市场取得和转让股份，如二级市场，股票主要是一种代表财产权利的虚拟资本，其价格更多地受到政治、宏观经济和货币政策等金融市场因素的影响，因此公开市场的股票买卖被界定为有价证券等金融商品的买卖，他们追求的是金融商品的增值及买卖获利,而不是为了参与公司的经营,因此在公开市场上买卖上市公司的股份不应该被界定为股权转让。综上,作为发起人拥有的限售股应该被界定为股权,出售限售股的行为应该被界定为股权转让,适用股权转让的免缴营业税的税收优惠。

(5)限售股的产生是为了企业改制和稳定证券市场的需要,属于政策性的,对股东的权利进行了限制,因此在出售时应该给予适当的税收优惠以补偿限售股在限售期的机会成本。

2. 出售限售股应该缴纳营业税,理由如下:

(1)限售股在限售期内有限制,但是一旦解禁出售则和其他的二级市场的股票没有任何区别了,应该和其他股票得到同等的税收待遇,适用营业税的规定。

(2)营业税暂行条例规定,外汇、有价证券、期货等金融商品买卖业务,纳税人以卖出价减去买入价后的余额为营业额,修改了旧条例对于非金融企业和个人免缴营业税的规定。依法应该缴纳营业税。

M 公司融资方案决策

黄 桦 李羡於

摘 要：本案例以 M 公司为例介绍了增添设备的融资方案决策模式，净现值法在决策过程中起到了关键作用。本案例重点分析了以自有资金购置设备、向银行贷款购置设备以及以融资租赁方式租入设备三种方案的税务处理及其差异，以及各方案税后现金流出量现值的计算方法。该案例表明在融资方案决策过程中应当充分考虑税收因素，尤其是设备折旧和贷款利息支出所具备的抵税效应，这相当于获得一笔现金流入。

关键词：净现值法 抵税效应 融资决策 等额本息还款 融资租赁

1. M 公司背景

M 公司成立于 1992 年，主要从事各类型军民用船舶和船用配套产品的生产制造及船舶的修理与改装，是一家位于大连市的大型国有企业。

为了进一步扩大生产能力，提高产品质量，M 公司管理层研究决定新增一台大型设备，所需资金 200 万元。该项设备不需要安装，预计使用寿命为 6 年，预计净残值为 8 万元，采用平均年限法计提折旧。M 公司的加权平均资本成本为 10%。

经过充分研究论证，该公司目前有三种融资方案可供选择。这三种融资方案分别为使用自有资金购买设备、向银行贷款购买设备、以融资租赁方式租入设备。M公司需要在这三种融资方案中选择最有利的一种。

2. 融资方案相关资料

2.1 方案一相关资料

M公司使用自有资金购买该项设备,一次性向设备供应商支付200万元设备款。

2.2 方案二相关资料

M公司向银行贷款200万元用于购买该项设备,与银行签订贷款协议,约定贷款期限为5年,采用"等额本息还款方式",年利率为8%。

2.3 方案三相关资料

M公司采用融资租赁方式租入该项设备,与国内某著名融资租赁公司签订融资租赁合同,约定租赁期限为5年,每年年末支付租金58万元,租赁期限结束后,该项设备归M公司所有。

3. 相关假设说明

3.1 关于设备折旧年限

根据《中华人民共和国企业所得税法实施条例》(中华人民共和国国务院令第512号)的规定,飞机、火车、轮船、机器、机械和其他生产设备计算折旧的最低年限为10年。同时,根据《中华人民共和国企业所得税法》(中华人民共和国主席令2007年第63号)及其实施条例的规定,企业拥有的由于技术进步而使得产品更新换代较快的固定资产,以及常年处于强震动、高腐蚀状态的固定资产,可以采取缩短折旧年限的方法或加速折旧的方法计提折旧。采取缩短折旧年限方法的,最低折旧年限不得低于实施条例规定折旧年限的60%;采取加速折旧方法的,可以具体采用双倍余额递减法或年数总和法。

经了解，M公司计划增添的这台大型设备符合上述企业所得税法规定的采取缩短折旧年限方法的条件，所以这台设备预计使用年限定为6年（10×60%），符合税法要求，按照平均年限法计提的折旧可以在企业所得税前扣除，无须进行纳税调整。

3.2 关于预计净残值

固定资产预计净残值是指假定固定资产预计使用寿命已满并处于使用寿命终了时的预期状态，企业目前从该项资产处置中获得的扣除预计处置费用后的金额。其计算公式为：

固定资产净残值＝固定资产报废时预计可以收回的残余价值－预计清理费用
　　　　　　　＝固定资产原值×预计残值率

从上述公式可以看出，净残值是获得固定资产时预计的将来报废处置固定资产时能够回收的净收入。这个预计不一定十分准确，可能存在以下三种情况：

（1）报废处置时实际取得的净收入＝预计净残值
（2）报废处置时实际取得的净收入＞预计净残值
（3）报废处置时实际取得的净收入＜预计净残值

根据企业会计准则的规定，固定资产折旧期限届满处置时的会计分录如下：

借：固定资产清理（提完折旧时只剩预计净残值）
　　累计折旧
　　贷：固定资产
借：银行存款
　　贷：固定资产清理（处置时取得的收入与发生的清理费用之差）

如果属于情况（1），报废处置时实际取得的净收入等于预计净残值，此时"固定资产清理"科目借贷方的发生额相等，无余额，不需要结转至"营业外收入"或"营业外支出"科目，所以对当期损益和企业所得税没有影响，仅仅是企业获得了一笔现金流入。

如果属于情况（2），报废处置时实际取得的净收入大于预计净残值，此时"固定资产清理"科目贷方发生额大于借方发生额，存在贷方余额，需要结转至

"营业外收入"科目,会计分录如下:

借:固定资产清理

贷:营业外收入

这种情况下,企业虽然获得了一笔现金流入,同时还增加了当期损益,但是这将会增加当期应缴纳的企业所得税,这意味着一笔现金流出。

如果属于情况(3),报废处置时实际取得的净收入小于预计净残值,此时"固定资产清理"科目贷方发生额小于借方发生额,存在借方余额,需要结转至"营业外支出"科目,会计分录如下:

借:营业外支出

贷:固定资产清理

这种情况下,企业获得了一笔现金流入,但同时会减少当期损益,进而减少当期应缴纳的企业所得税,这相当于一笔现金流入。

综上所述,为了简单起见,在融资决策分析的过程中假设固定资产报废处置时实际取得的净收入与固定资产预计净残值相等,即情况(1)。

3.3 关于折现率的假设

假设以 M 公司的加权平均资本成本 10% 为折现率。

3.4 其他假设

假设 M 公司适用的企业所得税税率为 25%,暂不考虑除企业所得税以外的其他税费,如增值税、城市维护建设税、教育费附加、地方教育费附加及印花税等。

4. 融资方案决策

本案例采用净现值法进行方案决策。净现值是指一个方案未来现金流入的现值与实施该项方案预期现金流出的现值之间的差额,是评价方案是否可行的最重要指标。

在本案例中,M 公司增添这台设备的用途及其能够带来的现金流入与取得这台设备的方式无关,换句话说,即不管这个设备是使用自有资金购买的,还是向银行贷款购买的,抑或是通过融资租赁方式租来的,都不影响这台设备的使用,也不影响其今后能够给 M 公司带来的现金流入。所以本案例采取简化的处理方式,即仅考虑 M 公司增添这台设备的现金流出的现值,以及这台设备在使用过程中因计提折旧在企业所得税前扣除而产生的抵税效应。

通常来说,对于一个方案,只有当其净现值大于零的时候才具有可行性,才能够给企业和股东带来价值;对于若干个互斥方案,在进行决策时,应当选择净现值较大者。在本案例中,由于采取了简化的净现值法,所以应当以税后现金流出量现值的大小作为融资方案的决策标准,税后现金流出量现值较小的方案为较优方案。

下面将分别分析和计算可供选择的三个融资方案的税后现金流出量现值,并比较其大小,为 M 公司提供决策依据。

4.1 方案一的现金流情况及税后现金流出量现值

方案一中,M 公司使用自有资金购买该项设备,一次性向设备供应商支付 200 万元设备款。

在这个方案中,M 公司运用自有资金购置该项设备,其会计上的初始账面价值与税法上的初始计税基础均为 200 万元。根据前述的分析、假设,该项设备不需要安装,预计使用寿命为 6 年,预计净残值为 8 万元,采用平均年限法(缩短折旧年限法)计提折旧,会计处理与税法处理相一致,不存在税会差异,无需进行纳税调整。所以,该项设备每年计提的折旧额为:

$$(2\ 000\ 000 - 80\ 000)/6 = 320\ 000(元)$$

由于每年计提的折旧额可以在企业所得税缴纳前扣除,具有抵税效应,可减少当期应交的企业所得税,减少了当期的现金流出,这相当于在第一年至第六年期间的每一年均获得了一笔现金流入,可视为现金流入的金额为:

$$320\ 000 \times 25\% = 80\ 000(元)$$

此外,根据前述假设,第六年年末处置固定资产(该项设备)获得净现金收入 8 万元,与预计净残值相等,不影响当期损益和企业所得税金额,只有现金流入而无现金流出。方案一的现金流情况可以直观地表示为表 1。

表 1　方案一的现金流情况

（单位:元）

年度	0	1	2	3	4	5	6
现金流情况	-2 000 000	+80 000	+80 000	+80 000	+80 000	+80 000	+80 000 +80 000

根据上述分析,方案一的税后现金流出量现值为:

2 000 000-320 000×25%×(P/A,10%,6)-80 000×(P/F,10%,6)

= 2 000 000-80 000×4.3553-80 000×0.5645

= 1 606 416(元)

≈160.64(万元)

4.2　方案二的现金流情况及税后现金流出量现值

方案二中,M公司向银行贷款200万元用于购买该项设备,与银行签订贷款协议,约定贷款期限为5年,采用"等额本息还款方式",年利率为8%。这个方案可以划分为两个部分分别进行分析,即购置设备计提折旧和以"等额本息还款方式"偿还银行贷款本金和利息。

与方案一中的分析相类似,M公司向银行贷款用于购置该项设备,其会计上的初始账面价值与税法上的初始计税基础均为200万元,该项设备每年计提的折旧额为:

(2 000 000-80 000)/6=320 000(元)

由于每年计提的折旧额可以在企业所得税缴纳前扣除,具有抵税效应,可减少当期应交企业所得税,减少了当期的现金流出,这相当于在第一年至第六年期间的每一年均获得了一笔现金流入,可视为现金流入的金额为:

320 000×25%=80 000(元)

此外,M公司由于贷款而发生的利息支出,按照现行企业所得税法的相关规定也可以在企业所得税缴纳前扣除,也具有抵税效应,可减少当期应交企业所得税,从而减少了当期的现金流出,相当于在第一年至第五年期间的每一年均获得了一笔现金流入。方案二现金流的分析和计算过程可以划分为以下七个步骤。

第一步：查"年金现值系数表"，(P/A,8%,5)=3.9927，则年还本付息额、还本付息总额和利息总额分别为：

年还本付息额=2 000 000/3.992 7=500 914(元)

还本付息总额=500 914×5=2 504 570(元)

其中，利息总额=2 504 570-2 000 000=504 570(元)

第二步：计算付息额，付息额=上年贷款余额×8%。

第一年付息额=2 000 000×8%=160 000(元)

第二年付息额=[2 000 000-(500 914-160 000)]×8%
=1 659 086×8%=132 727(元)

第三年付息额=[1 659 086-(500 914-132 727)]×8%
=1 290 899×8%=103272(元)

第四年付息额=[1 290 899-(500 914-103 272)]×8%
=893 257×8%=71 461(元)

第五年付息额=504 570-(160 000+132 727+103 272+71 461)
=37 110(元)

第三步：计算还本额，还本额=年还本付息额-付息额。

第一年还本额=500 914-160 000=340 914(元)

第二年还本额=500 914-132 727=368 187(元)

第三年还本额=500 914-103 272=397 642(元)

第四年还本额=500 914-71 461=429 453(元)

第五年还本额=500 914-37 110=463 804(元)

第四步：计算减少应纳税所得额，减少应纳税所得额=年折旧额+年付息额。

第一年减少应纳税所得额=320 000+160 000=480 000(元)

第二年减少应纳税所得额=320 000+132 727=452 727(元)

第三年减少应纳税所得额=320 000+103 272=423 272(元)

第四年减少应纳税所得额=320 000+71 461=39 146(元)

第五年减少应纳税所得额=320 000+37 110=357 110(元)

第六年减少应纳税所得额=320 000+0=320 000(元)

第五步：计算税收收益,税收收益=减少应纳税所得额×25%。

第一年税收收益=480 000×25%=120 000(元)

第二年税收收益=452 727×25%=113 182(元)

第三年税收收益=423 272×25%=105 818(元)

第四年税收收益=391 461×25%=97 865(元)

第五年税收收益=357 110×25%=89 278(元)

第六年税收收益=320 000×25%=80 000(元)

第六步：计算税后现金流出量,税后现金流出量=年还本付息额-税收收益。

第一年税后现金流出量=500 914-120 000=380 914(元)

第二年税后现金流出量=500 914-113 182=387 732(元)

第三年税后现金流出量=500 914-105 818=395 096(元)

第四年税后现金流出量=500 914-97 865=403 049(元)

第五年税后现金流出量=500 914-89 278=411 636(元)

第六年税后现金流出量=0-80 000+(-80 000)=-160 000(元)

第六年年末处置固定资产获得净现金收入8万元,与预计净残值相等,不影响当期损益和企业所得税金额。负的现金流出等价于现金流入。

第七步：计算税后现金流出现值,税后现金流出现值=各年税后现金流出量×当年贴现系数。

第一年税后现金流出现值=380 914×0.909 1=346 289(元)

第二年税后现金流出现值=387 732×0.826 4=320 422(元)

第三年税后现金流出现值=395 096×0.751 3=296 836(元)

第四年税后现金流出现值=403 049×0.683 0=275 282(元)

第五年税后现金流出现值=411 636×0.620 9=255 585(元)

第六年税后现金流出现值=-160 000×0.564 5=-90 320(元)

根据上述计算过程和结果,采用向银行贷款的方式购置该项设备的税收收益及税后现金流出量的计算结果如表2所示,现金流情况可以直观地表示为表3。

表 2　贷款购置固定资产的税收收益及税后现金流出量计算结果表

（单位：元）

年度	还本付息额 ①	付息额 ②	还本额 ③=①-②	贷款余额 ④	年折旧额 ⑤	减少应纳税所得额 ⑥=②+⑤	税收收益 ⑦=⑥×25%	税后现金流出 ⑧=①-⑦	贴现系数 ⑨	现值 ⑩=⑧×⑨
0				2 000 000						
1	500 914	160 000	340 914	1 659 086	320 000	480 000	120 000	380 914	0.909 1	346 289
2	500 914	132 727	368 187	1 290 899	320 000	452 727	113 182	387 732	0.826 4	320 422
3	500 914	103 272	397 642	893 257	320 000	423 272	105 818	395 096	0.751 3	296 836
4	500 914	71 461	429 453	463 804	320 000	391 461	97 865	403 049	0.683 0	275 282
5	500 914	37 110	463 804	0	320 000	357 110	89 278	411 636	0.620 9	255 585
6	0	0	0	0	320 000	320 000	80 000	-80 000	0.564 5	-45 160
6	第六年年末处置固定资产获得净现金收入 8 万元，不影响损益和所得税							-80 000	0.564 5	-45 160
合计	2 504 570	504 570	2 000 000		1 920 000	2 424 570	606 143	1 898 427		1 404 094

表 3　方案二的现金流情况

（单位：元）

年度	0	1	2	3	4	5	6
现金流情况	0	-500 914	-500 914	-500 914	-500 914	-500 914	0
	0	+120 000	+113 182	+105 818	+97 865	+89 278	+80 000
							+80 000

根据上述计算结果，方案二的税后现金流出量现值为：

346 289 + 320 422 + 296 836 + 275 282 + 255 585 - 90 320

= 1 404 094（元）

≈ 140.41（万元）

4.3　方案三的现金流情况及税后现金流出量现值

在方案三中，M 公司采用融资租赁方式租入该项设备，租赁期限为 5 年，每年年末支付租金 58 万元，租赁期限结束后，该项设备归 M 公司所有。

根据《中华人民共和国企业所得税法实施条例》（中华人民共和国国务院令第 512 号）的规定，融资租入的固定资产，以租赁合同约定的付款总额和承租人在签订租赁合同过程中发生的相关费用为计税基础,租赁合同未约定付款总额的,以该资产的公允价值和承租人在签订租赁合同过程中发生的相关费用为计税基础;以融资租赁方式租入固定资产发生的租赁费支出,按照规定构成融资租入固定资产价值的部分应当提取折旧费用,分期扣除;飞机、火车、轮船、机器、机械和其他生产设备计算折旧的最低年限为10年。此外,根据前述假设,M公司符合税法规定缩短折旧年限(60%)的条件,预计使用寿命为6年能够得到税法认可。

因此,如果M公司采用方案三,以融资租赁方式租入该项设备,那么该项设备的计税基础为290万元(58×5),折旧年限为6年。又因为该项设备的预计净残值为8万元,所以符合税法规定、每年可以在企业所得税税前扣除的折旧额为:①

$$(2\,900\,000 - 80\,000)/6 = 470\,000(万元)$$

由于每年计提的折旧额可以在企业所得税缴纳前扣除,具有抵税效应,可减少当期应交企业所得税,减少了当期的现金流出,这相当于在第一年至第六年期间的每一年均获得了一笔现金流入,可视为现金流入的金额为:

$$470\,000 \times 25\% = 117\,500(万元)$$

需要注意的是,M公司按照融资租赁合同的约定于每年年末支付58万元租金,按照企业所得税法的规定,这笔现金流出不能够直接在企业所得税缴纳前扣除,而是应当按照构成融资租入固定资产价值的部分分期提取折旧费用在税前扣除,因此,在发生现金流出的当期不存在租金金额直接对应的抵税效应。

根据前述假设,第六年年末处置固定资产获得净现金收入8万元,与预计净残值相等,不影响当期损益和企业所得税金额。现金流情况如表4所示。

表4 方案一的现金流情况

(单位:元)

年度	0	1	2	3	4	5	6
现金流情况	0	−580 000	−580 000	−580 000	−580 000	−580 000	0
	0	+117 500	+117 500	+117 500	+117 500	+117 500	+117 500
							+80 000

---

① 此处计算出来的每年可以在企业所得税前扣除的折旧额与会计上计提的折旧额有所差异,具体内容请见"七、案例的建议答案以及相关法规依据"中第6题的参考答案。

根据上述分析,方案三的税后现金流出量现值为:

$580\,000 \times (P/A, 10\%, 5) - 117\,500 \times (P/A, 10\%, 6) - 80\,000 \times (P/F, 10\%, 6)$

$= 580\,000 \times 3.790\,8 - 117\,500 \times 4.355\,3 - 80\,000 \times 0.564\,5$

$= 1\,641\,756(元)$

$\approx 164.18(万元)$

4.4 三种方案的税后现金流出量现值比较

根据前述的计算结果,将方案一、方案二和方案三的税后现金流出量现值置于同一柱形图中进行比较,如图1所示。

从图1中可以直观地看出三种融资方案的税后现金流出量现值之间的大小关系。方案二(向银行贷款购买设备)的税后现金流出量现值最小,方案一(用自有资金购买设备)次之,方案三(以融资租赁方式租入设备)的税后现金流出量现值最大。因此,如果仅考虑税后现金流出量现值,M公司应该选择方案二,即向银行贷款购买该项设备。

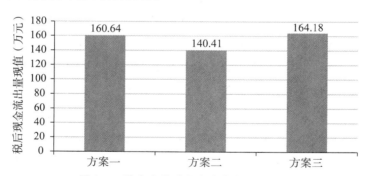

图1 三种方案税后现金流出量现值比较

案例使用说明

一、教学目的与用途

1. 本案例主要适用于《税收与公司理财》课程,也适用于财政、税务、会计等专业本科生、研究生的相关课程。

2. 本案例的教学目的主要有以下几点：

（1）理解和掌握净现值法的计算原理及其在融资方案决策中的应用；

（2）理解和掌握等额本息还款方式的计算方法，探讨其与等额本金还款方式、分期付息一次还本方式以及一次还本付息方式之间的差异；

（3）理解和掌握固定资产折旧和利息支出的抵税效应原理及其在融资方案决策中的应用；

（4）理解和掌握以融资租赁方式租入固定资产的税务处理，探讨其与融资租赁的会计处理之间存在的差异；

（5）理解和掌握临界点思维方式及其实际应用；

（6）锻炼学生的发散思维能力。

二、启发思考题

1. 企业在哪些情况下可以对固定资产采取缩短折旧年限的方法或加速折旧的方法计提折旧？

2. 假设 M 公司与银行签订的贷款合同中约定 M 公司可以自主选择采用以下四种还本付息方式中的一种来偿还本金和利息：

（1）等额本息还款方式；

（2）等额本金还款方式；

（3）分期付息，一次还本方式；

（4）到期一次还本付息方式。

请计算后三种还本付息方式的税后现金流出量现值，并思考 M 公司应该选择哪种还本付息方式。

3. 在上题的基础上，进一步探讨当银行贷款利率发生变化时，上述四种还本付息方式对应的税后现金流出量现值的大小关系（以图形表示并进行简要分析）。

4. 以原案例正文的内容为基础，假定方案三中的每年租金可以变动，其他条件不变，那么当租金为多少时，方案二的税后现金流出量现值与方案三相等？

5. 以原案例正文的内容为基础，假定方案二中的贷款利率可以变动，其他条件不变，那么当贷款利率为多少时，方案二的税后现金流出量现值与方案三相等？

6. 思考以融资租赁方式租入固定资产的会计处理与企业所得税税务处理之间的差异。

三、分析思路

1. 第 1 题考查的是税法的基本知识,需要根据企业所得税法的相关规定进行梳理、归纳和总结。

2. 第 2 题考查的是不同还本付息方式下税后现金流出量现值的计算,以及如何根据计算结果进行决策。税后现金流出量现值是进行决策的标准指标,税后现金流出量现值较小的还本付息方式为较优方式。

3. 第 3 题考查的是探讨动态问题的能力。贷款利率是影响现金流的一个重要因素,贷款利率的变化会对不同还本付息方式的税后现金流出量现值产生较大影响,进而可能导致各个还本付息方式的相对优劣发生改变。通过画出贷款利率与税后现金流出量现值之间的关系图,可以很直观地判断各种方式的优劣。

4. 第 4 题和第 5 题考查的是临界点思维。虽然在案例正文中没有涉及这部分内容,但是学生应该理解和掌握这种思维方式。其分析思路就是列出方案二和方案三的税后现金流出量现值相等的关系式,解出其中的未知数——方案三的租金或方案二的贷款利率。

5. 第 6 题考查的是综合分析能力。以融资租赁方式租入固定资产的会计处理是由《企业会计准则》规范的,但其企业所得税税务处理则是由企业所得税法规定的,由于会计与税法的目标存在差异,这势必会导致会计处理和税务处理之间的差异。其分析思路就是结合会计准则的规定与企业所得税法的规定进行比较分析,二者的差异主要体现在初始入账金额的不同、计提折旧的不同以及未确认融资费用的分摊等方面。

四、理论依据与分析

(一)净现值法

净现值是评价方案是否可行的最为重要的指标,是特定方案预期现金流入的现值与预期现金流出的现值的差额。净现值的计算公式为:

$$\text{净现值} = \sum_{t=0}^{n} \frac{I_t}{(1+i)^t} - \sum_{t=0}^{n} \frac{O_t}{(1+i)^t}$$

其中，n 为方案周期，I_t 为第 t 年的现金流入量，O_t 为第 t 年的现金流出量，i 为折现率。

通常来说，对于一个方案，只有当其净现值大于零的时候才具有可行性，才能够给企业和股东带来价值；对于若干个互斥方案，在进行决策时，应当选择净现值较大者。在本案例中，由于采取了简化的净现值法，所以应当以税后现金流出量现值的大小作为融资方案的决策标准，税后现金流出量现值较小的方案为较优方案。

（二）抵税效应

根据企业所得税法的相关规定，符合条件的固定资产折旧和贷款利息支出可以在计算企业所得税应纳税所得额时扣除。这些扣除项目减少了当期的应纳税所得额，从而减少了当期应当缴纳的企业所得税，相应地带来了现金流出的减少，相当于获得一笔现金流入。在计算各个方案的税后现金流出量现值时必须将抵税效应纳入考虑范围。

（三）等额本息还款与等额本金还款

等额本息还款是指借款人每期按相等的金额偿还贷款本金和利息，其中每期贷款利息按期初剩余贷款本金计算并逐期结清。把贷款的本金总额与利息总额相加，然后平均分摊到还款期限的每一期。作为还款人（借款人），每期偿还给银行固定的金额，但每期还款额中的本金比重逐期递增、利息比重逐期递减。

等额本金还款是指在还款期内把贷款本金总额等分，借款人每期偿还同等数额的本金和不同金额的利息。由于每期的还款本金固定，而每期贷款利息随着本金余额的减少而逐期递减，借款人起初还款压力较大，但是随时间的推移每期还款数也越来越少。

（四）融资租入固定资产的企业所得税处理

融资租赁是指实质上转移了与资产所有权有关的全部风险和报酬的租赁，所有权最终可能转移，也可能不转移。满足下列条件之一的，即可被认定为融资租赁：在租赁期满时，资产的所有权转移给承租人；承租人有购买租赁资产的选择权,购买价格预计远低于行使选择权时租赁资产的公允价值,因而在租赁开始日就可合理地确定承租人将会行使这种选择权;租赁期占租赁资产使用寿命的大部分;就承租人而言,租赁开始日最低租赁付款额的现值几乎相当于(90%以上)租赁开始日租赁资产公允价值,就出租人而言,租赁开始日最低租赁收款额的现值几乎相当于(90%以上)租赁开始日租赁资产公允价值;租赁资产性质特殊,如果不做较大修改,只有承租人才能使用。

《中华人民共和国企业所得税法实施条例》(中华人民共和国国务院令第512号)第五十八条第(三)款规定,以融资租赁方式租入的固定资产,以租赁合同约定的付款总额和承租人在签订租赁合同过程中发生的相关费用为计税基础,租赁合同未约定付款总额的,以该资产的公允价值和承租人在签订租赁合同过程中发生的相关费用为计税基础。

《中华人民共和国企业所得税法实施条例》(中华人民共和国国务院令第512号)第四十七条第(二)款规定,以融资租赁方式租入固定资产发生的租赁费支出,按照规定构成融资租入固定资产价值的部分应当提取折旧费用,分期扣除。

根据上述税法规定,本案例方案三中融资租入固定资产的初始计税基础为290万元(58×5),每年年末支付的租金不能够在计算当期应纳税所得额时直接扣除,而需要按照构成融资租入固定资产计税基础的部分分期计提折旧费用予以扣除。

五、关键点

本案例分析的关键要点在于正确理解和掌握净现值及税后现金流出量现值的概念和计算方法;正确认识固定资产折旧和贷款利息支出所具备的抵税效应及其对现金流的影响;正确理解和掌握等额本息还款方式的计算方法,并与等额本金还款方式、分期付息一次还本方式及到期一次还本付息方式等进行比较;正确理解和掌握融资租入固定资产的税务处理,并与融资租入固定资产的会计处理进行比较;灵活运用临界点思维分析和解决问题;鼓励学生发散思维,探究和发掘现象背后更深层次的逻辑和理论内涵。

六、建议的课堂计划

由任课教师向学生讲解案例正文部分内容,重点介绍抵税效应、融资租入固定资产的税务处理，以及各个方案税后现金流出量现值的计算过程。对于"启发思考题"，可以由学生分组进行讨论，每个小组派代表向全班同学展示，并形成和提交报告。任课教师引导和鼓励学生发散思维，从多个角度放宽或改变假设条件对原题进行扩展。

七、案例的建议答案以及相关法规依据

1. 企业在哪些情况下可以对固定资产采取缩短折旧年限的方法或加速折旧的方法计提折旧？

（1）根据《中华人民共和国企业所得税法》（中华人民共和国主席令2007年第63号）第三十二条和《中华人民共和国企业所得税法实施条例》（中华人民共和国国务院令第512号）第九十八条的规定，企业拥有的由于技术进步，产品更新换代较快的固定资产以及常年处于强震动、高腐蚀状态的固定资产，可以采取缩短折旧年限的方法或加速折旧的方法计提折旧并在税前扣除。采取缩短折旧年限方法的，最低折旧年限不得低于实施条例规定折旧年限①的60%；采取加速折旧方法的，可以具体采用双倍余额递减法或年数总和法。

（2）《财政部、国家税务总局关于进一步鼓励软件产业和集成电路产业发展企业所得税政策的通知》（财税〔2012〕27号）规定，企业外购的软件，凡符合固定资产或无形资产确认条件的，可以按照固定资产或无形资产进行核算，其折旧或摊销年限可以适当缩短，最短可为2年（含）；集成电路生产企业的生产设备，其折旧年限可以适当缩短，最短可为3年（含）。

（3）《财政部、国家税务总局关于完善固定资产加速折旧企业所得税政策的通知》（财税〔2014〕75号）和《国家税务总局关于固定资产加速折旧税收政策有关问题的公告》（国家税务总局公告2014年第64号）规定，对生物药品制造业，专用设备制造业，铁路、船舶、航空航天和其他运输设备制造业，计算机、通信和其他电子设备制造业，仪器仪表制造业，信息传输、软件和信息技术服务业等行业的企业（以下简称"六大行业"），2014年1月1日后新购进的固定资产

---

① 《中华人民共和国企业所得税法实施条例》（中华人民共和国国务院令第512号）第六十条规定，除国务院财政、税务主管部门另有规定外，固定资产计算折旧的最低年限如下：房屋、建筑物为20年；飞机、火车、轮船、机器、机械和其他生产设备为10年；与生产经营活动有关的器具、工具、家具等为5年；飞机、火车、轮船以外的运输工具为4年；电子设备为3年。

(包括自行建造),允许按不低于企业所得税法规定折旧年限的60%缩短折旧年限,或选择采取双倍余额递减法或年数总和法进行加速折旧;对前述六大行业的小型微利企业2014年1月1日后新购进的研发和生产经营共用的仪器、设备,单位价值不超过100万元的,允许一次性计入当期成本费用在计算应纳税所得额时扣除,不再分年度计算折旧;单位价值超过100万元的,可采取缩短折旧年限或加速折旧的方法;对所有行业企业2014年1月1日后新购进的专门用于研发的仪器、设备,单位价值不超过100万元的,允许一次性计入当期成本费用在计算应纳税所得额时扣除,不再分年度计算折旧;单位价值超过100万元的,可采取缩短折旧年限或加速折旧的方法;对所有行业企业持有的单位价值不超过5 000元的固定资产,允许一次性计入当期成本费用在计算应纳税所得额时扣除,不再分年度计算折旧。

2. 假设M公司与银行签订的贷款合同中约定M公司可以自主选择采用以下四种还本付息方式中的一种来偿还本金和利息:

(1) 等额本息还款方式;

(2) 等额本金还款方式;

(3) 分期付息,一次还本方式;

(4) 到期一次还本付息方式。

请计算后三种还本付息方式的税后现金流出量现值,并思考M公司应该选择哪种还本付息方式。

① 等额本金还款方式下,M公司每年年末向银行偿还的贷款本金为:

$$2\ 000\ 000/5 = 400\ 000(元)$$

同时,M公司还需支付按年初贷款余额和贷款利率8%计算的利息。M公司发生的利息支出按照现行企业所得税法的相关规定可以在企业所得税缴纳前扣除,具有抵税效应,可减少当期应交企业所得税,从而减少了当期的现金流出,相当于在第一年至第五年期间的每一年均获得了一笔现金流入。

其他分析与等额本息还款方式相类似,即M公司向银行贷款购置该项设备的初始计税基础均为200万元,该项设备每年计提的折旧额为:

$$(2\ 000\ 000-80\ 000)/6 = 320\ 000(元)$$

由于每年计提的折旧额可以在企业所得税缴纳前扣除,具有抵税效应,可减少当期应交企业所得税,减少了当期的现金流出,这相当于在第一年至第六

年期间的每一年均获得了一笔现金流入,可视为现金流入的金额为:

$$320\,000 \times 25\% = 80\,000(元)$$

除此之外,第六年年末处置固定资产(该项设备)获得净现金收入8万元,与预计净残值相等,不影响当期损益和企业所得税金额,只有现金流入而无现金流出。

根据上述计算和分析,采用等额本金还款方式向银行贷款购置该项设备的税收收益及税后现金流出量的计算结果如表5所示,现金流情况可以直观地表示为表6。

表5 等额本金还款方式的税收收益及税后现金流出量计算结果表

(单位:元)

年度	还本付息额 ①=②+③	付息额 ②	还本额 ③	贷款余额 ④	年折旧额 ⑤	减少应纳税所得额 ⑥=②+⑤	税收收益 ⑦=⑥×25%	税后现金流出 ⑧=①-⑦	贴现系数 ⑨	现值 ⑩=⑧×⑨
0				2 000 000						
1	560 000	160 000	400 000	1 600 000	320 000	480 000	120 000	440 000	0.9091	400 004
2	528 000	128 000	400 000	1 200 000	320 000	448 000	112 000	416 000	0.8264	343 782
3	496 000	96 000	400 000	800 000	320 000	416 000	104 000	392 000	0.7513	294 510
4	464 000	64 000	400 000	400 000	320 000	384 000	96 000	368 000	0.6830	251 344
5	432 000	32 000	400 000	0	320 000	352 000	88 000	344 000	0.6209	213 590
6	0	0			320 000	320 000	80 000	-80 000	0.5645	-45 160
6	第六年年末处置固定资产获得净现金收入8万元,不影响损益和所得税							-80 000	0.5645	-45 160
合计	2 480 000	480 000	2 000 000		1 920 000	2 400 000	600 000	1 880 000		1 412 910

表6 等额本金还款方式的现金流情况

(单位:元)

年度	0	1	2	3	4	5	6
现金流情况	0	-560 000	-528 000	-496 000	-464 000	-432 000	0
	0	+120 000	+112 000	+104 000	+96 000	+88 000	+80 000
							+80 000

根据上述计算结果,等额本金还款方式的税后现金流出量现值为:
400 004+343 782+294 510+251 344+213 590-45 160-45 160

= 1 412 910(元)

≈ 141.29(万元)

② 分期付息、一次还本方式下,M公司每年年末按照借款本金200万元和合同约定的贷款利率8%计算利息并向银行支付,借款期满时(即第五年年末)归还本金200万元。在这种还本付息方式下,M公司每年年末支付的利息金额为:

$$2\ 000\ 000 \times 8\% = 160\ 000(元)$$

按照税法规定,利息支出可以税前扣除,可以抵减企业所得税40 000元(160 000×25%),相当于在第一年至第五年期间的每一年均获得了一笔金额为40 000元的现金流入。

同时,该项设备每年可以税前扣除的折旧额为:

$$(2\ 000\ 000 - 80\ 000)/6 = 320\ 000(元)$$

折旧额可以抵减企业所得税80 000元(320 000×25%),这相当于在第一年至第六年期间的每一年均获得了一笔金额为80 000元的现金流入。

除此之外,第六年年末处置固定资产(该项设备)获得净现金收入8万元,与预计净残值相等,不影响当期损益和企业所得税金额,只有现金流入而无现金流出。分期付息、一次还本方式下的现金流情况可以直观地表示为表7。

表7 分期付息、一次还本方式的现金流情况

(单位:元)

年度	0	1	2	3	4	5	6
现金流情况	0	-160 000	-160 000	-160 000	-160 000	-160 000	0
						-2 000 000	
	0	+40 000	+40 000	+40 000	+40 000	+40 000	
	0	+80 000	+80 000	+80 000	+80 000	+80 000	+80 000
							+80 000

根据上述计算和分析,分期付息、一次还本方式的税后现金流出量现值为:

160 000×(P/A,10%,5)+2 000 000×(P/F,10%,5)-(40 000+80 000)×(P/A,10%,5)-(80 000+80 000)×(P/F,10%,6)

= 160 000×3.7908+2 000 000×0.6209-120 000×3.7908-160 000×0.5645

= 1 303 112(元)

≈ 130.31(万元)

③ 到期一次还本付息方式下，M 公司每年年末按照借款本金 200 万元和合同约定的贷款利率 8% 计算利息并进行账务处理，但未实际支付给银行，借款期满时（即第五年年末）归还本金并支付利息。在这种还本付息方式下，M 公司每年计提的应付利息为：

$$2\ 000\ 000 \times 8\% = 160\ 000(元)$$

借款期满时，M 公司向银行归还本金 200 万元并支付利息总额 800 000 元（160 000×5）。

对于已经计提但未实际支付给银行的利息支出是否可以在企业所得税前扣除，各地的执行口径并不一致，有些地方的税务机关强调"权责发生制"，允许在税前列支已计提但未实际支付的利息支出；有些地方的税务机关强调"实际支付"才允许税前扣除，只是已计提但未实际支付给银行的利息支出不得在税前扣除。所以，有必要在此处对上述两种可能的情况分别进行分析。

需要注意的是，该项设备每年折旧额的抵税效应以及第六年年末处置该项设备获得净现金收入 8 万元对现金流的影响与前面几种还本付息的方式一致。即每年可以税前扣除的折旧额为 320 000 元，折旧额可抵减企业所得税 80 000 元，这相当于在第一年至第六年期间的每一年均获得了一笔金额为 80 000 元的现金流入；第六年年末处置固定资产（该项设备）获得净现金收入 8 万元，与预计净残值相等，不影响当期损益和企业所得税金额，只有现金流入而无现金流出。

第一种情况，如果每年年末已计提但未实际支付给银行的利息支出不得在税前扣除，那么 M 公司每年年末计提的 160 000 元利息由于未实际支付给银行，所以不可以税前扣除，只有在借款期满实际向银行支付利息总额 800 000 元时才可税前扣除，此时才能发挥抵税效应，可以抵减企业所得税 200 000 元（800 000×25%），相当于在当年获得一笔金额为 200 000 元的现金流入。

到期一次还本付息且已计提未实际支付的利息支出不得税前扣除时的现金流情况可以直观地表示为表 8。

根据上述分析，此种情况下的税后现金流出量现值为：

(2 000 000+800 000−200 000)×(P/F,10%,5)−80 000×(P/A,10%,5)−

$(80\,000+80\,000)\times(P/F,10\%,6)$

$= 2\,600\,000\times0.6209-80\,000\times3.7908-160\,000\times0.5645$

$= 1\,220\,756(元)$

$\approx 122.08(万元)$

表 8　到期一次还本付息方式的现金流情况（未支付不得扣除）

（单位：元）

年度	0	1	2	3	4	5	6
现金流情况	0					-800 000	
						-2 000 000	
	0					+200 000	
	0	+80 000	+80 000	+80 000	+80 000	+80 000	+80 000
							+80 000

第二种情况，如果每年年末已计提但未实际支付的利息可以税前扣除，那么 M 公司每年年末计提的 160 000 元利息虽然未实际支付给银行，但是依然可以在当期税前扣除，提前发挥抵税效应，可以抵减企业所得税 40 000 元（160 000×25%），相当于在第一年至第五年期间的每一年均获得了一笔金额为 40 000 元的现金流入。

到期一次还本付息且已计提未实际支付的利息支出可以税前扣除时的现金流情况可以直观地表示为表 9。

表 9　到期一次还本付息方式的现金流情况（未支付可扣除）

（单位：元）

年度	0	1	2	3	4	5	6
现金流情况	0					-800 000	0
						-2 000 000	
	0	+40 000	+40 000	+40 000	+40 000	+40 000	
	0	+80 000	+80 000	+80 000	+80 000	+80 000	+80 000
							+80 000

根据上述分析，此种情况下的税后现金流出量现值为：

$(2\,000\,000+800\,000)\times(P/F,10\%,5)-(80\,000+40\,000)\times(P/A,10\%,5)-$

（80 000+80 000）×（P/F,10%,6）

= 2 800 000×0.6209−120 000×3.7908−160 000×0.5645

= 1 193 304（元）

≈ 119.33（万元）

④ 各还本付息方式下税后现金流出量现值比较。

将等额本息还款方式、等额本金还款方式、分期付息一次还本方式以及到期一次还本付息方式对应的税后现金流出量现值置于同一柱形图中,如图2所示。

通过观察图2可以直观地发现,不论已计提但未实际支付给银行的利息是否能够在企业所得税前扣除,采用"一次还本付息"的税后现金流出量现值都是最小的,"分期付息,一次还本"次之,"等额本金"最大。因此,M公司应当选择"一次还本付息"的方式来偿还本金和利息。如果已计提但未实际支付的利息可以在税前扣除,那么M公司将会提前获得利息抵税效应,其税后现金流出量现值更小。

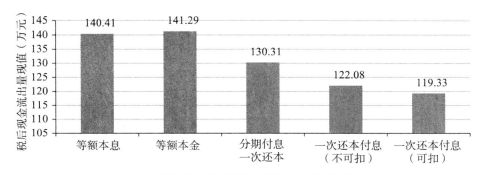

图 2　各还本付息方式下税后现金流出量现值比较

3. 在上题的基础上,进一步探讨当银行贷款利率发生变化时,上述四种还本付息方式对应的税后现金流出量现值的大小关系(以图形表示并进行简要分析)。

贷款利率是影响现金流的一个重要因素,贷款利率的变化会对不同还本付息方式的税后现金流出量现值产生较大影响,进而导致各种还本付息方式的相对优劣发生改变。图3描述了贷款利率与向银行贷款购买设备的税后现金流出量现值之间的关系。

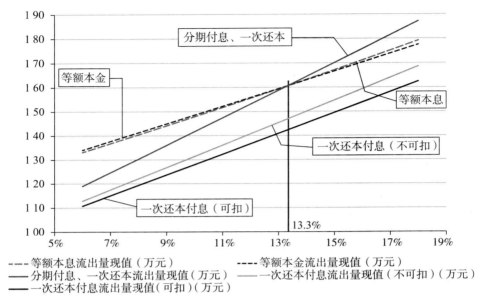

图 3 贷款利率与税后现金流出量现值的关系

通过观察图3可以得出以下几个结论：

（1）当贷款利率上升时，等额本息还款方式、等额本金还款方式、分期付息一次还本方式及到期一次还本付息方式对应的税后现金流出量现值都上升，即贷款利率与税后现金流出量现值正相关。

（2）当贷款利率上升时，分期付息一次还本方式对应的税后现金流出量现值上升最快，到期一次还本付息方式（未实际支付不可税前扣除）次之，等额本金还款方式对应的税后现金流出量现值上升最慢。

（3）贷款利率处于6%—18%之间时，到期一次还本付息方式（不论未实际支付的利息是否可以税前扣除）对应的税后现金流出量现值最小。当已计提但未实际支付的利息可以在税前扣除时，由于会提前获得利息抵税效应，其税后现金流出量现值更小。

（4）贷款利率处于6%—13.3%之间时，等额本金还款方式对应的税后现金流出量现值最大。

（5）贷款利率处于13.3%—18%之间时，分期付息一次还本方式对应的税后现金流出量现值最大。

（6）贷款利率大约等于13.3%时，等额本息还款方式、等额本金还款方式、和分期付息一次还本方式对应税后现金流出量现值相等。

（7）贷款利率处于6%—18%之间时，等额本息还款方式、等额本金还款方式对应的税后现金流出量现值之间的差异不大。

4. 以原案例正文的内容为基础，假定方案三中的每年租金可以变动，其他条件不变，那么当租金为多少时，方案三的税后现金流出量现值与方案二相等？

假定方案三（以融资租赁方式租入设备）中的每年租金可以变动，其他条件不变，那么当租金为 X 元，方案三的税后现金流出量现值与方案二（向银行贷款购买设备）相等，即以下等式成立：

方案三的税后现金流出量现值 = 方案二的税后现金流出量现值
$$= 1\ 404\ 094（元）$$

假设方案三中的每年租金为 X 元，则每年折旧额为 $(5X-80\ 000)/6$ 元，所以有：

方案三的税后现金流出量现值 = $X×(P/A,10\%,5)-(5X-80\ 000)/6×25\%×$
$$(P/A,10\%,6)-80\ 000×(P/F,10\%,6)$$
$$= 1\ 404\ 094$$

解得，$X ≈ 497\ 585$（元）

因此，当方案三中的每年租金为497 585元时，方案三和方案二的税后现金流出量现值相等；当方案三中的每年租金小于497 585元时，方案三的税后现金流出量现值较小，优于方案二；当方案三中的每年租金大于497 585元时，方案二的税后现金流出量现值较小，优于方案三。

5. 以原案例正文的内容为基础，假定方案二中的贷款利率可以变动，其他条件不变，那么当贷款利率为多少时，方案二的税后现金流出量现值与方案三相等？

假定方案二（向银行贷款购买设备）中的贷款利率可以变动，其他条件不变，那么当贷款利率为 r 时，方案二的税后现金流出量现值与方案三（以融资租赁方式租入设备）相等，即以下等式成立：

方案二的税后现金流出量现值 = 方案三的税后现金流出量现值
$$= 1\ 641\ 756（元）$$

经过多次测算发现：

当贷款利率为 14% 时,

方案二的税后现金流出量现值 = 1 632 416(元) < 1 641 756(元)

当贷款利率为 15% 时,

方案二的税后现金流出量现值 = 1 671 776(元) > 1 641 756(元)

由此可见,14% < r < 15%。下面将采用插值法求解均衡贷款利率 r。具体步骤如下:

利率	现值
14%	1 632 416
r	1 641 756
15%	1 671 776

所以,

$$\frac{r-14\%}{15\%-14\%} = \frac{1\ 641\ 756 - 1\ 632\ 416}{1\ 671\ 776 - 1\ 632\ 416}$$

解得,$r \approx 14.24\%$。

当方案二中的贷款利率为 14.24% 时,方案二和方案三的税后现金流出量现值相等;当方案二中的贷款利率大于 14.24% 时,方案三的税后现金流出量现值较小,优于方案二;当方案二中的贷款利率小于 14.24% 时,方案二的税后现金流出量现值较小,优于方案三。

6. 思考以融资租赁方式租入固定资产的会计处理与企业所得税税务处理之间的差异。

(1) 初始计量存在差异。

根据企业会计准则的规定,对于以融资租赁方式租入的资产,在租赁期开始日,承租人应当将租赁开始日租赁资产公允价值与最低租赁付款额现值两者中较低者作为租入资产的入账价值,将最低租赁付款额作为长期应付款的入账价值,其差额作为未确认融资费用。其中,最低租赁付款额是指在租赁期内,承租人应支付或可能被要求支付的各种款项(不包括或有租金和履约成本),加上由承租人或与其有关的第三方担保的资产余值,但是出租人支付但可退还的税金不包括在内。

在计算最低租赁付款额的现值时,承租人如果知悉出租人的租赁内含利率,应当采用出租人的租赁内含利率作为折现率;否则,应当采用租赁合同规定的利率作为折现率。如果出租人的租赁内含利率和租赁合同规定的利率均无法知悉,应当采用同期银行贷款利率作为折现率。

本案例中,出租人的租赁内含利率和租赁合同规定的利率均无法知悉,所以采用银行同期贷款利率为折现率,即折现率是8%。

融资租赁最低租赁付款额 = 58×5 = 290(万元)

融资租赁最低租赁付款额现值 = 58×(P/A,8%,5)

$$= 58 \times 3.9927$$

$$= 231.58(万元)$$

因此,本案例中M公司融资租入设备应按相较于最低租赁付款额现值较低的公允价值200万元入账。

未确认融资费用 = 最低租赁付款额 - 租赁开始日租赁资产的公允价值

$$= 58 \times 5 - 200$$

$$= 90(万元)$$

会计分录为:

借:固定资产——融资租入固定资产　　　　　　　2 000 000

　　未确认融资费用　　　　　　　　　　　　　　900 000

　　贷:长期应付款　　　　　　　　　　　　　　　　　2 900 000

综上所述,本案例中M公司融资租入设备在会计上的初始入账价值为200万元。

根据"方案三的现金流情况及税后现金流出量现值"的分析,在税法上,融资租入的固定资产,以租赁合同约定的付款总额和承租人在签订租赁合同过程中发生的相关费用为计税基础,租赁合同未约定付款总额的,以该资产的公允价值和承租人在签订租赁合同过程中发生的相关费用为计税基础。所以,本案例中M公司融资租入的该项设备在税法上的初始计税基础为290万元(58×5)。

(2)计提折旧存在差异。

企业会计准则规定,确定租赁资产的折旧期间应以租赁合同而定,如果能够合理确定租赁期届满时承租人将会取得租赁资产所有权,即可认为承租人拥有该项资产的全部使用寿命,因此应以租赁期开始日租赁资产的寿命作为折旧期间;如果无法合理确定租赁期届满后承租人是否能够取得租赁资产的所有权,应以租赁期与租赁资产寿命两者中较短者作为折旧期间。

本案例中,租赁期限结束后,该项设备归 M 公司所有,所以折旧年限为 6 年。该项设备的预计净残值为 8 万元,因此,会计上每年计提的折旧额为:

$$(2\ 000\ 000 - 80\ 000)/6 = 320\ 000(元)$$

第一年至第六年会计分录为:

借:制造费用等　　　　　　　　　　　　　　320 000
　　贷:累计折旧　　　　　　　　　　　　　　　　320 000

M 公司融资租入的该项设备在税法上的初始计税基础为 290 万元(58×5),折旧年限为 6 年。又因为该项设备的预计净残值为 8 万元,所以税法上每年可以在企业所得税前扣除的折旧额为:

$$(2\ 900\ 000 - 80\ 000)/6 = 470\ 000(元)$$

由此可见,M 公司融资租入的该项设备,在会计上每年计提的折旧额与税法上允许每年在税前扣除的折旧额之间存在差异,二者相差 150 000 元(470 000 - 320 000)。

(3)未确认融资费用的摊销存在差异。

根据企业会计准则的规定,承租人在取得融资租入的固定资产时,将固定资产的入账价值与长期应付款之间的差额作为未确认融资费用。在未来期间,承租人应当采用实际利率法对未确认融资费用进行分摊。在采用实际利率法的情况下,根据租赁开始日租赁资产和负债(长期应付款)的入账价值基础不同,融资费用分摊率的选择也不同;未确认融资费用的分摊率的确定具体分为下列几种情况:

① 以出租人的租赁内含利率为折现率将最低租赁付款额折现,且以该现值作为租赁资产入账价值的,应当将租赁内含利率作为未确认融资费用的分摊率。

② 以合同规定利率为折现率将最低租赁付款额折现,且以该现值作为租赁资产入账价值的,应当将合同规定利率作为未确认融资费用的分摊率。

③ 以银行同期贷款利率为折现率将最低租赁付款额折现,且以该现值作为租赁资产入账价值的,应当将银行同期贷款利率作为未确认融资费用的分摊率。

④ 以租赁资产公允价值为入账价值的,应当重新计算分摊率。该分摊率是使最低租赁付款额的现值等于租赁资产公允价值的折现率。

在本案例中,由于租赁资产入账价值为其公允价值,因此应重新计算未确认融资费用的分摊率(未确认融资费用分摊情况如表10所示)。

表10 未确认融资费用分摊表(实际利率法)

(单位:元)

日期 ①	租金 ②	确认的融资费用 ③=期初⑤×13.82%	应付本金减少额 ④=②-③	应付本金额 期末⑤=期初⑤-④
				2 000 000
第一年	580 000	276 400	303 600	1 696 400
第二年	580 000	234 442	345 558	1 350 842
第三年	580 000	186 686	393 314	957 528
第四年	580 000	132 330	447 670	509 858
第五年	580 000	70 142	509 858	0
合计	2 900 000	900 000	2 000 000	

租赁开始日最低租赁付款额的现值=租赁开始日租赁资产公允价值

所以,

$580\,000 \times (P/A, r, 5) = 2\,000\,000$

$(P/A, r, 5) = 3.4483$

查年金现值系数表得知:

$(P/A, 14\%, 5) = 3.4331$,$(P/A, 13\%, 5) = 3.5172$

因此,$13\% < r < 14\%$。用插值法计算如下:

利率	年金现值系数
13%	3.517 2
r	3.448 3
14%	3.433 1

所以,

$$\frac{r - 13\%}{14\% - 13\%} = \frac{3.4483 - 3.5172}{3.4331 - 3.5172}$$

解得,$r \approx 13.82\%$,即未确认融资费用的分摊率为13.82%。

每年年末支付租金的会计分录为:

借:长期应付款　　　　　　　　　　　　　　　580 000
　　贷:银行存款　　　　　　　　　　　　　　　　　580 000

同时分摊未确认融资费用,计入财务费用,其会计分录为(以第一年为例,以后年度以此类推):

借:财务费用　　　　　　　　　　　　　　　　276 400
　　贷:未确认融资费用　　　　　　　　　　　　　　276 400

需要注意的是,由于税法上在确认融资租入固定资产的初始计税基础时不存在"未确认融资费用"项目,故无需对此项目按照实际利率法进行分摊,与会计处理存在差异,需要进行纳税调整。

S公司基于净现值法的投资项目决策

黄 桦　李羑於

摘　要：本案例以S公司为例，采用净现值法对其投资项目进行决策，并考虑了税收成本对项目决策带来的影响，分别分析多种假设条件下的决策结果。研究结果表明，当不同投资项目适用不同的所得税政策时，可能导致项目决策结果发生变化，从而使决策有所调整。同时，研究结果也表明项目决策结果并非永远保持不变，当相关因素发生变化之后，项目决策结果也会有所改变，而且可能会存在一个临界点。

关键词：净现值法　税收成本　投资决策　临界点

1. S公司背景

S公司成立于1999年，是一家位于天津市的中外合资企业，主要从事汽车发动机的生产制造。S公司所生产的产品除了销往国内各大城市，还出口至欧美国家。

为了进一步提高市场占有率，顺应国家发展战略调整，S公司管理层研究决定将在未来两年投资研发新型节能环保发动机。经过充分研究论证，该公司目前有两个可以选择的投资项目，但由于这两个项目为互斥项目，所以公司必须在这两个投资项目中做出选择，并且每一个项目都需要公司在两年内付出全部精力。

2. 投资项目相关资料

2.1 投资项目一相关资料

投资项目一时间为两年,第一年需要支出 900 万元,第二年需要支出 100 万元(共计 1 000 万元)。在这两年中,每年都将会产生 1 500 万元的收益(共计 3 000 万元)。

2.2 投资项目二相关资料

投资项目二时间也为两年,第一年和第二年每年需要支出 650 万元(共计 1 300 万元)。在这两年中,第一年将会产生 2 000 万元的收益,第二年将会产生 1 250 万元的收益(共计 3 250 万元)。

3. 投资项目决策

净现值是指一个项目未来现金流入的现值与实施该项项目预期现金流出的现值之间的差额,是评价项目是否可行的最重要的指标。对于一个项目,只有当其净现值大于零的时候才具有投资价值,才能够给企业和股东带来价值。对于若干个互斥项目,在进行投资决策时,应当选择净现值较大者。

假定 S 公司可以选择的这两个投资项目均适用 10% 的折现率,下面将分别讨论不考虑税收因素和考虑税收因素的情况,分别计算其净现值并进行比较。

3.1 不考虑税收因素的情况

在不考虑税收因素的影响时,投资项目一和投资项目二的净现值计算如下:

投资项目一的净现值 = (1 500−900) + (1 500−100) × 0.909
            = 1 872.60(万元)

投资项目二的净现值=(2 000-650)+(1 250-650)×0.909
              =1 895.40(万元)

由此可见,在不考虑税收因素的情况下,投资项目二的净现值大于投资项目一,因此 S 公司应选择投资项目二(计算结果也可见表1)。

表1 投资项目净现值比较(不考虑税收因素)

(单位:万元)

项目	投资项目一	投资项目二
第一年:		
现金流入	1 500.00	2 000.00
现金流出	(900.00)	(650.00)
净现金流量(流入)	600.00	1 350.00
现金流量折现值	600.00	1 350.00
第二年:		
现金流入	1 500.00	1 250.00
现金流出	(100.00)	(650.00)
净现金流量(流入)	1 400.00	600.00
现金流量折现值	1 272.60	545.40
(折现系数为0.909)		
净现值合计	1 872.60	1 895.40

3.2 考虑税收因素的情况

各项目适用企业所得税政策无差异的情况

假定 S 公司可以选择的这两个投资项目均适用25%的企业所得税税率(其他政策规定均相同),其他条件不变,则对于上述两个互斥项目,其净现值计算如下:

投资项目一的净现值=(1 500-900)×(1-25%)+(1 500-100)
              ×(1-25%)×0.909
              =1 404.45(万元)

投资项目二的净现值 = (2 000−650)×(1−25%)+(1 250−650)
×(1−25%)×0.909
= 1 421.55(万元)

与前述不考虑税收因素的情况相比,税收成本的引入降低了每个投资项目的净现值,即投资项目一的净现值由 1 872.60 万元降为 1 404.45 万元,投资项目二的净现值由 1 895.40 万元降低为 1 421.55 万元。但是,税收成本的引入并没有改变投资项目净现值之间的大小差异,投资项目二的净现值仍然大于投资项目一的净现值,即投资项目二优于投资项目一。因此,税收呈现出中性特征(两个项目适用相同的税收政策,税收作为外部条件无差异时)。计算结果如表 2 所示。

表 2 投资项目净现值比较(考虑相同税收因素)

(单位:万元)

项目	投资项目一	投资项目二
第一年:		
应纳税收入/现金流入	1 500.00	2 000.00
可扣除支出/现金流出	(900.00)	(650.00)
应纳税所得/税前现金流量	600.00	1 350.00
税收成本(税率25%)	150.00	337.50
税后现金流量(流入)	450.00	1 012.50
税后现金流量折现值	450.00	1 012.50
第二年:		
应纳税收入/现金流入	1 500.00	1 250.00
可扣除支出/现金流出	(100.00)	(650.00)
应纳税所得/税前现金流量	1 400.00	600.00
税收成本(税率25%)	350.00	150.00
税后现金流量(流入)	1 050.00	450.00
税后现金流量折现值(折现系数为0.909)	954.45	409.05
净现值合计	1 404.45	1 421.55

各项目适用企业所得税政策存在差异的情况

假设按照企业所得税税法的规定,S 公司投资项目一的全部支出均可在企业所得税前扣除,但投资项目二的全部支出只有 75% 可在企业所得税前扣除。各项目适用的企业所得税税率均为 25%,其他条件不变,则两个项目的净现值计算如下:

投资项目一的净现值 =（1 500-900）×（1-25%）+（1 500-100）
 ×（1-25%）×0.909
 = 1 404.45（万元）

投资项目二的净现值 = 2 000-650-（2 000-650×75%）×25%
 +[1 250-650-（1 250-650×75%）×25%]×0.909
 = 1 344[①]（万元）

根据上述计算结果可以发现,由于投资项目一适用的企业所得税政策与"各项目适用企业所得税政策无差异的情况"中的一致,所以其净现值仍为 1 404.45 万元。但是,由于投资项目二受税法约束,其发生的全部支出只有 75% 可在企业所得税前扣除,加大了税收成本,净现值降低为 1 344 万元,小于投资项目一。因此,S 公司在该种情况下应选择投资项目一。计算结果如表 3 所示。

表 3 投资项目净现值比较（考虑不同税收因素）

（单位:万元）

项目	投资项目一	投资项目二
第一年:		
应纳税收入/现金流入	1 500.00	2 000.00
现金流出	（900.00）	（650.00）
可扣除支出	900.00	487.50 （650×75%）
应纳税所得/税前现金流量	600.00	1 512.50
税收成本（税率25%）	150.00	378.13
税后现金流量（流入）	450.00	971.87
税后现金流量折现值	450.00	971.87

---

① 此处数值与表 3 的计算结果存在尾数差异,系四舍五入导致。

（续表）

项目	投资项目一	投资项目二
第二年：		
应纳税收入/现金流入	1 500.00	1 250.00
现金流出	（100.00）	（650.00）
可扣除支出	100.00	487.50 （650×75%）
应纳税所得/税前现金流量	1 400.00	762.50
税收成本（税率25%）	350.00	190.63
税后现金流量（流入）	1 050.00	409.37
税后现金流量折现值 （折现系数为0.909）	954.45	372.12
净现值合计	1 404.45	1 343.99

通过上述分析可以发现，在考虑税收因素的情况下，当不同的投资项目适用不同的企业所得税政策时，可能会导致投资项目净现值的计算结果发生变化，从而需要做相应的决策调整。

由于税金是一种刚性的现金流出，所以投资项目净现值的计算必须反映包括交易事项的任何税收成本或税收节约在内的所有现金流。税前现金流与项目决策无关。

案例使用说明

一、教学目的与用途

1. 本案例主要适用于《税收与公司理财》课程，也适用于财政、税务、会计等专业本科生、研究生相关课程。

2. 本案例的教学目的主要有以下几点：

（1）理解和掌握净现值法的计算原理及其在投资项目决策中的应用；

（2）理解和掌握税收成本对投资项目决策的影响，以及不同企业所得税政策下投资项目决策结果的差异；

（3）理解和掌握临界点思维方式及其实际应用；

（4）锻炼学生的发散思维能力。

二、启发思考题

1. 假设两个投资项目的折现率均为 10%，企业所得税法允许 S 公司扣除两个投资项目的全部支出，第一年的企业所得税税率为 25%，但从第二年起企业所得税税率降为 15%。其他条件保持不变，分别计算案例正文中的两个互斥项目的净现值，并比较其大小。

2. 假设你是 S 公司的财务总监，请根据第 1 题的计算结果进行决策，并与"各项目适用企业所得税政策无差异的情况"中的决策结果进行比较分析。

3. 假定两个投资项目的折现率均为 10%，企业所得税法允许 S 公司扣除两个投资项目的全部支出，第一年的企业所得税税率为 25%，其他条件保持不变，那么第二年的税率为多少时，两个投资项目的净现值相等？

4. 在第 3 题的基础上，假定两个投资项目的折现率均为 r，其他条件保持不变，那么第二年的税率为多少时，两个投资项目的净现值相等？

三、分析思路

1. 第 1 题考查的是引入税收成本之后净现值的计算，解题思路与案例正文的内容一致。

2. 第 2 题考查的是如何根据净现值的计算结果进行决策，以及如何对决策结果进行分析。净现值是评价项目是否可行的最重要的指标。对于一个项目而言，只有当其净现值大于零的时候才具有投资价值，才能够给企业和股东带来价值。对于若干个互斥项目，在进行投资决策时，应当选择净现值较大者。

3. 第 3 题和第 4 题考查的是临界点思维，虽然在案例正文中没有涉及这部分内容，但是学生应该理解和掌握这种思维方式。其分析思路就是列出两个投资项目净现值相等的关系式，解出其中的未知数，即第二年的所得税税率。

四、理论依据与分析

（一）净现值法

净现值是评价项目是否可行的最重要的指标，是特定项目预期现金流入的现值与预期现金流出的现值的差额。净现值的计算公式如下：

$$净现值 = \sum_{t=0}^{n} \frac{I_t}{(1+i)^t} - \sum_{t=0}^{n} \frac{O_t}{(1+i)^t}$$

其中，n 为项目周期，I_t 为第 t 年的现金流入量，O_t 为第 t 年的现金流出量，i 为折现率。

对于一个项目而言，只有当其净现值大于零的时候才具有投资价值，才应该予以采纳。对于若干个互斥项目，在进行投资决策时，应当选择净现值较大者。

（二）税收成本与税收节约

如果一项交易能够导致任何期间内任何税款的增加，那么所增加的税款都会导致一项现金流出，这就构成交易的税收成本。如果一项交易能够导致任何期间内任何税款的减少，那么所减少的税款就可被视为一项现金流入，这就是税收节约。

在所得税制度中，税收义务是以经过纳税调整的利润总额为基础的，而不是收入总额，因此许多经营支出项目允许税前扣除，这些扣除项目就减少了应纳税所得额，也相应地带来了税款的减少。因此，可扣除支出导致了税收节约。

五、关键点

本案例分析的关键要点在于正确理解和掌握净现值的概念和计算方法；正确认识税收成本对项目决策的影响；灵活运用临界点思维分析和解决问题；鼓励学生发散思维，探究和发掘现象背后更深层次的逻辑和理论内涵。

六、建议的课堂计划

由任课教师向学生讲解案例正文部分内容，重点介绍不考虑税收因素及税收政策相同的情况下各个项目净现值的计算过程。对于税收政策存在差异的情况及"启发思考题"，可以由学生分组讨论，每个小组派代表向全班同学展示讨论结果，并提交报告。任课教师引导和鼓励学生发散思维，从多个角度放宽或改变假设条件对原题进行扩展。

七、案例的建议答案以及相关法规依据

1. 假设两个投资项目的折现率均为10%,企业所得税法允许S公司扣除两个投资项目的全部支出,第一年的企业所得税税率为25%,但从第二年起企业所得税税率降为15%。其他条件保持不变,分别计算案例正文中的两个互斥项目的净现值,并比较其大小。

根据第1题的条件及案例正文中的相关资料,两个互斥项目的净现值计算如下:

投资项目一的净现值 = (1 500-900)×(1-25%)+(1 500-100)
　　　　　　　　　　×(1-15%)×0.909
　　　　　　　　= 1 531.71(万元)

投资项目二的净现值 = (2 000-650)×(1-25%)+(1 250-650)
　　　　　　　　　　×(1-15%)×0.909
　　　　　　　　= 1 476.09(万元)

根据计算结果发现,当第二年的企业所得税税率降为15%时,在其他条件保持不变的情况下,投资项目一的净现值大于投资项目二的净现值。计算结果如表4所示。

表4　投资项目净现值比较(第二年税率为15%)

(单位:万元)

项目	投资项目一	投资项目二
第一年:		
应纳税收入/现金流入	1 500.00	2 000.00
可扣除支出/现金流出	(900.00)	(650.00)
应纳税所得/税前现金流量	600.00	1 350.00
税收成本(税率25%)	150.00	337.50
税后现金流量(流入)	450.00	1 012.50
税后现金流量折现值	450.00	1 012.50
第二年:		
应纳税收入/现金流入	1 500.00	1 250.00
可扣除支出/现金流出	(100.00)	(650.00)
应纳税所得/税前现金流量	1 400.00	600.00
税收成本(税率15%)	210.00	90.00

（续表）

项目	投资项目一	投资项目二
税后现金流量（流入）	1 190.00	510.00
税后现金流量折现值（折现系数为0.909）	1 081.71	463.59
净现值合计	1 531.71	1 476.09

2. 假设你是S公司的财务总监，请根据第1题的计算结果进行决策，并与"各项目适用企业所得税政策无差异的情况"中的决策结果进行比较分析。

（1）对于一个项目而言，只有当其净现值大于零的时候才具有投资价值，才应该予以采纳。对于若干个互斥项目，在进行投资决策时，应当选择净现值较大者。因此，当第二年的企业所得税税率降至15%时，在其他条件保持不变的情况下，投资项目一相对于投资项目二来说，净现值较高，为较优方案，S公司应当采纳投资项目一。

（2）在"各项目适用企业所得税政策无差异的情况"中，这两个投资项目在第一年和第二年均适用25%的企业所得税税率。在此条件下，计算结果表明投资项目二的净现值大于投资项目一的净现值，即投资项目二优于投资项目一，S公司应该选择投资项目二（改变条件前后净现值比较如表5所示）。

改变条件之后，尽管投资项目一和投资项目二适用的税收政策仍然相同，即第一年适用税率均为25%，第二年适用税率均为15%，其他条件也相同，但是投资项目一的净现值超过了投资项目二，进而改变了企业之前的决策。

表5 改变条件前后净现值比较

（单位：万元）

项目	第一年税后现金流量折现值		第二年税后现金流量折现值		净现值合计		项目间净现值差异
	项目一	项目二	项目一	项目二	项目一	项目二	
改变条件之前（两年税率均为25%）	450.00	1 012.50	954.45	409.05	1 404.45	1 421.55	17.10
改变条件之后（第二年税率为15%）	450.00	1 012.50	1 081.71	463.59	1 531.71	1 476.09	55.62
差异	0	0	127.26	54.54	127.26	54.54	

从表 5 中可以发现,第二年企业所得税税率降为 15%,两个投资项目的净现值均有所增加。其中,投资项目一净现值增加了 127.26 万元,投资项目二净现值增加了 54.54 万元。可见,投资项目一净现值增加的幅度要大于投资项目二,使得投资项目一的净现值大于投资项目二的净现值,改变了 S 公司的选择。

从这两个投资项目的现金流入和应纳税所得的实现时间和规模可以看出(如表 6 所示),当改变税收政策条件,从第二年起企业所得税税率降为 15% 时,由于投资项目一较投资项目二而言,其第二年应纳税所得额较多,则减少的税收成本较多,使投资项目一的最终净现值大于投资项目二,为较优方案。换句话说,投资项目二的大部分现金流入在第一年实现,适用于 25% 税率的应纳税所得额较大,税收成本较高。这是第二年企业所得税税率降为 15% 之后,导致投资项目一的净现值大于投资项目二的净现值的重要原因。

表 6 投资项目应纳税所得实现时间和规模比较

(单位:万元)

	项目	投资项目一	投资项目二
第一年	应纳税所得/税前现金流量	600.00	1 350.00
	税收成本(税率 25%)	150.00	337.50
第二年	应纳税所得/税前现金流量	1 400.00	600.00
	税收成本(税率 25%)	350.00	150.00
	税收成本(税率 15%)	210.00	90.00
	差异	-140.00	-60.00

3. 假定两个投资项目的折现率均为 10%,企业所得税法允许 S 公司扣除两个投资项目的全部支出,第一年的企业所得税税率为 25%,其他条件保持不变,那么第二年的税率为多少时,两个投资项目的净现值相等?

假定两个投资项目的折现率为 10%,其他条件保持不变,当第二年企业所得税税率为 t 时,两个投资项目的净现值相等。即

$$450+1\,400\times(1-t)\times 0.909 = 1012.50+600\times(1-t)\times 0.909$$

解得,$t \approx 22.65\%$。

当第二年企业所得税税率降为 22.65% 时,投资项目一与投资项目二的净现值相等;当第二年企业所得税税率低于 22.65% 时,投资项目一税收成本的降

低所带来的效应较大,则投资项目一优于投资项目二;当第二年企业所得税税率高于22.65%时,投资项目一税收成本的降低所带来的效应较小,则投资项目二优于投资项目一。这些结论可以从图1中直接观察得到。

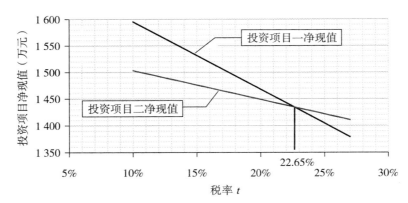

图1　第二年企业所得税税率变化与投资项目净现值之间的关系

4. 在第3题的基础上,假定两个投资项目的折现率均为 r,其他条件保持不变,那么第二年的税率为多少时,两个投资项目的净现值相等?

假定两个投资项目的折现率为 r,其他条件保持不变,则折现系数为 $\frac{1}{1+r}$,当第二年税率为 t 时,两个项目的净现值相等。即

$$450+1\,400\times(1-t)\times\frac{1}{1+r}=1\,012.50+600\times(1-t)\times\frac{1}{1+r}$$

解得, $t=29.69\%-0.703r$

记 $29.69\%-0.703r$ 为 t_0,当第二年企业所得税税率降为 t_0 时,投资项目一与投资项目二的净现值相等;当第二年企业所得税税率低于 t_0 时,投资项目一税收成本的降低所带来的效应较大,则投资项目一优于投资项目二;当第二年企业所得税税率高于 t_0 时,投资项目一税收成本的降低所带来的效应较小,则投资项目二优于投资项目一。

商业企业多种营销方案的涉税分析与会计处理

王怡璞

摘 要：为了提升竞争力，各大商业企业会在日常的生产经营中开展不同的营销方案。然而，这些包括免费赠送、买一赠一、有奖销售等多种方式在内的常见营销手段，其税务和会计处理问题却常常困扰商业企业。本案例通过对商业企业采用的免费随机派发小礼品、买一赠一、购物返券等三种行为进行涉税分析与会计处理，引导税务专业学生开展思考与讨论，强化其综合能力与实践能力。

关键词：营销 免费赠送 买一赠一 购物返券

近年来不同形式的商业企业迅速在各地崛起，包括百货商店、超市、大卖场、便利店、专卖店和特许经营商店等。各个商业企业努力采用多种营销方案，利用差异化的营销战略来扩大市场份额，不断扩大客户群体。营销方案按照作用的不同，可以分为两种：公共关系（public relation，PR）方案和促销（sales promotion，SP）方案。PR方案主要是为了拉拢客户群体、增加产品关注量，与销售额没有直接关系，促销方式是免费赠送商品。而SP方案的主要目的在于提高销售额，促销方式包括买一赠一、购物返券等。

然而，不同的营销方案由于其商业性质不同，所涉及的增值税、企业所得税与个人所得税等税种的税收与会计政策各不相同。如果对不同的营销方案不能做出准确合理的税务与会计处理,就会引发税收风险,给企业带来极大的税收成本。而且,由于每种营销方案的适用情况都具有一定的特殊性,处理方法很难统一,导致各地税务机关的具体操作方式也存在差异性,税企之间有时会产生较大的争议。因此,如何结合企业营销的实际情况,根据税收与会计政策,尽量避免涉税风险点,正确地进行涉税分析与会计处理,就成为财务人员优化营销方案的关键所在。

1. 公司基本情况

TX 公司成立于 2016 年 9 月,是某跨地区经营汇总缴纳企业所得税的大型商业企业,总部设在北京市昌平区;2017 年 1 月,在上海、深圳、武汉开设了三个分支机构;2017 年 9 月,又在北京市昌平区开设了新的分支机构。

2. 公司营销方案及涉税问题

2018 年 6 月,由于竞争压力日趋增加,TX 公司为了扩大客户群体,增强销售能力,决定在节假日开展一系列营销方案。财务部门专门就此进行了筹划,具体包括三个方案。方案一:免费派送小礼品。TX 公司向消费者免费派发了 1 000 件成本为 30 元的小礼品。方案二:为迎接新学期,特地开展"买一赠一"的活动,活动内容为买一个书包(零售价 232 元,成本 100 元)赠一个水杯(零售价 60 元,成本 30 元)。方案三:举办购物返券活动,满 300 元返 100 元。消费者拿到返券后,可以在指定日期内使用所返购物券进行消费。

税务稽查人员对 TX 公司进行了纳税检查,发现公司存在以下几方面问题:

(1) 2018 年公司账面反映分别有账面价值 200 万元、300 万元、500 万元、1 000 万元的商品送到了武汉、深圳、北京市昌平区、上海等四个分支机构,进项税额 200 万元。但四个分支机构分别只销售了 50 万元、200 万元、450 万元、800 万元,其中进项税额 150 万元,并且已经开具发票。剩余价值 500 万元的货物准备降价处理,仍储存在分支机构。

(2) 公司将免费派送的礼品的全部成本 3 万元作为营业外支出。税务机关提出 TX 公司应补缴相应的增值税与企业所得税。

(3) 在"买一赠一"活动中,TX 公司只计算了书包部分所对应的销项税额。税务机关认为 TX 公司应将赠送的水杯视同销售,按照水杯的零售价格补缴相应的增值税。

(4) 在购物返券活动中,TX 公司一共发放了 2 000 张购物券,回收了 1 500 张购物券。TX 公司将回收的购物券的金额计入了销售费用。税务机关要求 TX 公司就回收的 1 500 张购物券补缴企业所得税。

案例使用说明

一、教学目的与用途

1. 案例主要适用于税务专业硕士的"税务会计"课程,也适用于"税收筹划""税收理财"等课程。

2. 本案例的教学目的如下:

第一,启发学生思维,使其掌握税务会计课程的思想,强化培养专业学位研究生的思考能力。税务会计课程的学习对专业学位研究生提出了三个层面的要求:首先,应能够熟练运用税收法规的相关知识;其次,系统掌握会计准则及相关财务处理的知识,可以从会计的角度审视涉税事务;最后,可以将税收法规与会计政策运用于实际,具有解决实际涉税问题的能力。

第二,让税务专业硕士熟悉与商业企业营销有关的涉税分析与会计处理。本案例中的企业虽然只采用了三种方案,但是却涉及增值税、企业所得税、个人所得税、预计负债、递延所得税资产等多个知识点,具有一定的综合性。

第三,目前教材与网上的关于商业企业营销方案的税务与会计处理五花八门,有的甚至存在较大的错误,在全国范围内尚未形成系统的正确答案。本案例意在引导税务专业硕士围绕商业企业的营销方案进行分析、讨论、归纳、思考,熟悉并掌握各个营销行为的涉税情况,准确分析企业所面临的税收风险点,并能进行相应的会计账务处理。

二、启发思考题

1. 对于 TX 公司的货物移送行为,其增值税与企业所得税应该如何缴纳?

2. 税务机关为何要求 TX 公司对免费派发礼品补缴增值税与企业所得税？还有什么税种 TX 公司没有涉及？如果补缴，TX 公司该如何制作会计分录？

3. 在"买一赠一"方案与购物返券方案的处理中，假设你是 TX 公司的财务负责人，应如何向税务机关做出解释？假设你是税务机关，又该如何阐述处罚的合理性？

4. 在这些营销方案中，TX 公司是否存在税收风险点？应如何避免？

5. 如果 TX 公司采取的营销方案是购物返积分，该如何处理？有奖销售，又该如何处理？

三、分析思路

由于案例中的营销方案涉及无偿赠送、买一赠一、有奖销售等多种行为，首先需要对不同营销行为的性质进行界定与区分。

商业企业在营销过程中免费赠送小礼品，属于 PR 方案。由于赠送的商品被随机派送，无法与销售额挂钩，因此可以判定其属于无偿赠送，在增值税与企业所得税中都会按视同销售处理。

与免费赠送相比，"买一赠一"行为在本质上是一种销售行为，属于 SR 方案。虽然表面上看起来赠品是无偿的，但是消费者只有在购买行为发生的前提下才能得到赠品，只有"买一"发生了，"赠一"才发生。在该行为中，赠品只是销售的附带行为。由此可见，"买一赠一"并不属于无偿捐赠，本质上属于企业对消费者进行的实物折扣。

购物返券也属于 SR 方案，但是与"买一赠一"的行为存在差异。在"买一赠一"中，"买一"和"赠一"行为是同时发生的。而消费者要想使用商业企业赠送的购物券，一定发生在消费者的购买行为之后，这就意味着购物返券存在以下几方面特点：购物券的使用发生在购买行为之后，不一定能够当日消费；购物券具有使用期限，超过了期限就会作废；如果消费者使用了购物券，就会给商业企业带来一定的费用，如果不使用，则对商业企业不会产生影响。

四、理论依据与分析

（一）货物移送行为的理论依据与分析

根据《增值税暂行条例实施细则》第四条第（三）项规定，设有两个以上机构并实行统一核算的纳税人,将货物从一个机构移送其他机构用于销售的,应视同销售货物,但相关机构设在同一县(市)的除外。

《国家税务总局关于企业处置资产所得税处理问题的通知》(国税函〔2008〕828号)规定,将资产在总机构及其分支机构之间转移的,除将资产转移至境外以外,由于资产所有权属在形式和实质上均不发生改变,可作为内部处置资产,不视同销售确认收入,按相关资产的计税基础延续计算。也就是说,从企业所得税的角度而言,总分机构间货物移送不需视同销售确认收入。

(二)方案一的理论依据与分析

1. 增值税涉税分析。

(1)税法规定。

《增值税暂行条例实施细则》规定,单位或者个体工商户将自产、委托加工或购进的货物无偿赠送其他单位或个人的行为视同销售。

因此,对于免费派发小礼品,在增值税上都应按视同销售处理,计算并征收增值税;购进的宣传品的进项税额可以抵扣。

(2)涉税风险点。

这一方案的涉税风险点在于购进的小礼品的增值税能否得到抵扣。商业企业必须保证派送的礼品是出于广告、宣传的目的,而不是发给了企业内部员工。单位将购进的货物无偿赠送给其他单位或个人,才能视同销售。如果赠送给本单位的员工,则不在视同销售的范围内。另一方面,单位或个体工商户将自产、委托加工的货物用于集体福利或个人消费的行为视同销售。个人消费包括纳税人的交际应酬消费。集体福利或个人消费是指,企业内部设置的供职工使用的食堂、浴室、理发室、宿舍、幼儿园等福利设施及其设备、物品,或者以福利、奖励、津贴等形式发给职工的个人物品。① 可以看出,如果礼品属于自产、委托加工,可以按视同销售处理。如果礼品属于外购,赠送给企业内部的员工,用于集体福利或个人消费,则不能被视同销售,不需要缴纳销项税额,相应的进项税额也就不能抵扣,已经抵扣的,则需要做进项税额转出处理。

2. 企业所得税涉税分析。

《企业所得税法实施条例》第二十五条规定,企业发生非货币性资产交换,

---

① 纳税服务网,http://www.cnnsr.com.cn/jtym/swk/20060522/20060522213532412387.shtml

以及将货物、财产、劳务用于捐赠、偿债、赞助、集资、广告、样品、职工福利或利润分配等用途的,应当视同销售货物、转让财产或提供劳务,但国务院财政、税务主管部门另有规定的除外。

免费赠送商品,在企业所得税中是视同销售的。同时,要根据商业企业派送的场合,对不同的情况进行区分。

(1) 用于业务宣传、广告活动。

如果商业企业是在业务宣传、广告活动中随机派发礼品的,目的是为了提高销售能力,建立企业与客户之间的良好关系,则属于广告费和业务宣传费。

《企业所得税法实施条例》第四十四条规定,企业发生的符合条件的广告费和业务宣传费支出,除国务院财政、税务主管部门另有规定外,不超过当年销售(营业)收入15%的部分,准予扣除;超过部分,准予在以后纳税年度结转扣除。

《国家税务总局关于企业所得税执行中若干税务处理问题的通知》(国税函〔2009〕202号)第一条规定,关于销售(营业)收入基数的确定问题:企业在计算业务招待费、广告费和业务宣传费等费用扣除限额时,其销售(营业)收入额应包括《实施条例》第二十五条规定的视同销售(营业)收入额。

在所得税规定中,该行为属于视同销售,同时计入广告宣传费。视同销售的收入还会影响企业销售(营业)收入的确定。

(2) 用于年会、座谈会、庆典等。

如果企业派发礼品是用于年会、座谈会、庆典及其他活动的,则属于交际应酬费,发生的支出相应属于业务招待费。根据《企业所得税法实施条例》第四十三条规定,"企业发生的与生产经营活动有关的业务招待费支出,按照发生额的60%扣除,但最高不得超过当年销售(营业)收入的5‰"。也应注意到,如果企业将礼品印上企业标志,其对企业的形象、产品有宣传作用,则可作为业务宣传费处理。

3. 个人所得税涉税分析。

《财政部、国家税务总局关于企业促销展业赠送礼品有关个人所得税问题的通知》(财税〔2011〕50号)规定,企业在业务宣传、广告等活动中,随机向本单位以外的个人赠送礼品,对个人取得的礼品所得,按照"其他所得"项目,全额适用20%的税率缴纳个人所得税;企业在年会、座谈会、庆典及其他活动中向本单位以外的个人赠送礼品,对个人取得的礼品所得,按照"其他所得"项目,全额适用20%的税率缴纳个人所得税。

在计税依据的确定上,财税〔2011〕50号文规定,企业赠送的礼品是自产产品的,按该产品的市场销售价格确定个人的应税所得;是外购商品(服务)的,按该商品(服务)的实际购置价格确定个人的应税所得。

但是这里也应该注意到,在这个案例中,企业很难取得这些得到免费礼品的消费者的身份信息。如果当地税务机关要求企业就这部分项目进行明细申报,那么企业就会面临较大的操作难题。而且,企业代扣代缴相应的个人所得税难度较大,最终这部分税款往往由企业承担,然而这部分个人所得税并不能作为企业的成本、费用在企业所得税税前扣除。

4. 会计处理。

2017年新修订的《企业会计准则第14号——收入》以控制权转移替代风险报酬转移作为收入确认时点的判断标准。收入的确认需要满足"企业已将商品所有权上的主要风险和报酬转移给购货方;企业既没有保留通常与所有权相联系的继续管理权,也没有对已售出的商品实施有效控制;收入的金额能够可靠地计量;相关的经济利益很可能流入企业;相关的已发生或将发生的成本能够可靠地计量"等五个条件。而企业对外捐赠货物并不能保证相关的经济利益流入,同时收入的金额也不能可靠地计量,不符合企业会计准则中的收入确认的条件,因此在会计上不作为收入处理。账务处理上应将宣传品的相关成本记入"销售费用"下的"广告费和业务宣传费"或"业务招待费"。

(三)方案二的理论依据与分析

1. 增值税涉税分析。

(1)政策依据。

《中华人民共和国增值税暂行条例实施细则》第四条第(八)项规定,单位或个体工商户将自产、委托加工或购进的货物无偿赠送其他单位或个人的行为视同销售货物。

然而,目前在实务操作中,对于"买一赠一"是否属于无偿捐赠,是否应视同销售的问题,各税务机关尚未达成统一的意见,这就给企业"买一赠一"的行为带来了极大的税收风险。如果将其视同销售,就需要对赠送的礼品,按照其市场价格再征收一项增值税。因此需要先对无偿捐赠的法律含义进行分析。《关于加强企业对外捐赠财务管理的通知》(财企〔2003〕95号)中指出,对外捐赠是指企业自愿无偿将其有权处置的合法财产赠送给合法的受赠人用于与生产经营活动没有直接关系的公益事业的行为。在这里,捐赠具有"与生产经营活动没有直接关系"的特点。而企业的"买一赠一"行为很明显并不符合这一特点。

《河北省国家税务局关于企业若干销售行为征收增值税问题的通知》(冀国税函〔2009〕247号)规定,企业在促销中,以"买一赠一"、购物返券、购物积分等方式组合销售货物的,对于主货物和赠品(返券商品、积分商品,下同)不开发票的,就其实际收到的货款征收增值税。对于主货物与赠品开在同一张发票上的,或者分别开具发票的,应按发票注明的合计金额征收增值税。纳税义务发生时间均为收到货款的当天。企业应将总的销售金额按各项商品的公允价值的比例来分摊确认各项的销售收入。

《沈阳市国家税务局关于增值税若干政策管理问题的处理意见》(沈国税函〔2001〕50号)第三条对此问题做出了明确规定:对企业在销售货物的同时赠送的商品,不应视同无偿赠送,无需对赠品再征收增值税;对企业赠送的其他商品,应视同无偿赠送,对赠品加征增值税。

《江西省百货零售企业增值税管理办法》(江西省国家税务局公告2013年第12号)第十二条第(四)项规定,以"买一赠一"、随货赠送、捆绑销售等方式销售货物,如将销售货物和赠送货物的各自原价和折扣额在同一张销售发票上注明的,按实际收取的价款确认销售额。销售货物与赠送货物适用增值税税率不同的,应分别以各自原价扣除折扣额后的余额按适用税率计算缴纳增值税。未按上述规定在同一张销售发票上注明的,销售货物按其实际收取的价款确认销售额,随同销售赠送的货物按视同销售确定销售额。

《贵州省国家税务局关于促销行为增值税处理有关问题的公告》(贵州省国家税务局公告2012年第12号)规定,购物赠物方式是指在销售货物的同时赠送同类或其他货物,并且在同一项销售货物行为中完成,赠送货物的价格不高于销售货物收取的金额。纳税人采取购物赠物方式销售货物,按照实际收到的货款计算缴纳增值税,在账务上将实际收到的销售金额,按销售货物和随同销售赠送货物的公允价值的比例来分摊确认其销售收入,同时应将销售货物和随同销售赠送的货物品名、数量,以及按各项商品公允价值的比例分摊确认的价格和金额在同一张发票上注明。

对随同赠送的货物品种较多,不能在同一张发票上列明赠送货物的品名、数量的情况,可统一开具"赠品一批",同时需开具加盖发票专用章的《随同销售赠送货物明细清单》,作为记账的原始凭证。

对使用《机动车销售统一发票》的纳税人,有随同销售机动车赠送货物的,可在《机动车销售统一发票》的"价税合计"栏大写金额后写明"含赠品",并开具加盖发票专用章的《随同销售赠送货物明细清单》,作为记账的原始凭证。

《四川省国家税务局关于买赠行为增值税处理问题的公告》(四川省国家税务局公告 2011 年第 6 号)规定,购物赠物方式是指在销售货物的同时赠送同类或其他货物,并且在同一项销售货物行为中完成,赠送货物的价格不高于销售货物收取的金额。对纳税人的该种销售行为,按其实际收到的货款申报缴纳增值税,但应按照《国家税务总局关于确认企业所得税收入若干问题的通知》(国税函〔2008〕875 号)第三条的规定,在账务上将实际收到的销售金额,按销售货物和随同销售赠送货物的公允价值的比例来分摊确认其销售收入,同时应将销售货物和随同销售赠送的货物品名、数量,以及按各项商品公允价值的比例分摊确认的价格和金额在同一张发票上注明。同时,四川省国家税务局公告 2011 年第 6 号文也对随同赠送的货物品种较多的情况,以及随同销售机动车赠送货物的情况,做出了与贵州省国家税务局公告 2012 年第 12 号文类似的规定。

《内蒙古自治区商业零售企业增值税管理办法(试行)》(内蒙古国家税务局 2010 年第 1 号公告)规定,"买一赠一"、有奖销售和积分返礼等与直接销售货物相关的赠送行为,应该在实现商品兑换时按照《中华人民共和国增值税暂行条例实施细则》第十六条的规定确定其销售额。

(2)政策分析。

由此可见,除内蒙古税务机关之外,其他地方的税务机关都未将"买一赠一"行为视同销售。2004 年 10 月份《中国税务报》的筹划周刊也在其第八版对"买一赠一"的促销方式的税务处理做过介绍,国家税务总局流转司负责人对"买一赠一"促销行为的税务处理做出了答复,他认为"买一赠一"是目前商家普遍采用的一种促销方式,对促销赠品可以直接列入经营费用,而不用按视同销售来计提销项税金。

对于企业而言,企业的"买一赠一"行为并不是无偿的,而是出自于扩大利润的动机,不应属于增值税视同销售中所述的"无偿捐赠"的范畴。正如川国税函〔2008〕155号文件所指出的,"买一赠一"行为本质上属于降价销售,附带的礼品相当于实物折扣。如果消费者没有相应的购买行为,则无权享受这种折扣。同时,出于利润的目的,附赠的礼品的价值其实已经隐藏在主商品的价值中了,即赠送本身是企业在价格上的让利。

(3) 涉税风险点。

如果税务机关将"买一赠一"行为视为有偿销售,对于企业来说,可以降低增值税税负,这无疑对企业有利。因此,企业在做账务处理与开具发票的时候,应掌握一定的技巧,尽量避开视同销售的涉税风险点。这部分内容会在下文的会计处理中进行详细讲解。

2. 企业所得税涉税分析。

相较于增值税政策,企业所得税对"买一赠一"行为的规定则非常明确。2008年10月30日下发的《国家税务总局关于确认企业所得税收入若干问题的通知》(国税函〔2008〕875号)规定,企业以"买一赠一"等方式组合销售本企业商品的,不属于捐赠,应将总销售金额按各项商品的公允价值的比例来分摊确认各项的销售收入。由此可见,企业所得税认定了"买一赠一"并不属于捐赠行为。

3. 个人所得税涉税分析。

《财政部、国家税务总局关于企业促销展业赠送礼品有关个人所得税问题的通知》(财税〔2011〕50号)规定,企业在销售商品(产品)和提供服务过程中向个人赠送礼品,属于下列情形之一的,不征收个人所得税:企业通过价格折扣、折让方式向个人销售商品和提供服务;企业在向个人销售商品和提供服务的同时给予赠品,如通信企业对个人购买手机赠话费、入网费,或者购话费赠手机等;企业对累积消费达到一定额度的个人按消费积分反馈礼品。

由此可见,企业向个人赠送礼品,如果在是销售商品和提供服务过程中发生的,不征收个人所得税。

4. 会计处理。

(1) 政策规定。

《国家税务总局关于印发〈增值税若干具体问题的规定〉的通知》(国税发〔1993〕154号)第二条第(二)项规定,纳税人采取折扣方式销售货物,如果销售额和折扣额在同一张发票上分别注明的,可按折扣后的销售额征收增值税。

《国家税务总局关于折扣额抵减增值税应税销售额问题通知》(国税函〔2010〕56号)规定,纳税人采取折扣方式销售货物,销售额和折扣额在同一张发票上分别注明(销售额和折扣额在同一张发票上的"金额"栏分别注明)的,可按折扣后的销售额征收增值税。未在同一张发票上的"金额"栏注明折扣额,而仅在发票的"备注"栏注明折扣额的,折扣额不得从销售额中减除。

《企业会计准则第14号——收入》规定,商业折扣,是指企业为促进商品销售而在商品标价上给予的价格扣除。销售商品涉及商业折扣的,应当按照扣除商业折扣后的金额确定销售商品收入金额。

由此可见,不同的账务处理与发票开具方式,会导致企业的涉税情况也各不相同。

(2) 具体操作方式。

第一种情况,企业开具的发票只反映了书包的价格,对于赠送的水杯则没有反映,或者仅仅在备注栏填写赠送水杯一个。这是目前大多数企业的操作方式。此时的会计科目为:

借:应收账款　　　　　　　　　　　　　　　　232

　　贷:主营业务收入——书包　　　　　　　　　200

　　　　应交税费——应交增值税(销项税额)　　 32

然而这种处理方式会带来很严重的税收风险。由于发票上并未标明折扣额度,只是标明水杯是赠送的,税务机关会认为水杯属于无偿赠送。这样企业还需要就水杯的视同销售补缴8.28元的增值税(60/1.16×0.16),并相应调增所得税。

第二种情况,企业开具的发票同时反映了书包与水杯的价格,并将水杯的价格60元作为书包的折扣体现在发票上。此时,得到折扣后的书包的含税价为172元(232-60)。书包的主营业务收入148.28元(200-60/1.16)此时的会计科目为:

借:应收账款　　　　　　　　　　　　　　　　232

　　贷:主营业务收入——书包　　　　　　　　148.28

　　　　主营业务收入——水杯　　　　　　　　 51.72

　　　　应交税费——应交增值税(销项税额)　　 32

这种处理方式税收风险较低,税务机关一般不会认定为视同销售。

第三种情况,在发票上同时反映书包与水杯按照公允价值分摊后的金额。即书包的不含税金额为 200 元,税额为 32 元,折扣为 46.15 元;水杯的不含税金额为 60 元,折扣为 13.85 元。此时的会计科目为:

借:应收账款　　　　　　　　　　　　　　　　　232
　　贷:主营业务收入——书包　　　　　　　　　　153.85
　　　　主营业务收入——水杯　　　　　　　　　　46.15
　　　　应交税费——应交增值税(销项税额)　　　　32

这种处理方式迎合了企业所得税的相关规定,将总的销售金额按各项商品的公允价值的比例来分摊确认各项的销售收入,不具有税收风险。

(四) 方案三的理论依据与分析

1. 增值税涉税分析。

《贵州省国家税务局关于促销行为增值税处理有关问题的公告》(贵州省国家税务局公告 2012 年第 12 号)规定,购物返券方式,指纳税人在销售货物后,对购货方返还一定金额购物券的促销行为。纳税人采取购物返券方式销售货物,所返购物券在购买货物时应在发票上注明货物名称、数量及金额,并标注"返券购买(金额)",对价格超过购物券金额部分的,应计入销售收入申报缴纳增值税。

《江西省百货零售企业增值税管理办法》(江西省国家税务局公告 2013 年第 12 号)规定,以购物返券、购物返积分等方式销售货物的,销售货物时按其实际收取的价款确认销售额。购买者使用上述返券(积分)抵顶部分或全部价款购买货物时,应在销售发票上注明货物名称、数量及原价和返券(积分)抵顶金额,按其实际收取的价款确认销售额;未按上述规定在销售发票上注明的,对使用返券(积分)兑换的货物,按视同销售确定销售额。

《四川省国家税务局关于买赠行为增值税处理问题的公告》(四川省国家税务局公告 2011 年第 6 号)规定,纳税人采取购物返券方式销售货物,所返购物券在购买货物时应在发票上注明货物名称、数量及金额,并标注"返券购买",对价格超过购物券金额部分的,应计入销售收入申报缴纳增值税。

《四川省国家税务局关于买赠行为增值税处理问题补充意见的公告》(四川省国家税务局公告 2011 年第 7 号)对纳税人采取"购物返券"方式销售货物开

具发票问题又做了补充规定,销货方开具发票(含增值税专用发票、增值税普通发票、通用机打普通发票和通用手工版普通发票)时,对在同一张发票上注明"返券购买"的货物金额,应作为折扣额在总销售额中扣减。

《河北省国家税务局关于企业若干销售行为征收增值税问题的通知》(冀国税函〔2009〕247号)规定,企业在促销中,以"买一赠一"、购物返券、购物积分等方式组合销售货物的,对于主货物和赠品不开发票的,就其实际收到的货款征收增值税。对于主货物与赠品开在同一张发票的,或者分别开具发票的,应按发票注明的合计金额征收增值税。纳税义务发生时间均为收到货款的当天。

由此可见,虽然目前国家税务总局还没有对购物返券做出明确规定,但是各地税务机关普遍将购物返券作为对下一次购买货物的折扣,同时对企业开具的发票也提出了一定的要求。

2. 企业所得税涉税分析。

目前企业所得税尚未对购物返券做出明确的规定。《中华人民共和国企业所得税法实施条例》第二十五条规定,企业发生非货币性资产交换,以及将货物、财产、劳务用于捐赠、偿债、赞助、集资、广告、样品、职工福利或者利润分配等用途的,应当视同销售货物、转让财产或提供劳务,但国务院财政、税务主管部门另有规定的除外。而购物返券不属于捐赠、偿债、赞助、集资、广告、样品、职工福利或利润分配等用途,因此在企业所得税中,购物返券不应按视同销售处理,企业无需按照所兑换的礼品的全值计算应纳税所得额。

国税函〔2008〕875号文规定,企业以"买一赠一"等方式组合销售本企业商品的,不属于捐赠,应将总的销售金额按各项商品的公允价值的比例来分摊确认各项的销售收入。购物返券与"买一赠一"同属于企业促销的行为,本质上是相同的。企业应在返券兑换时,按照扣除返券后的商品的金额计算应纳税所得。

3. 个人所得税涉税分析。

《财政部、国家税务总局关于企业促销展业赠送礼品有关个人所得税问题的通知》(财税〔2011〕50号)规定,企业在销售商品(产品)和提供服务过程中向个人赠送礼品,属于下列情形之一的,不征收个人所得税:企业通过价格折扣、折让方式向个人销售商品和提供服务;企业在向个人销售商品和提供服务的同时给予赠品,如通信企业对个人购买手机赠话费、入网费,或者购话费赠手机等;企业对累积消费达到一定额度的个人按消费积分反馈礼品。

由此可见,享受购物返券的个人是不用缴纳个人所得税的。

4. 会计处理。

《企业会计准则第13号——或有事项》第四条规定,与或有事项相关的义务同时满足下列条件的,应当确认为预计负债:该义务是企业承担的现时义务;履行该义务很可能导致经济利益流出企业;该义务的金额能够可靠地计量。

购物返券符合预计负债的三种条件:商业企业允许消费者在兑换期内兑换;购物券兑换后,会导致企业经济利益的流出;购物券的金额可以计量。根据购物返券的性质,购物返给消费者的购物券应属于预计负债。同时,由于购物券是商业企业出于扩大销售的目的而发放的,是一种促销手段。购物券属于商家在销售商品、提供劳务等日常经营过程中发生的费用,发生该交易事项时,在会计上应作为销售费用进行核算。因此应在发放时,对购物券的金额,借记销售费用,贷记预计负债。相应地,消费者兑现购物券后,应借记预计负债,贷记库存商品。对于没有兑换的购物券,则应做反方向的会计分录进行冲抵,借记预计负债,贷记销售费用。

同时还应该注意,由于会计确认费用与所得税法确认费用的时点不一致,所得税法与会计准则之间会产生差别。按照所得税会计的规定,购物券产生了预计负债,资产负债表日还应当确认相应的递延所得税资产。资产负债表日,按照负债的账面价值与计税基础的差额,借记递延所得税资产,贷记所得税费用。等到转回时做相反的会计分录,借记应交税费——应交所得税,贷记递延所得税资产,减少当期的应缴税额。

五、关键点

(一)货物移送行为

增值税方面,货物在北京公司总部与昌平分支机构之间的移送,不应视同销售。而货物在北京与外地分支机构之间的移送,视同销售。

企业所得税方面,货物在公司内部之间的移动全部都不视同销售。

(二)方案一

企业随机赠送外购礼品,增值税与企业所得税都应视同销售。会计、税收应做好如下协调:

（1）增值税上可以抵扣进项税，按照视同销售计算销项税额；

（2）企业所得税方面，在年终进行企业所得税汇算清缴时，要进行纳税调整。根据《税收征收管理法》规定，如果纳税人申报的计税依据明显偏低，又无正当理由的，税务机关有权核定其应纳税所得额。

（3）个人所得税方面，企业需要对接受礼品的个人代扣代缴个人所得税；

（4）会计上按礼品的购入成本结转费用。

（三）方案二

对于"买一赠一"的行为如何征收增值税的问题，各地税务机关尚未达成共识。不同的发票开具方式，会带来不同的涉税效果。

所得税对"买一赠一"的行为规定较为明确，应将总的销售金额按各项商品的公允价值的比例来分摊确认各项的销售收入。

个人所得税方面，在销售商品和提供服务过程中发生的企业向个人赠送的免费礼品，是免于缴纳个人所得税的。

会计处理上，如果将赠品视同销售，则企业需要对赠品与主商品同时缴纳增值税。如果将礼品作为主商品的折扣反映在发票上，或是直接将销售收入在两种商品之间按照公允价值进行分摊，都不存在视同销售的风险。

（四）方案三

增值税上，各地普遍将返券作为下一次购物的折扣，返券部分的金额在使用时不必再缴纳增值税，但是有的地方的税务机关也对购物返券开具的发票提出了一定的要求。

所得税上，应在返券消费时，企业按照扣除返券后的商品的金额计算应纳税所得额。享受购物返券的个人无需缴纳个人所得税。

会计处理上，将购物券计为预计负债，同时借记销售费用。购物券兑现后，借记预计负债，贷记库存商品。对于没有兑换的购物券，则应做反方向的会计分录进行冲抵，借记预计负债，贷记销售费用。同时，应注意资产负债表日，预计负债带来的账面价值与计税基础不一致的情况。

六、建议的课堂计划

第一步，带领学生回顾税法对视同销售的规定，认真讨论视同销售每一种行为的适用情况。

第二步,分组讨论。将学生分为两组,分别代表税务机关与 TX 公司进行讨论,提出理论依据与分析。

第三步,共同探讨每个营销方案的会计处理。

第四步,启发性思考,分析企业上述行为还会存在哪些涉税风险点,应如何避免。

第五步,布置作业,让学生自行分析有奖销售与积分返商品的涉税分析与会计处理。

七、案例的建议答案以及相关法规依据

(一)方案一

购进礼品时:

借:库存商品　　　　　　　　　　　　　　　　　30 000

　　应交税费——应交增值税(进项税额)　　　　4 800

　　贷:银行存款　　　　　　　　　　　　　　　　34 800

赠送时:

借:销售费用——广告费和业务宣传费　　　　　　34 800

　　贷:库存商品　　　　　　　　　　　　　　　　30 000

　　　　应交税费——应交增值税(销项税额)　　　4 800

(二)方案二

1. 增值税的会计处理。

由于目前税务总局还未对"买一赠一"行为的增值税做出明确规定,增值税的征收还是存在一定争议的。

(1)如果将赠品看作无偿赠送,则应当依照《增值税暂行条例实施细则》第四条的规定进行视同销售处理,相应会计如下。

确认主商品收入:

借:应收账款　　　　　　　　　　　　　　　　　232

　　贷:主营业务收入——书包　　　　　　　　　　200

　　　　应交税费——应交增值税(销项税额)　　　32

结转主商品成本时：

借：主营业务成本——书包　　　　　　　　　　　100
　　贷：库存商品——书包　　　　　　　　　　　　　100

将赠品的成本和视同销售所产生的销项税额计入销售费用：

借：销售费用　　　　　　　　　　　　　　　　38.28
　　贷：库存商品——水杯　　　　　　　　　　　　　30
　　　　应交税费——应交增值税（销项税额）　　　8.28

（2）如果将赠送水杯看作降价销售而非视同销售，则需要将收入在书包与水杯之间分摊，相应会计如下。

确认主商品和赠品收入：

借：应收账款　　　　　　　　　　　　　　　　　232
　　贷：主营业务收入——书包　　　　　　　　　　158.9
　　　　主营业务收入——水杯　　　　　　　　　　41.1
　　　　应交税费——应交增值税（销项税额）　　　　32

结转相应的成本和费用

借：主营业务成本　　　　　　　　　　　　　　　100
　　销售费用　　　　　　　　　　　　　　　　　　30
　　贷：库存商品——书包　　　　　　　　　　　　　100
　　　　库存商品——水杯　　　　　　　　　　　　　30

2. 涉税风险控制策略。

企业应该将关注点集中在如何避免被税务机关当作无偿销售再去缴纳增值税上面。具体可以有以下三种做法：

第一，企业可以在发票上同时体现主货物和赠品，并将赠品的价值作为主商品的折扣反映在发票上。在这里需要注意，销售额与折扣额必须同时反映在发票上。

第二，将总的销售金额按各项商品的公允价值的比例来分摊确认各项的销售收入，对主货物和赠品分别开具发票。

第三，将主货物和赠品重新包装成一个新的商品，对"视同销售"这个环节予以回避。

同时，企业需要注意的是，商品的价值需要控制在合理的范围内，如果税务机关认为企业的价格明显偏低而又无正常理由的,税务机关可以按照《增值税暂行条例》第七条"纳税人销售货物或应税劳务的价格明显偏低并无正当理由的,由主管税务机关核定其销售额"进行处理。

(三)方案三

相应的会计处理如下。

购物券发出:

借:销售费用　　　　　　　　　　　　　　　200 000
　　贷:预计负债　　　　　　　　　　　　　　　　200 000

收回购物券:

借:预计负债　　　　　　　　　　　　　　　150 000
　　贷:库存商品　　　　　　　　　　　　　　　　150 000

对未收回的购物券应做冲销分录:

借:预计负债　　　　　　　　　　　　　　　 50 000
　　贷:销售费用　　　　　　　　　　　　　　　　 50 000

在这里需要注意,企业应该按照各地税务机关的规定,将返券抵减的金额在发票上注明,否则很有可能会被税务机关继续征税,此时应做如下会计分录:

借:预计负债　　　　　　　　　　　　　　　150 000
　　贷:主营业务收入　　　　　　　　　　　　　 129 310.35
　　　　应交税费——应交增值税(销项税额)　　 20 689.65

税收筹划

上海蓝岛钻石商贸公司税收筹划

蔡 昌

摘 要：本案例以上海蓝岛钻石商贸公司的珠宝零售网购业务为主线，以其"网络+体验店的经营模式进行直销"和"O2O模式完成线上与线下的衔接"为商业模式，排查了该公司的税务风险点，并提出税务风险控制策略，在此基础上分析设计了消费税、企业所得税的筹划方案。

关键词：税收筹划 税务风险 消费税

1. 蓝岛钻石的财务背景

上海蓝岛钻石商贸公司（以下简称"蓝岛钻石"）于2006年在上海成立。蓝岛钻石主打珠宝零售网购品牌，主营婚嫁钻饰及珠宝饰品。针对城市的普通消费者，它主要采用了"网络+体验店"的经营模式进行直销，也通过O2O模式完成线上与线下的衔接。

蓝岛钻石采用了"网络营销+快速供应链+线下体验服务"的商业模式，以价格低廉、质量上乘的商品服务于目标客户群。网络销售以其独有的低成本优势吸引了大批网络消费者，体验店则承担了丰富用户消费体验、大额支付、仓储及售后服务等多种角色，为顾客提供了全方位的服务以满足不同消费者的不同需求。由于在同等品质下蓝岛钻石比传统品牌便宜近40%，加上可以满足顾客的个性化定制需求,蓝岛钻石的经营模式越来越得到消费者的认可。

蓝岛钻石连续 4 年保持了平均 157% 的复合增长速度,截至 2012 年年底,线下体验店已达到 40 家,覆盖 30 多个一线城市及二线城市。线上服务除了蓝岛主站,目前已覆盖多数的主流网购平台,在消费者群体中有着一定的声誉和知名度。蓝岛钻石去年销售收入达到 6 亿元,约有 80% 客户来自线上,线上与线下收入比大致为 4∶6。数据显示,2012 年第三季度蓝岛新增订单 1.9 亿元,同比增长了 151%,销售额 1.58 亿元,未来有着较为强劲的增长潜力。

尽管蓝岛钻石有着一定的低成本优势,但是钻石电子商务市场的竞争也是非常激烈的,为了保持一定的份额并在竞争中占据一定的市场地位,蓝岛钻石的盈利空间十分狭窄。线上线下的业务综合而言,平均毛利率为 20% 左右,而在销售额中占据一半份额的裸钻销售业务,其毛利率仅为 10% 左右。除此之外,蓝岛钻石零售与批发业务之比大致为 17∶3,即在零售环节销售的 85% 的蓝岛产品将要被征收消费税,税率为 5%。可见,蓝岛钻石不仅本身的盈利空间小,还因承担了较高的消费税税负而使其盈利水平更低。这对处于成长期的企业来说是极为不利的。

与传统的钻石珠宝销售商如老凤祥、潮宏基、明牌珠宝等相比,蓝岛钻石的主营业务收入要小得多,市场份额的占有量不具有可比性。另一方面,蓝岛钻石的消费税负担率却比这些大型的珠宝公司要高。因此,蓝岛钻石在税务处理方面存在一定的不合理性。对于蓝岛钻石而言,进行财务规划及税收筹划,优化商业模式、减轻消费税税负是冲破企业发展桎梏的关键。在优化商业模式的基础上对促销模式及工资薪金进行税收筹划将会更加有利于企业未来上市。

2. 税务风险提示

下面我们将对蓝岛钻石目前存在的税务风险做出列示,并给出风险化解方案;同时我们也对其以后为上市做准备的过程中可能遇到或可能产生的税务风险做出提示,以供蓝岛钻石在实际工作中借鉴参考。

2.1 目前存在的税务风险

销售业务开票问题

税务风险：我们在查看会计凭证及财务报表时发现，公司的销售业务约一半甚至一半以上未开具发票，40%开具的是普通发票，开具增值税专用发票的销售业务不到10%。《中华人民共和国发票管理办法》规定，销售商品、提供服务以及从事其他经营活动的单位和个人，对外发生经营业务收取款项，收款方应向付款方开具发票。未按照规定开具发票的，由税务机关责令限期改正，没收非法所得，可以并处1万元以下的罚款。

结合公司进项税额较大的实际情况，若销售业务不开具发票，税务机关在检查时可能会提出疑问，与相应的销售业务对应的成本和进项税额可能会被调整，可能不允许税前扣除，也可能面临税务处罚。

方案建议：由于公司正在计划上市，故建议在销售时能开发票的尽量开发票，避免因发生的业务没有凭证引起税务机关的质疑，影响公司的成本扣除和进项税额的抵扣。

白条抵发票问题

税务风险：在查看公司凭证时我们还发现，部分管理费用、销售费用存在以白条抵发票的情况，还有一部分发票与实际发生的业务在事项或金额上不符。比如，发生了购买办公用品的事项，却用服装发票来代替；发生100元的业务，但发票金额却对不上。工资薪金、奖金提成的发放也没有相应的原始凭证，只附有一张电子打印的表格，且没有主管人员的签字确认。按照税法规定，白条是不能作为扣税凭证的。会计做账的原则之一是账证相符，存在此种情况时，税务机关不允许此类费用在税前扣除，即有权调增应纳税所得额。

方案建议：建议企业会计人员在发票报销时严格审查报销凭证与实际业务的一致性，确保每一项费用都可以实现税前扣除，避免账证不符的情况出现。另外，尽量避免白条抵发票的情况出现。

迟缴消费税问题

税务风险：凭证中有消费税滞纳金缴款单，说明公司存在推迟缴纳消费税的情况，这可能是由于办税人员的失误造成的。根据《消费税暂行条例》第十四条规定，消费税的纳税期限分别为1日、3日、5日、10日、15日、1个月或1个季度。纳税人的具体纳税期限，由主管税务机关根据纳税人应纳税额的大小分别核定；不能按照固定期限纳税的，可以按次纳税。纳税人以1个月或1个季度为1个纳税期的，自期满之日起15日内申报纳税；以1日、3日、5日、10日或15日为1个纳税期的，自期满之日起5日内预缴税款，于次月1日起15日内申报纳税并结清上月应纳税款。按期纳税是每个纳税人的义务，若公司无法按期缴税，应提前向税务机关说明原因，避免由此产生的税务处罚风险。

方案建议：公司办税人员应熟悉税法中与公司业务相关的各税种的纳税期限，明确公司应当报税和缴税的时间，减少不必要的税收滞纳金支出。

销售、物流与财务核算一致性问题

税务风险：蓝岛钻石的销售业务遍及全国各省市，但目前公司的财务集中由北京和上海两个分部办理。公司总部在上海，仓库在深圳，网络销售主要由上海总公司负责，但货物是从深圳仓库发出的，发货单却由上海总部开出，销售方在全国各省，存在销售混乱情况。此外，北京公司有许多工作人员负责的是上海的工作。财务的集中办理和业务的分散性可能会引起财务上的收入和成本费用不配比的情况，导致税负与实际经营状况不相符。

方案建议：健全公司的财务核算机制，设置专人负责某一个或某几个地区的财务核算，避免发生各地业务混淆、收入费用不配比的情况。就公司目前销售地点、发货地点和发票开具地点不一致的情况与税务机关进行商讨，达成共识，获得税务机关认可后确认缴税方式，减少财务风险。

2.2 基于IPO上市的税务风险提示

根据蓝岛钻石的战略规划，公司准备在国内外证券交易所的主板上市交易。《中华人民共和国公司法》和《中华人民共和国证券法》中对证券上市交易做了相应的规定，公司应当建立严密的信息披露制度，做到信息披露的公开、公平和公正。更进一步地,公司也会成为税务机关的重点稽查对象。因此,针对公司目前的税务状况,我们提示公司未来应注意控制以下方面的税务风险。

设立分(子)公司的税务风险提示

目前,蓝岛钻石已有 40 家门市体验店,随着公司规模和业务的拓展,其在各地的分支机构必将不断增加。在这一过程中,蓝岛钻石将会面临分支机构带来的纳税问题,如设立分公司或子公司的选择、权益比例、投资资产类别及注册地等。分支机构设立阶段将面临的纳税问题具体如图1所示。

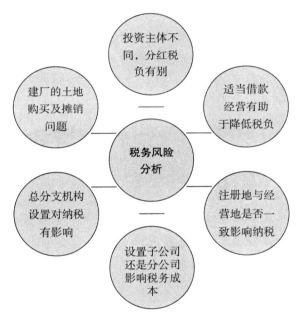

图 1　分支机构设立阶段的纳税问题

流转税的税务风险提示

蓝岛钻石定位为商贸企业,原材料的购买以及蓝岛产品(商品)的销售是公司业务的主要内容,涉及大量的增值税及消费税等流转税税种,随之而来的流转税纳税风险成为公司主要的税务风险来源。

(1)在接受个性化定制的业务中,先预收一笔定金,等收到全部款项后再确认收入,会产生根据定金收入确认增值税销项税额从而少缴纳增值税的可能。

（2）在购进原材料时，应当仔细核查取得的相应凭据是否合法有效，从而避免多缴或少缴增值税。

（3）由于蓝岛产品（商品）属于消费税的应税范围，凡是向终端客户销售，必须缴纳消费税，而通过批发途径出售的蓝岛产品（商品）则不用缴纳消费税。若是将相应的业务凭据混淆，可能会引起消费税的涉税风险。

所得税的税务风险提示

蓝岛钻石目前拥有40家分支机构，公司的规模较大，企业所得税也是公司面临的主要税种。由于蓝岛钻石有着分布在全国各地的分支机构，可以预见的企业所得税的涉税风险更应当引起关注。

（1）总分机构之间未按规定在当地预缴企业所得税，在所得税汇算清缴时就会给公司带来税务风险，极有可能引起税务机关的关注和调整。

（2）在收取顾客定金时没有正确进行核算而计入了"应付账款"等往来账项或存入个人信用卡，不按规定申报缴纳企业所得税。

（3）在收到客户全额付款以后不使用电子系统进行销售的确认，不及时确认销售收入以及相应的成本费用，便于公司选择销售收入确认时机，以此来实现拖延纳税的目的。

（4）由于一些原因而导致公司在销售时一方面销售了相关商品，另一方面取得了销售收入但未按规定进行账务记录，这时企业有可能隐瞒收入从而少缴纳企业所得税。但是企业会面临较大的税务风险，通过对存货的核查，税务机关很容易发现企业存在偷税漏税的现象。

（5）在一些促销活动中，公司以低价销售了蓝岛产品（商品），但是在税务处理上并未按照规定来调整应税收入，从而引起所得税风险。

（6）处理销售退回业务的过程中，在冲减了收入的同时未相应冲减成本，从而引起应纳税所得额核算不准确。

其他相关的税务风险提示

（1）取得土地使用权的相关税务风险。无论是分支销售公司还是加工厂的设立，蓝岛钻石都有可能面临如何取得土地使用权的问题。不同的土地取得方式不仅会影响土地购置成本，而且会影响契税、营业税、企业所得税及土地增值税等的缴纳。从而会出现如下相关问题：第一，取得土地后进行建设的，不按规定申报缴纳土地使用税；第二，印花税、土地转让契税等出现涉税风险。

（2）收取价外费用不计收入。以各种理由收取加工修理、包装等代办费，在往来账款科目按代收代付核算，没有将其并入营业收入申报纳税。

（3）公司将产品（商品）用于捐赠、赞助、职工福利、奖励、对外投资、分配给股东或投资人、抵偿债务、换取其他企事业单位和个人的非货币性资产等行为的，未按规定确认收入申报纳税。

（4）涉及贴花的合同未按规定申报缴纳印花税。

（5）公司分多地发放高管工资、奖金、分解个人收入，少扣个人所得税；以发票报销形式，发放年终奖、过节费、奖金、补贴以及支付董事费，发放劳务费报酬等未按规定代扣代缴个人所得税；公司以实物形式发放的福利等未代扣代缴个人所得税。

（6）利用公司产品（商品）多、跨地域销售的特点，不按规定进行成本、费用归集，将未销售商品的成本、费用提前转销，达到推延纳税的目的。

以上是对蓝岛钻石在未来的业务处理中可能出现的涉税问题进行的分析，也做了相应的税务风险提示，公司应当在日常及重大的财税处理上尽可能地避免出现上述问题，从而达到降低税务风险的目的。

3. 税务风险控制策略

3.1 税务风险管理流程

企业税务风险管理流程如图 2 所示。

3.2 经营视角的税务风险防范策略

如何防范税务风险是一个十分重要的话题，下面将从企业经营视角探讨税务风险的防范策略。通过以下策略，蓝岛钻石在经营管理上可对税务风险做到一定程度的防范。

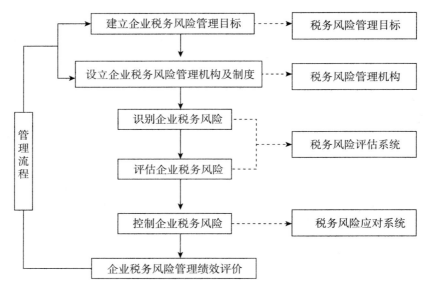

图 2　企业税务风险管理流程

倡导诚信纳税理念,优化企业税务风险管理的环境

企业文化影响着企业的做事方法或风格,企业对税务管理的态度也受其自身文化的影响。诚实守信、遵纪守法的企业文化可以帮助企业减少或避免税务风险,也会使企业员工形成一种工作风格,包括遵守税法、恪守社会责任、诚信纳税等。由于税务风险的重大后果通常只有在企业受到税务机关检查或稽查时才会爆发,而税务风险的隐性后果往往隐藏在企业的财务报表之中不被发觉,因此,长期以来税务风险及其管理得不到企业的正确理解和充分重视,对税务管理目标存在片面或错误的观念。因此,诚信纳税文化的培养可以为企业建立和完善税务风险管理提供良好的基础与环境。

设立独立税务机构

蓝岛钻石可以设置独立的税务机构,落实税务机构的职责与权限,建立内部风险责任追究制度。在大型企业或组织结构复杂的公司里,该机构可以与审计、法律、风险控制及其他核心部门共同组成企业内控部门,与财务部门平行运作。

通过设立独立税务机构,可以提高对税务风险的重视程度和管理层次,将税务风险管理作为企业经营的一项重要内容,纳入公司的决策体系。同时,把税务风险管理作为一项常态性工作纳入日常税收工作体系。

定期编制税务管理报告

税务管理报告包括年度税务预测、税务工作计划报告及企业年度实际纳税报告(包括结构分析和变动分析)。税务预测是以预期税务环境不变和预计管理层采取的措施为假定,表明本企业预期税务状况、运作结果和纳税现金流量表的预期税务报表。税务工作计划报告一般以年度为时点,对一年中的税务工作做出目标设定、工作内容描述、衡量标准及成功预期说明,一般应以定性说明和定量指标相结合的方式进行,年中应定期进行目标完成测量以调整目标或工作进度。年度实际纳税报告进行绩效考评以评价税务工作的完成情况,并在此基础上分析企业在谈判、合同、交易等各方面的税务风险点,在计税、报税、缴税等纳税程序方面的税务风险点,在税收筹划、优惠政策利用等方面的税务风险点,以及针对各个税务风险点的控制措施、已发生的税务风险及相应的措施和结果等。

3.3 法律视角的税务风险防范策略

纳税人要转变观念,充分利用纳税人的权利,防范税务风险。当企业与税务机关产生税务争议时,应当依照法律程序充分表达自己合理的法律意见,并坚决维护自身的合法权益。主要法律方式有税务行政复议与行政诉讼。蓝岛钻石也应当通过法律途径维护自己的合法权益。

税务行政复议

当纳税人及其他当事人认为税务机关具体行政行为侵犯其合法权益,可依法向税务行政复议机关申请行政复议。行政复议是纳税人保护自身权益的重要手段。企业作为申请人可以在税务机关做出具体行政行为之日起60日内提出行政复议申请。复议机关应当自受理申请之日起60日内做出行政复议决定。企业可行政复议的具体行政行为如表1所示:

表 1 申请行政复议的具体行政行为

可行政复议的行为	具体行政行为
（1）税务机关的征税行为	确认纳税主体、征税对象、征税范围、减税、免税及退税、适用税率、计税依据、纳税环节、纳税期限、纳税地点、税款征收方式等具体行政行为,以及征收税款、加收滞纳金及扣缴义务人、受税务机关委托征收的单位做出的代扣代缴、代收代缴行为
（2）税务机关的税收保全措施	书面通知银行或者其他金融机构冻结存款;扣押、查封商品、货物或者其他财产
（3）税务机关的强制执行措施	书面通知银行或者其他金融机构从其存款中扣缴税款;变卖、拍卖扣押、查封的商品、货物或者其他财产
（4）税务机关的行政处罚行为	罚款;没收财物和违法所得;停止出口退税权
（5）税务机关不予依法办理或者答复的行为	不予审批减免税或者出口退税;不予抵扣税款;不予退还税款;不予颁发税务登记证、发售发票;不予开具完税凭证和出具票据;不予认定为增值税一般纳税人;不予核准延期申报,不予批准延期缴纳税款
（6）税务机关取消增值税一般纳税人资格的行为	
（7）税务机关未及时解除保全措施,使纳税人及其他当事人合法权益遭受损失的行为	
（8）收缴发票、停止发售发票	
（9）税务机关责令纳税人提供纳税担保或者不依法确认纳税担保有效的行为	
（10）税务机关通知出境管理机关阻止出境行为	
（11）税务机关其他具体行政行为	

行政诉讼

若纳税人对行政复议决定不服,则可进入行政诉讼程序。纳税人应学会用法律的武器来保护自己的合法权益,但也要考虑成本与可能造成的影响。现实生活中存在一些纳税人在没有全面掌握和理解税收法规的情况下就进入诉讼程序,造成人力、财力和时间上的浪费。

营造良好的税企关系

在现代市场经济条件下,税收是调整产业结构、扩大就业机会、刺激国民经济增长的重要手段。由于各地具体的税收征管方式不同,税务执法机关拥有较大的自由裁量权。因此,企业要注重对税务机关工作程序的了解,加强联系和沟通,争取在税法的理解上与税务机关取得一致,特别在某些模糊和新情况上的处理要得到税务机关的认可。

4. 商业模式优化框架下的税收筹划

商业模式是企业的核心运作模式,不同的商业模式会导致不同的税负率与税费结构。在现有商业模式下,蓝岛钻石承担着较高的税负,尤其是消费税税负,在同行业中处于中等偏高水平。过重的税负率不利于企业的生存与发展。因此,有必要改变现有的商业模式,构建战略导向的新型商业模式,减轻企业所承担的税负率,为未来的上市之路奠定基础。当然,一家企业的商业模式必须服从其战略规划,在企业发展战略的框架下,优化商业模式,减轻企业税负,是企业开展税收筹划运作的必然方向。

4.1 现有商业模式及缺陷分析

现有商业模式及流程分析

从图3可以看出,蓝岛钻石当前采用线上线下相结合的商业模式来运作。一方面,在线下,蓝岛钻石在全国各地的一线及主要的二线城市都设有自己的体验店,现场接受终端客户的订单,这一部分由分布在各地的分公司、子公司进行操作。另一方面,在线上,蓝岛钻石有自己的销售主站,也就是蓝岛钻石的官方网站,该网站由蓝岛钻石上海总公司进行管理和运作,终端消费者可直接通过该主站选购钻石及珠宝饰品,并通过网上交易平台进行付款和交易。同时,蓝岛钻石也与国内一些大型的电子商务平台进行合作,如京东商城、1号店、YMALL商城等,签订协议,以入驻的方式向这些电商平台提供货品,这一部分业务也是由上海总公司负责和控制的。

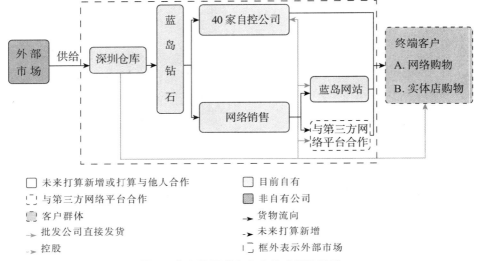

图 3 蓝岛钻石现有商业模式及流程图

分析可知,蓝岛钻石主要采用三种销售渠道:线下体验店销售、线上主站销售及与线上第三方平台合作销售。

在线下的体验店中,蓝岛钻石的主要业务涉及直接向消费者提供钻石及黄金珠宝饰品的销售服务,接受消费者的个性化定制,提供线上客户线下提货的商品及线下体验服务。

通过线上主站,蓝岛钻石向终端消费者提供了众多实时更新的产品及优惠信息,主要涉及以下业务:第一,针对现有商品,直接接受客户在线订购,同时有专业的客服人员提供选购咨询服务。第二,接受客户的个性化定制,客户只需先在主站进行定制单的下单并支付一笔定金,然后商品制作完成后,蓝岛钻石会通知客户到便利的体验店提货。

与线上第三方平台合作方面,蓝岛钻石已与国内众多大型的电子商务平台建立了合作关系。在这些平台上,蓝岛钻石不仅向客户销售已有的产品,也接受客户的裸钻定制。

第一,京东商城合作模式:视同买断式代销。由京东商城负责销售和配送蓝岛钻石产品,并统一以京东商城的名义向消费者开具发票,终端销售价格由京东商城自行确定。京东商城各所属分公司分别按照实际销售数量和约定的成本与蓝岛钻石进行结算,并由蓝岛钻石向京东商城开具增值税专用发票。

第二,1号店合作模式:仅提供销售平台。1号店向蓝岛钻石提供独立的网上店铺,以及后台支持蓝岛钻石进行商品销售、促销、结算、配送等操作的软件系统;而蓝岛钻石则具体负责网上店铺的管理、销售、发货与开具普通发票。蓝岛钻石在1号店的销售收入均由1号店统一收取,并由1号店每月与蓝岛钻石统一结算。

第三,YMALL商城的合作模式:品牌合作协议。蓝岛钻石向YMALL商城提供品牌商品并负责统一提供仓储配送、客户服务及由商品质量或合法性等问题导致的退换货服务,并授权YMALL商城在一定期限与范围内使用蓝岛钻石的品牌,双方共同进行市场活动,共同分享利润。YMALL商城为蓝岛钻石的销售提供电子商务平台,包括商品销售系统、网上支付系统以及对蓝岛钻石商品专卖页面的制作与维护。由蓝岛钻石方来决定价格,并得到双方的共同认可。交易完成后蓝岛钻石方与YMALL商城按月进行商品货款的结算。

现有商业模式的缺陷

蓝岛钻石目前的商业模式及销售渠道主要存在以下缺陷:

第一,蓝岛钻石销售渠道较为狭窄,利润来源方式极为单一。

从图3及销售渠道分析可知,蓝岛钻石目前的销售渠道主要分为线下实体销售与线上网络销售两种方式。其中,线下销售主要集中于由母公司所控制的分布在各地的40家实体店,并没有与其他公司或个体工商户进行合作。线上销售虽然存在与其他电子商务平台合作的渠道,但线上销售营业额仅占到了企业营业收入的15%—20%,对利润的贡献较为微薄。

第二,终端销售价格较难筹划,导致消费税税负率居高不下。

相比于通过大型商场或个体工商户间接与终端客户进行交易的销售渠道,蓝岛钻石由于其销售渠道的单一,所以在其大部分钻石交易中直接扮演卖家的角色,交易价格直接计入企业的主营业务收入,并以此为基础计征5%的消费税。蓝岛钻石的营业收入主要来源于销售钻石的收入,为了保证营业收入总额及利润额,蓝岛钻石在与终端客户的交易中必须维持一定的价格水平,这也直接导致蓝岛钻石的消费税税负率偏重。

第三,成本、利润集中于母公司,子公司出现成本、利润不均衡现象,存在较高经营风险,不利于企业未来上市。

蓝岛钻石目前仅有一个母公司为利润主体,辅以深圳的货物仓库(批发公司)及下属几十家分公司或子公司,线下销售及网络销售产生的收入合并汇集于母公司,成本则多发生于深圳仓库,但由于其并非独立机构,故其账务最终也计入母公司账簿,这样导致母公司集中了成本、利润,存在较高的经营风险,可能给企业未来发展造成不良的影响。同时,深圳仓库没有被合理用于分散利润、获得稳定的收入,子公司也易出现成本利润不均衡的现象,无法实际反映其真实的经营状况。

4.2 商业模式优化与税收筹划策略

分析现有商业模式之后,优化蓝岛钻石商业模式的工作可以分两步来实施,即通过近期策略和远期策略两个步骤递进操作。

近期策略(1—2 年)

基本策略:控股分红、利用加工厂控制价格、通过黄金交易所降低成本。

根据蓝岛钻石的财税状况及未来战略发展要求,近期商业模式及流程的调整方案如图 4 所示。

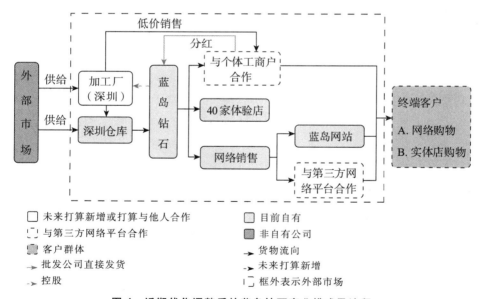

图 4 近期优化调整后的蓝岛钻石商业模式及流程

第一,个体工商户向客户销售产品时,消费税是通过定期定额征收①的方式

---
① 国家税务总局令第 16 号《个体工商户税收定期定额征收管理办法》,2007 年 1 月 1 日起施行。

收取的,这对于蓝岛钻石来说,是一个很有价值的节税途径。为了对该途径更有效地加以利用,建议蓝岛钻石采取如下优化方案:

与将要合作的个体工商户进行协商,约定蓝岛钻石以较低的价格向其销售蓝岛钻石产品(商品),即将蓝岛钻石产品(商品)批发给各个个体工商户,则蓝岛钻石在这一过程中无需缴纳消费税。而对个体工商户来说,在降低他们进货成本的同时会增加该渠道的进货数量,这将大大增加个体工商户的利润,也因为定额征收方式,使得销售一定数量的蓝岛钻石产品(商品)所承担的消费税较低,个体工商户的合作积极性也将提高。但是,需要注意的是,在定额征收税款方式下,蓝岛钻石也存在着一定的财税风险,在具体操作中应谨慎把握。

下面我们进行新旧商业模式下的利润及税负状况比较,如表 2 所示。

表 2 新旧商业模式下的利润及税负状况比较 (单位:元)

项目	旧模式	新模式			
蓝岛钻石售价(1)	5 000	3 000	3 500	4 000	4 500
销售量(2)	300	600			
个体户售价(3)	6 000	6 000			
定额比例(4)	1%	1%			
个体户利润 (5)=(2)×(3)×[1−(4)]−(1)×(2)	282 000	1 764 000	1 464 000	1 164 000	864 000
蓝岛钻石产品上的消费税总额	108 000	36 000			

根据表 2 分析可知,在销售量一定的条件下,蓝岛钻石的售价越低,个体工商户获得的利润就越高,也就越能促进个体工商户的销售积极性,增加蓝岛钻石的市场销售份额,有利于蓝岛钻石业务的快速拓展。但是,一方面,蓝岛钻石也必须以自身的利益为底线,故蓝岛钻石产品(商品)售价不会过低;另一方面,税务机关对消费税的定期定额征收是根据个体工商户的销售额来核定的,个体工商户的销售额越高,适用的定额比率也会相应提高,可能未来消费税负担会增加,导致利润率下降。根据对不同价格的分析,我们认为适中的售价是可接受的,如表 2 所示,将售价控制在 3 500 元到 4 000 元之间。

深入分析上述情况,蓝岛钻石是通过牺牲自身的利益来增进个体工商户利益的,这显然不符合一个市场经济主体的理性做法。因此,蓝岛钻石还可与个体工商户约定,蓝岛钻石按照一定的比例参与个体工商户的利润分红,而这一比例的设定应当既满足个体工商户相对于原有模式的利润增加,也使得蓝岛钻石的净利润有所增加。这样才能保证该商业模式顺利运行。假定利润分红的比例为35%,蓝岛钻石的单位成本为3 500元,在售价为3 000元的条件下,个体工商户的利润增加额为864 600元(1 764 000×65%-282 000),而蓝岛钻石的利润变为17 400元(1 764 000×35%-1 000×600)。

第二,通过自行设立一家加工厂,或者通过收购方式取得一家加工厂的控制权,有助于蓝岛钻石控制蓝岛产品(商品)的出厂价格,增加自身的利润水平。

操作技巧:首先,从加工厂直接向几十家个体工商户发货,减少中间环节,以更低的价格向个体工商户销售产品,并通过上述分红的模式以更大的比例使利润额回流至母公司。

其次,利用加工厂直接向第三方平台的客户供货,可降低终端销售价格,在保证利润的同时降低消费税税负率,进而增强蓝岛钻石的市场竞争力。

加工厂所取得的利润将成为蓝岛钻石的利润,也便于蓝岛钻石的利润分流,降低蓝岛钻石所面临的经营风险及市场风险,减弱宏观经济因素对蓝岛钻石的冲击;同时也便利蓝岛钻石的对外投资,为未来上市做准备。价格的降低也有助于减轻增值税负担,减少流转税对企业的资金占用,有利于企业运营。

最后,通过从黄金交易所会员单位购进原材料的方式减少相关的流转税,从而降低成本,增强蓝岛产品的市场竞争力。

黄金生产和经营单位及黄金交易所会员单位出售黄金产品时享受增值税优惠政策。由于其对外销售的黄金产品免征增值税,会在价格上更具竞争优势,相关原材料定价可能会低于同行业其他公司。蓝岛钻石可以选择从黄金生产单位和黄金交易所会员单位购进原材料,以降低原材料成本,获取更多的利润,增强其产品的市场竞争力。

政策依据:《财政部、国家税务总局关于黄金税收政策问题的通知》(财税〔2002〕142号)(以下简称"《通知》")第一条规定,黄金生产和经营单位销售黄金(不包括标准黄金①)和黄金矿砂(含伴生金),免征增值税;进口黄金(含标准

---

① 标准黄金为成色AU9999、AU9995、AU999、AU995,规格为50克、100克、1公斤、3公斤、12.5公斤的黄金。

黄金）和黄金矿砂免征进口环节增值税。《通知》第二条规定，黄金交易所会员单位通过黄金交易所销售标准黄金（持有黄金交易所开具的《黄金交易结算凭证》），未发生实物交割的，免征增值税；发生实物交割的，由税务机关按照实际成交价格代开增值税专用发票，并实行增值税即征即退的政策，同时免征城市维护建设税、教育费附加。纳税人不通过黄金交易所销售的标准黄金不享受增值税即征即退和免征城市维护建设税、教育费附加政策。

远期策略（5年以内）

基本策略：成立蓝岛钻石集团，将自有的体验店转变为控股的个体工商户，组建批发公司，提供品牌服务，设立独立的网络营销公司。

根据远期商业模式调整及税收筹划要求，最终优化调整后的蓝岛钻石商业模式及流程如图5所示。

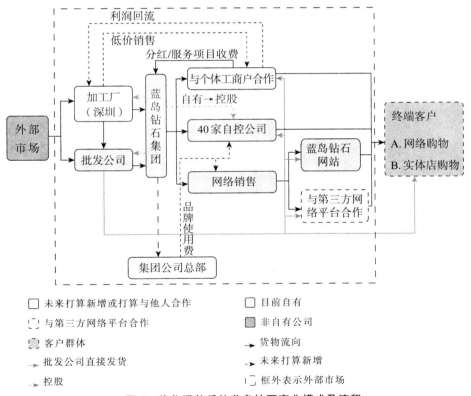

图5　优化调整后的蓝岛钻石商业模式及流程

（1）蓝岛钻石现有40家线下销售的体验店,向顾客销售蓝岛产品需按照标准的征税办法缴纳5%的消费税。如果将这40家体验店逐步从蓝岛钻石中分离出去,转变为蓝岛钻石全权所有但相对独立经营的个体工商户,那么其消费税将按照定额征收方式进行征收,税负会大大减轻。只要定额税率小于5%,假定税务机关核定的征收率为3%,那么税负率将减少2%。

另一方面,由于蓝岛钻石与40家控股的个体工商户之间是母子公司关系,它们之间的业务往来都属于正常的购销行为,不仅要单独结算价款,其关联价格也要定价合理。在这种情况下,蓝岛钻石可充分利用购销、分期收款销售或委托代销等方式,来达到递延纳税的目的。

（2）将现有的深圳仓库独立,组建成一家珠宝钻石批发公司。一方面,通过这家批发公司向外部市场进行蓝岛货品如裸钻的采购,它仍扮演着蓝岛钻石的总仓库角色;另一方面,各种途径的订单均可通过该批发公司进行发货,从中赚取差价收入,将蓝岛钻石所获得的一部分利润留在该批发公司内,起到利润分流的作用,从而降低蓝岛钻石的经营风险。

从税收筹划的角度分析,设立珠宝钻石批发公司有利于降低增值税负担。根据表3的税负平衡点可知,当蓝岛产品的毛利率等于17.65%时,一般纳税人与小规模纳税人的税负相同;当毛利率高于17.65%时,一般纳税人税负大于小规模纳税人税负;当毛利率低于17.65%时,一般纳税人税负小于小规模纳税人税负。因为目前蓝岛钻石的毛利率低于17.65%,故可设立一家为一般纳税人的珠宝钻石批发公司,并按照一个较低的利润率由加工厂向该批发公司发货,再由批发公司以较高的利润率向各个分散的个体工商户（小规模纳税人）发货,从而将高额附加值转移到终端的个体工商户,降低产品流通中的增值税负担。

表3 一般纳税人与小规模纳税人税负平衡点的增值率

一般纳税人税率	小规模纳税人征收率	不含税平衡点增值率	含税平衡点增值率
17%	3%	17.65%	20.05%
13%	3%	23.08%	25.32%

组建批发公司,还可以实现企业之间销售费用、管理费用、财务费用等的转移支付,从而加大税前扣除力度,降低企业所得税的负担率。

（3）转变经营方式，组建蓝岛集团。

操作技巧：第一，将目前蓝岛钻石的商贸业务定位转变为提供品牌服务，授权各个体工商户销售蓝岛的产品（商品），并提供统一的营销策划服务、广告代理服务以及售后管理服务等服务性劳务，从而向个体工商户收取品牌使用费及其他相关服务费，以此调节和均衡蓝岛集团各公司之间的收益水平，保证蓝岛集团利润回收的稳定性。

从税收筹划的角度出发，设立蓝岛集团并实施品牌化运作，通过一定的筹划操作就能带来较大的节税收益：一方面，在与个体工商户的合作中，蓝岛集团可通过无形资产（品牌使用的特许经营权）入股方式来享受联营方的收益分配额，并通过购销交易或投资分配关系间接体现特许经营权收益，从而规避转让无形资产缴纳的营业税及企业所得税；另一方面，蓝岛集团可向下属40家个体工商户采取收取商标使用费、品牌使用费等特许经营权使用费的方式来平抑子公司高昂的毛利率，从而控制子公司的利润水平及企业所得税负担，降低集团的整体税负。

第二，个体工商户所需要的货品可通过旗下的加工厂或批发公司直接发货，加工厂和批发公司可分别赚取相应的利润，从而使得个体工商户取得较低成本价的蓝岛产品（商品），也有利于蓝岛集团将部分利润分流至各批发公司及加工厂。同时，通过利润分流，蓝岛集团可分解增值税、企业所得税等税收负担，减少税收对企业现金流的占用。

（4）设立一家全资持股的网络子公司，单独负责蓝岛主站的销售业务，接受客户的网络订单。

操作技巧：第一，对于现成商品的订单，网络公司与批发公司达成购销协议，并约定由批发公司直接向客户发货，此时的利润分拆为两部分，一部分留在批发公司，另一部分留在网络公司。

第二，对于定制商品的订单，网络公司则与加工厂达成定制协议，约定由加工厂直接向客户发货，此时的利润也被拆分为两部分，一部分利润留在加工厂，另一部分则被留在网络公司。

利润分流有利于减轻集团所面临的财税风险及各种市场因素的冲击，防止集团的利润骤变，从而为集团未来的IPO上市创造了有利条件。在税负方面，如上所述，也可分解流转税和企业所得税。

(5) 对于现有的第三方合作平台,蓝岛集团争取全部采取品牌授权式经营,收取品牌服务费。

即货品将由加工厂或批发公司批发给第三方平台,在不用缴纳消费税的同时获取利润。由于第三方合作平台在向终端客户销售蓝岛产品(商品)时仍然需要按照5%的税率缴纳消费税,因此,蓝岛集团将会面临网络平台尽力压低购进价格将消费税向前转嫁的压力,而品牌服务费的收取将在一定程度上缓解这种压力,有助于保证蓝岛集团一定的利润水平并减缓蓝岛集团因价格变动而引起的利润波动。

4.3 基本结论

按照蓝岛钻石准备未来上市的发展方向,在这一大前提下我们对蓝岛钻石现有的商业模式进行了遵循税收筹划规律的改造,既减轻了企业所承担的各种税收负担,也为蓝岛钻石未来的IPO上市做了充分的准备。具体的税收筹划效果如下:

(1) 通过个体工商户在终端的销售来减少所承担的消费税税负,降低企业的资金压力,并通过协议定价与控股分红的方式保证蓝岛钻石的利润。

(2) 通过设立多家子公司来控制价格和分流企业利润,分解所承担的流转税和企业所得税,降低企业的经营风险,促进业务拓展,实现利润合理切割;通过设立网络销售公司及优化与第三方平台的合作模式来均衡税负和利润,实现线上线下销售模式的统一。

(3) 通过设立蓝岛集团,利用品牌化经营来控制整个集团的运作,并采用无形资产转让、品牌化收费的模式来控制各个子公司的利润水平。

案例使用说明

一、教学目的与用途

1. 本案例主要适用于税务专业硕士"税收筹划"课程。
2. 教学目的:
(1) 掌握税务风险的分析方法。

（2）学习设计税收筹划方案。

二、启发思考题

1. 电商企业的税务风险来自哪些方面？如何控制？
2. 珠宝钻石零售业消费税的税收筹划有哪些思路和方法？
3. 如何结合商业模型设计税收筹划方案？根据本案例谈谈你的心得体会。

三、分析思路

税务风险分析—税收筹划一般操作方案—结合商业模型设计税收筹划方案—结论

四、理论依据与分析

历年来消费税相关政策。

五、关键点

1. 通过个体工商户在终端的销售来减少所承担的消费税税负，降低企业的资金压力，并通过协议定价与控股分红的方式保证蓝岛钻石的利润。
2. 通过设立多家子公司来控制价格和分流企业利润，分解所承担的流转税和企业所得税，降低企业的经营风险，促进业务拓展，实现利润合理切割；通过设立网络销售公司及优化与第三方平台的合作模式等方式来均衡税负和利润，实现线上线下销售模式的统一。
3. 通过设立蓝岛集团，利用品牌化经营来控制整个集团的运作，并采用无形资产转让、品牌化收费的模式来控制各个子公司的利润水平。

六、建议的课堂计划

1. 案例教学过程中的时间安排：3小时。
2. 黑板板书布置：业务流程图。
3. 学生了解案例并进行分组讨论，讨论内容为如何控制税务风险。
4. 首先让学生自己分析，其次由每组代表发言，最后由老师讲解。

A 公司税收筹划

赵 涛

摘 要：A 公司属于家具制造企业，其最明显的特征是公司具有出口业务，主要依靠生产销售来实现利润，成本、费用、工资、薪金等支出较多。

本案例立足于 A 公司的经营实践，从企业所得税和个人所得税的角度，主要探讨未分配利润的处理方案、对外投资转移资金、土地摊销及产权调整、企业所得税节税筹划等问题。

关键词：家具制造企业　税收筹划　企业所得税　个人所得税

1. A 公司基本情况

1.1　背景材料与财务分析

A 公司是位于我国东北地区的一家木质家具制造商兼出口商，属于中外合资企业，注册资金 18 万美元，中方股东为 B 公司，占 72.2% 股份；外方股东为英国自然人，占 27.8% 股份。自 2003 年以来，业绩呈现逐年增长的良好势头，如下表所示。

A公司主要财税数据统计分析表

(单位:元)

项目	2009年(9月末)	2008年	2007年	分析评价
货币资金	10 833 629.35	16 215 299.80	9 263 810.73	显示资金额较多
应收账款	13 312 890.48	8 690 815.55	13 591 485.47	比较稳定的应收款
其他应收款	38 544 598.13	32 800 809.41	30 713 093.97	金额累计过多
存货	33 781 680.73	24 046 531.17	30 801 338.64	行业特点存货稳定
资产总额	114 300 579.92	97 270 202.24	99 386 587.13	资产总量增幅不大
应付账款	13 091 142.38	9 067 599.60	15 881 765.57	比较稳定的应付款
负债总额	15 602 847.28	11 420 109.63	24 235 038.02	没有长期负债
实收资本	1 515 420.00	1 515 420.00	1 515 420.00	资本金额偏低
未分配利润	94 679 755.97	81 832 115.94	71 133 572.44	逐年增长,自然变化
营业收入	116 003 076.19	135 643 847.98	183 676 908.96	
营业成本	90 868 370.92	111 527 015.83	153 752 019.24	成本占收入比例约为78.33%
所得税费用	4 308 550.63	3 569 146.69	2 543 574.07	所得税率逐年增长
净利润	12 925 651.90	10 707 440.04	16 297 715.31	稳定利润额

1.2 税金缴纳现状及问题分析

纳税情况

根据A公司纳税信息统计,2009年缴纳税金735.8172万元,其中企业所得税660万元,代扣代缴税金45.65万元,土地增值税18.4312万元,印花税6.6万元,个人所得税3.96万元;应收出口退税额1 404万元,免抵税额468万元,免抵退税额共计1 872万元。

涉税问题分析

出口退税不存在问题,A公司因出口退税而获得较好的税收收益。在所缴纳的税种结构中,企业所得税是重点税源,占比为89.7%,因此考虑以后纳税年度适当降低企业所得税负担。

代扣代缴税金中,房产租金代扣21%的税金,构成一项金额较大的税款支出,可考虑此项房产租金的业务改造。代扣代缴个人所得税金额很小,可能存在工资、薪金额度太低或没有实现节税筹划安排,建议进一步考虑薪酬设计与工资奖金调整。

2. 税收筹划方案操作要点

2.1 未分配利润的处理与消化

根据 A 公司的"历年盈亏情况表",截至 2009 年 9 月,A 公司累计实现未分配利润 9 467.975597 万元,按照中外两方股东的股份比例,中方应分配 5 900.185367 万元,外方应分配 2 275.225040 万元,其余为留存利润。随着盈利的不断累计,必须寻求财务解决方案。

根据目前的财税政策及 A 公司的实际情况,提出以下解决方案。

2009 年实现大幅度利润分配

优化方案:对 A 股东进行 8 000 万元的年终利润分配。按照股权结构,中方享有 5 776 万元税后利润,外方享有 2 224 万元税后利润。中方作为法人股份所获得的税后利润分配额享受免税待遇,依据《企业所得税法》第二十六条:"企业的下列收入为免税收入:(二)符合条件的居民企业之间的股息、红利等权益性投资收益。"

政策依据:对于外方所获得的 2 224 万元,根据《财政部、国家税务总局关于个人所得税若干政策问题的通知》(〔1994〕财税字第 020 号)规定:"下列所得,暂免征收个人所得税:(八)外籍个人从外商投资企业取得的股息、红利所得。"因此,外方获得的利润分配额享受暂免征个人所得税优惠。此项规定由于受新《企业所得税法》的影响,会很快失去效力,建议在 2009 年年末尽快对 A 企业累积的"未分配利润"予以彻底、足额分配。

B 公司的投资筹划

B 公司分到未分配利润后,因税法要求个人股东利润分配额须缴纳 20% 的个人所得税,所以不可继续分配给自然人股东。

B公司筹划运作的基本要求是采取以下三种资金回流方式：

第一，以投资方式再次回流资金至B公司。

运作方法：B公司对其控股公司A公司追加投资，A公司的资本金增加。这种运作不仅可以增加A公司的资本金，降低其注册资金偏低的风险，而且可以调整A公司的资本结构。

政策依据：《企业会计准则》明确规定，投资方的长期股权投资成本以所投资的资金额为基础确定，被投资方的实收资本也相应增加。如果外方也按原股权比例追加投资，则可以保持固定的股权结构。

第二，尝试对外投资转移资金。

运作方法：由于分红资金流至B公司，B公司对外投资，可以设立一家公司，或者和其他非关联公司合资，日后再通过股权投资损失形成善后处理。

政策依据：《财政部、国家税务总局关于企业资产损失税前扣除政策的通知》（财税〔2009〕57号）第六条规定，"企业的股权投资符合下列条件之一的，减除可收回金额后确认的无法收回的股权投资，可以作为股权投资损失在计算应纳税所得额时扣除：被投资方依法宣告破产、关闭、解散、被撤销，或者被依法注销、吊销营业执照的；被投资方财务状况严重恶化，累计发生巨额亏损，已连续停止经营三年以上，且无重新恢复经营改组计划的；对被投资方不具有控制权，投资期限届满或者投资期限已超过十年，且被投资单位因连续三年亏损导致资不抵债的；被投资方财务状况严重恶化，累计发生巨额亏损，已完成清算或清算期超过三年以上的；国务院财政、税务主管部门规定的其他条件。"

第三，B公司以借贷方式将自己回流至A公司。

2.2 工资、薪金及薪酬设计优化方案

为职工提供福利性支出

采用非货币福利办法，提高职工福利待遇。如为职工免费提供宿舍，免费提供交通便利，提供教育福利、外出学习考察机会，等等。上述支出由企业替个人支付，且实现税前扣除，以加大企业所得税的扣除力度，同时减少个人所得税支出。

工资与年终奖金的权衡与薪酬设计方案

奖金也属于工资、薪金的范畴,考虑到月度奖金、季度奖金和年终奖金的不同计税方法,采用最佳的工资、年终奖金组合方式,节约个人所得税负担,加大工资、薪金的税前扣除力度。即通过合理分配年终奖金,尽可能降低其适用税率。

2.3 所得税节税及防止未来累积"未分配利润"方案

加大劳动保护支出的列支

筹划方案:根据工作环境和劳动者的需要,适当增加劳动保护用品支出。

政策依据:《企业所得税法实施条例》第四十八条规定,"企业发生的合理的劳动保护支出,准予扣除"。

在中国香港地区设立子公司

B公司可以在中国香港地区成立一家公司,作为非居民企业,负责资金借贷和技术提供。

第一,跨境借贷。B公司利用设立在中国香港地区的公司融资,即将资金贷给A公司。所支付出境的利息需代扣代缴10%的预提所得税。按照中国内地与中国香港地区的税收协定,利息征税额不超过利息金额的7%。而中国香港地区公司来源于中国内地的利息所得,按照中国内地与中国香港地区的税收协定,无需再补缴所得税。

第二,技术为代表的特许权使用费。按照中国内地与中国香港地区的税收协定,特许权使用费所征税款也不超过特许权使用费总额的7%。

废品损失认定

筹划方案:降低出材率,增加损失认定;提高废品率;确认下脚料的报废损失。

政策依据:财税〔2009〕57号文件规定:对企业盘亏的固定资产或存货,以该固定资产的账面净值或存货的成本减除责任人赔偿后的余额,作为固定资产或存货盘亏损失在计算应纳税所得额时扣除。

对企业毁损、报废的固定资产或存货,以该固定资产的账面净值或存货的成本减除残值、保险赔款和责任人赔偿后的余额,作为固定资产或存货毁损、报废损失在计算应纳税所得额时扣除。

对企业被盗的固定资产或存货,以该固定资产的账面净值或存货的成本减除保险赔款和责任人赔偿后的余额,作为固定资产或存货被盗损失在计算应纳税所得额时扣除。

案例使用说明

一、教学目的与用途

本案例可以用于"税收筹划""国际税收筹划"等课程,有助于学生学习如何利用所学的相关税收政策实现企业的税收筹划。

二、启发思考题

1. 哪些津贴、补贴不计入工资、薪金所得进行征税?
2. 企业持有和转让股票如何计税?
3. 复杂的税制为纳税人留下哪些筹划空间?
4. 如何管理与防范纳税筹划的风险?
5. 案例对我国制造业企业的税收筹划有何启示?
6. 对我国制造业企业有何所得税管理建议?

三、分析思路

在企业的税收筹划中,首先,需要熟悉本国和国际的税收规则和税法;其次,要深入分析该企业交易的结构,不同机构的功能和风险,资金的流向,利润的产生和分配;最后,通过比较分析才能了解整个税收筹划方案的运作方式、避税效果及可能存在的风险。

四、理论依据与分析

（一）未分配利润的处理

企业的利润总额按照税法规定缴纳企业所得税后,税后利润还要在企业与股东间进行分配。对公司股东所分配的股利,股东为法人企业的,还要合并计入其利润总额征收企业所得税,对合伙人及合伙企业分得的股利还要征收个人所得税。在这种情况下,企业如何使股东或合伙人最大限度地减少税收负担,其可行的方式就是延期鼓励或直接将股东应分得的股利转作投资,以获得延期纳税的好处。

（二）子公司设立的税收筹划

子公司是指被另一家公司有效控制的下属公司或母公司直接或间接控制的一系列公司中的一家公司。子公司因其具有独立法人资格,而被设立所在国视为居民企业,通常要履行与该国其他居民企业一样的全面义务,同时也能享受所在国为新设公司提供的免税期或其他税收优惠政策。子公司属于独立法人企业,拥有独立的财产权。设立子公司,其税收筹划有如下优势：一是子公司可以独立享受所在区域或行业的税收优惠政策;二是子公司的利润分配形式灵活,且不受母公司的干涉;三是子公司的税务风险责任不会给母公司造成影响,即母公司没有风险连带责任。

（三）投资的税收筹划

如果进行跨国投资,仅从税收角度出发,一要考虑宏观税负的高低;二要考虑所涉及的主要税种及其税负的高低;三要考虑税收结构;四要考虑居住国与投资地所在国关于避免双重征税政策的规定。

从国外情况看,有的国家或地区不征收所得税,有的国家或地区的所得税率高于或低于我国。因此,投资地点不同,税收负担会有所差别,这将最终影响投资收益。对于跨国投资者来说,还应考虑有关国家同时实行居民管辖权和收入来源地管辖权而导致对同一项所得的双重征税,以及为避免国际间双重征税的双边税收协定有关税收抵免的具体规定,以进行投资国别或地区选择。

五、关键点

1. 税收筹划的本质是纳税人在税法许可的范围内,通过对经营和财务活动的合理筹划和安排,以减轻税负、降低风险的行为。税收筹划的两个特点为合法和符合政府的政策导向。

2. 企业进行税收筹划时,首先要在对我国与项目所在国税收法律及税收协定进行分析的基础上,解决所得税问题。

3. 企业的商业架构和税收筹划方案是紧密联系的,税收筹划不能离开商业目的,既要尽可能降低风险,又要实现降低税负的目的。

六、建议的课堂计划

1. 本案例教学过程中时间建议安排3课时。其中引导学生复习税收筹划的基本知识1课时,分组讨论2课时。

2. 介绍案例背景,了解企业架构。

3. 分析该案例税收的关键点,并就其可行性和风险进行分析讨论。

4. 总结和归纳该案例所涉及的主要知识点,对我国企业税收筹划的要点、风险和所得税管理建议进行深化。

七、案例的建议答案以及相关法规依据

1.《财政部、国家税务总局关于个人所得税若干政策问题的通知》(〔1994〕财税字第020号)规定:"下列所得,暂免征收个人所得税:(八)外籍个人从外商投资企业取得的股息、红利所得。"

2.《企业会计准则》明确规定,投资方的长期股权投资成本以所投资的资金额为基础确定,被投资方的实收资本也相应增加。如果外方也按原股权比例追加投资,则可以保持固定的股权结构。

3.《财政部、国家税务总局关于企业资产损失税前扣除政策的通知》(财税〔2009〕57号)第六条规定:"企业的股权投资符合下列条件之一的,减除可收回金额后确认的无法收回的股权投资,可以作为股权投资损失在计算应纳税所得额时扣除:被投资方依法宣告破产、关闭、解散、被撤销,或者被依法注销、吊销营业执照的;被投资方财务状况严重恶化,累计发生巨额亏损,已连续停止经营

三年以上,且无重新恢复经营改组计划的;对被投资方不具有控制权,投资期限届满或者投资期限已超过十年,且被投资单位因连续三年亏损导致资不抵债的;被投资方财务状况严重恶化,累计发生巨额亏损,已完成清算或清算期超过三年以上的;国务院财政、税务主管部门规定的其他条件。"

4.《企业所得税法实施条例》第四十八条规定:"企业发生的合理的劳动保护支出,准予扣除。"

5. 财税〔2009〕57号文件规定:"对企业盘亏的固定资产或存货,以该固定资产的账面净值或存货的成本减除责任人赔偿后的余额,作为固定资产或存货盘亏损失在计算应纳税所得额时扣除。"

八、其他教学支持材料

1. 杨志清,《税收筹划案例分析》(第二版),中国人民大学出版社,2010年。
2. 计金标,《税收筹划》(第四版),中国人民大学出版社,2012年。
3. 蔡昌,《税收筹划理论与实务》,中国财政经济出版社,2014年。

A 公司跨境无形资产税收筹划

何 杨

摘 要： 在跨境的交易中,这个与无形资产相关的国际税收筹划案例综合运用了双重非居民、成本分摊协议、转移定价等税收筹划方式,实现了全球整体税负的降低。

关键词： 国际避税 税收居民 成本分摊 转移定价

1. A 公司背景

A 公司是一家从事设计、制造和销售电脑、移动电话和其他高科技个人通信和游戏产品的美国企业,其中个人电脑、移动电话和相关设备的销售收入占全部业务收入的 95%,另外 5% 的业务收入来自销售其他相关的软件、数字媒介产品和服务。

其在爱尔兰建立的关联公司中,一家为国际运营公司,简称 AOI,另一家为主要的无形资产持有公司,简称 ASI。利用不同国家对税收居民的认定标准不同,AOI 和 ASI 避免了在任何一个国家构成税收居民。同时,A 公司运用了成本分摊协议,将利润通过无形资产的特许权使用费进行了转移,实现了整体税负的大幅降低。

2. 主题内容

从A公司简化的关联公司组织架构(见下图)中可以看出,该公司总部(API)在美国以外的海外关联公司组织结构的第一级关联公司是国际运营公司,即AOI。国际运营公司(AOI)作为A公司在美国以外的第一级海外控股公司,实际上成为了A公司在美国以外的大多数海外关联公司的最终持股公司,包括无形资产持有公司ASI,中国制造公司,以及多家海外销售公司A1、A2、A3等。位于爱尔兰的ASI持有A公司主要的无形资产。

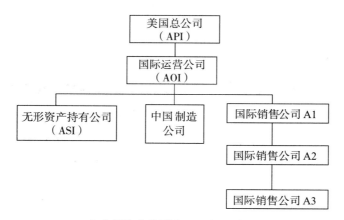

A公司海外关联公司组织结构图

2.1 A公司的全球价值实现链条

A公司全球的研发活动几乎全部在美国本土完成,研发活动产生的知识产权在成本分摊协议的安排下,由总部API拥有全部的法律权利,由API和ASI分别拥有针对上述两个销售区域(即美洲市场和美洲以外市场)的经济权利。

在生产上,A公司将其绝大部分生产活动外包。它将全球采购而来的各种零配件和部件几乎全部运往中国,由中国的一家第三方合约制造商(中国制造公司)最终组装,装配完成A公司的各种产成品。中国制造公司是依据与A公司达成的《合约加工服务协议》提供合约制造服务的。A1、A2、A3等海外销售公司分别负责不同区域的销售。

2.2 双重非居民的实现

AOI 和 ASI 这两家重要的海外关联公司,都注册在爱尔兰,但是在爱尔兰却没有一间办公室,即没有物理空间上的真实存在,也从来没有雇用过任何一名自己的员工,只有三个自然人作为 AOI 和 ASI 的董事。并且这三位自然人同时还服务于 A 公司其他的关联公司。AOI 和 ASI 的董事会会议几乎都是在两位美国籍董事的居住地和办公所在地(美国加州)召开的。其主要会计账簿和财务记录也由美国公司的财务会计共享服务中心负责维护和管理,在爱尔兰没有开设任何银行账户,也没有雇用一名管理人员。

这样做的目的是形成 AOI 和 ASI 几乎所有的业务和经营活动都是由位于美国的 API 进行管理和控制的事实,即这家公司的业务和运营功能的实际管理和控制所在地不在爱尔兰。根据爱尔兰税法,居民公司的判定需要根据实际管理控制中心,因此不承认 AOI 和 ASI 具备爱尔兰税收居民的身份。而美国税法则按照注册地认定居民公司,因此 AOI 和 ASI 也不构成美国居民公司。

2.3 通过转让定价,将美洲以外市场的销售利润转移到爱尔兰

在 A 公司全球的组织架构中,中国制造公司作为 A 公司的合约制造商,在其全球的价值链中,只是充当简单功能承担者的角色,虽然几乎全部的最终产成品都由这家中国制造公司装配完成,但其所赚取的利润是很低的,因为其与 ASI 签订的《合约加工服务协议》中,约定了自己的合约制造服务提供商的地位和功能,承担有限的产品制造风险,因此只能赚取这部分合约制造服务对应的利润。而 A 公司也正是利用了这个《合约加工服务协议》,使 AOI、ASI 和各海外销售公司能够作为第一手买家以很低的价格从中国制造公司处购买 A 公司的产成品或商品。

但是,当 AOI 把 A 公司商品转售给美洲区域的关联分销公司,ASI 把商品转售给美洲以外关联分销公司时,就会附上很高的加价,也就是说,AOI 获得了销往美洲区域商品的大部分利润,ASI 获得了销往非美洲区域商品的大部分利润。这部分无形资产的价值使得 AOI 和 ASI 在与各区域关联分销公司的关联交易定价中,居于价值链和转让定价交易的核心。其结果是,通过关联交易销往美洲区域商品的大部分利润,转移到了爱尔兰,由 AOI 持有;销往非美洲区域

商品的大部分利润也转移到了爱尔兰,由 ASI 持有。

2.4 利用成本分摊协议,将无形资产经济权利置于爱尔兰关联公司名下,从而把利润转移到爱尔兰

依据 A 公司的成本分摊协议,ASI 享有在美洲以外市场所销售该公司商品对应的无形资产的经济权利。API 与 ASI 按照各自实现的销售收入所形成的比例,分担全球研发活动的成本。实际上,几乎所有的研发活动都是由 API 的员工在美国加州组织、开展、完成的,ASI 没有员工实际参与研发活动。

由于无形资产是 A 公司的核心竞争力和价值源泉所在,因此其成本分摊协议对无形资产做了特殊的安排,即把知识产权拆分为法律权利和经济权利,其中全部法律权利(legal rights)由 API 拥有,同时,API 是销往美洲市场商品的经济权利的拥有者,ASI 是销往美洲以外市场商品的经济权利的拥有者。这种对经济权利的划分,既与 API 和 ASI 对全球研发活动成本的分担完全对应,也与前述 A 公司把全球市场分为美洲市场和美洲以外市场完全对应。也正是因为 ASI 拥有了销往美洲以外市场的商品的无形资产的经济权利,所以 ASI 能够在全球的价值链中充当资产、功能和风险的主承担者的角色,在一连串的关联交易和转让定价中居于核心和主导地位。

案例使用说明

一、教学目的与用途

本案例可以用于《国际税收》《国际税收筹划》《税收筹划》等课程,帮助学生理解在跨境无形资产交易中,如何运用成本分摊协议、转让定价等方式实现利润转移。由于无形资产具有价值难以估量等特征,是跨国公司常用的利润转移方式,对这一案例的分析有助于深入理解这一领域的税收筹划方式。

二、启发思考题

1. 根据国际税收管辖权,税收居民对于其全球所得对居住国负有纳税义务。国际税收规则中很大程度上希望避免双重居民,但是有没有可能实现双重

非居民呢?

2. 无形资产被认为是现代企业价值创造的核心。无形资产的价值创造过程中,哪一部分应该是最有价值的呢?研发、生产、制造还是销售?利润在各部分应该如何分配?

3. 转让定价作为常见的跨国避税方式,如果涉及了无形资产,应如何进行调整?主要面临哪些难题?

4. 成本分摊协议是一种帮助跨国公司在涉及无形资产研发过程中的成本和收益分摊的方式,有助于跨国公司降低风险、鼓励创新,但是成本分摊协议有没有可能用于国际避税呢?

三、分析思路

在跨境交易的税收筹划中,首先需要熟悉国际税收规则和不同国家的国内税法,其次要深入分析该跨境交易的结构,不同机构的功能和风险,资金的流向,利润的产生和分配,然后通过比较分析才能了解整个税收筹划方案的运作方式、避税效果及可能存在的风险。

四、理论依据与分析

(一) 税收居民的认定

在当今经济全球化的商业环境中,为保证经济增长、避免跨境贸易扭曲、减少贸易壁垒,形成了国家间避免双重征税的国际通行原则。主要体现为以经济合作与发展组织(OECD)在1963年制定并公布的《对所得和财产避免双重征税的协定范本》为基础签订的国家间的避免双重征税的协定,以及各国自己的国内法。虽然,OECD这一范本经过了不断的修改和更新,但目前被各国政府采用和执行的仍是2010年的版本,其理论基础和原则框架并没有改变,很多重要的概念和原则自1963年沿用至今,与现实下数字产品和网络经济的迅猛发展有着明显的差距和诸多不适应的情况。目前全球超过3 000份正在执行中的国家间避免双重征税的协定几乎无一例外地约定,某个国家对于某一纳税人是否享受征税权,主要依据这个纳税人是否为这个国家的税收居民,即这个纳税人是否具备这个国家税收居民的身份。而"居民纳税人"这个用于执行税收协定的关键性条款,是由纳税人所在国的国内法给予具体定义和规范的。如果一个纳税人在诸如经常住所、居住地、公司设立地或是管理所在地等方面满足一定的国内法规定的标准,就会被认定为这个国家的税收居民,并将因此就其全球范围的收入在这个国家负有纳税义务。

每一个国家都按照自己的实际情况和意愿建立自己独立的税收征管规则和国内法体系,这是每一个国家的自由和权利。但是,在全球化的今天,经济一体化程度越来越高,每一个国家各自独立的税收国内法体系会造成各种各样的不一致,这种不一致有可能导致纳税人在两个国家间的双重纳税,当然也有可能导致在两个国家间的双重不纳税。造成这种双重不纳税的可能性和机制,就是当今国际税收管理体系的重大漏洞和缺陷。

在这个案例中,A 公司就利用了爱尔兰税法规则与美国税收法典中关于税收居民相关规定的差异。爱尔兰的税法,采用管理和控制的测试标准来判定纳税人的税收居民身份,即公司的管理和控制所在地在爱尔兰即为爱尔兰的税收居民,而不管这家公司是否是在爱尔兰注册、设立的。与此相反,美国税收法典对此的规定是,依据公司的注册、设立的地点来确定其居民纳税人的身份。A 公司认为,虽然 AOI 和 ASI 注册、设立均在爱尔兰,但 AOI 和 ASI 的多位董事的居住地、公司资产的实际管理和控制所在地、公司会计账簿和财务资料的管理和存储所在地不均在爱尔兰,即 AOI 和 ASI 的实际管理和控制的所在地不在爱尔兰,所以它们并不构成爱尔兰税收居民的身份。同时,又因为 AOI 和 ASI 不是在美国注册与设立的,依据美国税收法典的相关规定,其也不是美国的税收居民,没有在美国缴纳公司所得税的义务和责任。

(二)无形资产的转让定价

A 公司的纳税筹划具备战略性的长远眼光。之所以选择爱尔兰,是因为爱尔兰的法定公司所得税税率是 12%,从全球看来这已经很低了。并且 A 公司通过与爱尔兰政府的谈判,还争取到了更低的公司税率。

A 公司各种商品的真正价值,是 A 公司的无形资产,即产品中所嵌入的知识产权和产品所代表的商誉,具体包括商标、商号等。知识产权的根本来源,就是 A 公司的研发活动。A 公司的研发活动几乎全部都是在美国本土组织、开展、完成的,是由 API 的工程师和其他研发专家完成的。然而,在成本分摊协议之下,由这样的研发活动所创造出的价值极高的知识产权,所赚取的巨额商业利润,却被转移到美国之外,成功规避了美国的纳税责任。

在 2009—2012 年这 4 年时间里,依据成本分摊协议,API 承担了 40 亿美元的研发成本,而此期间内 API 的税前盈余为 387 亿美元,从这个角度看,API 在研发活动的投入产出比为 1∶10,这一比例要比 ASI 的小得多。这些数字揭示了 ASI 作为 A 公司在爱尔兰的一家关键的关联公司,由于其拥有了 A 公司的部分知识产权,其赚取或者说截留的税前盈余相当于 API 的两倍。成本分摊协议的真正功能是,通过转让定价的手段和方法,人为地安排 A 公司价值核心的无形资产在关联公司间的拥有和归属,满足现有转让定价国际通用规则的形式要件,把利润转移、归集到低税率国家,从而达到规避纳税的目的。

五、关键点

1. 不同国家对于税收居民的认定标准差异既可能造成双重税收居民,也可能实现双重不征税。

2. 无形资产价值创造的根源和价值分配的原则是转让定价调整的难题,也是发达国家和发展中国家在征税上的利益冲突所在。

3. 企业的全球商业架构和税收筹划方案是紧密联系的,税收筹划不能离开商业目的,企业既要尽可能降低风险,又要实现降低税负的目的。

六、建议的课堂计划

1. 引导学生复习基本的税收筹划方式、国际税收关于税收居民及转让定价的基本知识。

2. 介绍案例背景,了解企业的全球商业架构。

3. 分析该跨境税收筹划的关键点,并就其可行性和风险进行分析讨论。

4. 总结和归纳该案例所涉及的主要知识点,对跨境无形资产交易税收筹划的要点和风险进行深化。

七、案例的建议答案以及相关法规依据

(一)国际税收中关于税收居民的规定

所谓居民,是指按照某国法律,由于住所、居所、管理场所或其他类似性质

的标准,负有纳税义务的自然人和法人。即在税收领域中,与一个国家发生人身联结而负有纳税义务的人。居民身份的确定是行使居民管辖权的关键问题,它是行使居民管辖权的国家确定课税主体和课税范围的依据。至于纳税人是否具有该国国籍则无关紧要。若纳税人为本国居民,则对本国负有无限纳税义务,即其来自本国和外国的全部所得,都要依照本国税法规定纳税。否则对本国无居民纳税义务。

对于判断一个公司、企业是否属于一国的法人居民或居民公司,各国通常采用登记注册标准、管理中心标准、总机构标准等方式加以确定。

美国税法规定,凡属按照美国任何一个州的法律向州政府注册设立的跨国公司,不论其总管理机构是否设立在美国,也不论是美国人还是外国人开设的,均为美国居民公司,对其来自世界各地的所得拥有征税权。爱尔兰税法则规定,如果一家公司的管理或控制中心设在爱尔兰境内,则该公司即为英国居民公司。检验一家公司在爱尔兰有无管理或控制中心,主要看该公司在英国是否设有董事会,以及董事会行使指挥监督权的场所、公司账簿的保管场所和召开股东大会的场所,至于公司经营活动的所在地则是无关紧要的。

(二)转让定价

转让定价也称划拨定价,即交易各方之间确定的交易价格,它通常是指关联企业之间内部转让交易所确定的价格,这种内部交易价格通常不同于一般市场价格。转让定价是现代企业特别是跨国公司进行国际避税所借用的重要工具,主要是利用各国税收差别来实现的。国际关联企业的转让定价往往受跨国企业集团利益的支配,不易受市场一般供求关系的约束,对商品和劳务内部交易往来采取与独立企业之间的正常交易价格不同的计价标准。它们往往通过从高税国向低税国或避税地以较低的内部转让定价销售商品和分配费用,或者从低税国或避税地向高税国以较高的内部转让定价销售商品和分配费用,使国际关联企业的整体税收负担减轻。转让定价,也称划拨定价,即交易各方之间确定的交易价格。转让定价通常是指关联企业之间内部转让交易所确定的价格,这种内部交易价格通常不同于一般市场价格。

八、其他教学支持材料

1. OECD, *Base Erosion and Profit Shifting*, www.oecd.org/tax。

2. 杨志清,《国际税收前沿问题研究》,中国税务出版社,2012年。

3. 朱青,《国际税收》(第六版),中国人民大学出版社,2014年。

4. 杨斌,《国际税收》,复旦大学出版社,2004年。

5. 邓力平,《国际税收学》,清华大学出版社,2005年。

6. Brian J. Arnold, Michael J. McIntyre, *International Tax Primer*(《国际税收基础》)(第二版),中国税务出版社,2010年。

7. 罗伊·罗哈吉,《国际税收基础》,北京大学出版社,2006年。

8. 休·奥尔特等,《比较所得税法——结构性分析》(第三版),北京大学出版社,2012年。

加拿大葛兰素史克转让定价诉讼案

曹明星

摘　要：本案例讨论的是葛兰素史克集团的一家加拿大制药子公司向非居民关联方购买雷尼替丁(一种注册商标处方药的关键成分)支付对价的问题。葛兰素史克加拿大公司从葛兰素集团内部购买雷尼替丁的支付价格是从一般制造商处购买价格的五倍以上。加拿大税务局就这一购买价格进行了重新认定和调整，对其做出补税的决定。随后案件依次上诉至税务法庭、联邦上诉法院和最高法院。本案例的难点在于与购买行为相关的特许权使用费交易的处理。

关键词：关联企业　转让定价　可比性分析　无形资产

1. 公司基本情况与背景

葛兰素史克加拿大公司(Glaxo Canada,以下简称"加拿大公司")，是葛兰素集团(Glaxo Group,以下简称"集团公司")的子公司，而集团公司是葛兰素控股(Glaxo Holdings PLC (UK))的全资子公司(见图1)。按照医药制造行业的商业惯例，加拿大公司与集团公司就取得颗粒状的雷尼替丁(善胃得的有效成分，善胃得是市场上领先的治疗胃溃疡的药品)签订了使用集团公司商标和专利的许可协议。

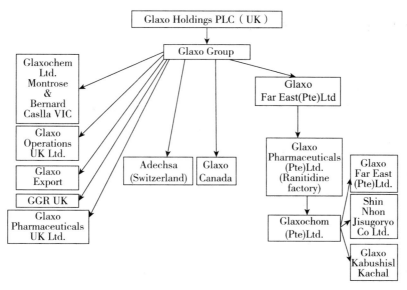

图 1 公司架构图

善胃得的有效成分,颗粒状的雷尼替丁,由葛兰素控股的其他注册在英国之外的两个全球子公司 Glaxochem Ltd. Montrose 和 Glaxo Pharmaceuticals（Pte）Ltd.进行生产。这两个公司向集团的另一子公司 Adechsa（瑞士）（以下简称"瑞士公司"）销售雷尼替丁,再由瑞士公司负责将雷尼替丁加工为颗粒状。加拿大公司从瑞士公司购买颗粒状的雷尼替丁来加工生产善胃得并进行销售。

集团内部的交易关系如图 2 所示。

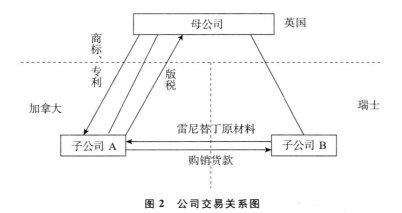

图 2 公司交易关系图

1.1 专利许可协议和购买协议

有了两个独立协议的签订,加拿大公司才得以生产和销售其注册商标产品善胃得。这两个合同情况如下:

(1) 与集团公司签订专利许可协议。主要约定了三点内容,①加拿大公司需为专利权(整个专利有效期内)、商标和其他无形资产(用于销售善胃得的整个期间)的使用支付销售额的6%。②加拿大公司必须从瑞士公司购买药物原料,即颗粒状雷尼替丁。③加拿大公司可获得以下权利:使用集团公司拥有的商标生产和销售善胃得;获得加工善胃得的技术支持;获取与加拿大卫生局监管相关的支持;市场营销支持;源于专利侵权发生的损失可获得赔偿。

(2) 与瑞士公司签订购买协议。购买颗粒状雷尼替丁用于生产善胃得,购买价格为每千克1 500美元(以估计加拿大公司将实现60%的毛利率为基础)。

1.2 加拿大税务局补征税款的决定

1990—1993年,加拿大公司向瑞士公司支付的颗粒状雷尼替丁价格在每千克1 512美元到1 651美元之间浮动。针对这一事实,加拿大税务局(CRA,以下简称"税务局")认为购买价格不合理,通过调增加拿大公司的所得,对其做出补征税款的决定。调增的所得是因为税务局认为加拿大公司与瑞士公司的购买交易不符合加拿大所得税法案69(2)部分中关于转让定价的规定。根据税务局的核定,加拿大公司的支付价款远高于同类厂商在公开市场购买雷尼替丁的价格(每千克194美元到304美元之间),违反了独立交易原则。

加拿大公司则认为,根据专利许可协议和特许销售善胃得的业务规则,支付给瑞士公司的价格是合理的。为了生产和销售善胃得,加拿大公司被要求必须从瑞士公司购买雷尼替丁,它无法在保留销售善胃得等其他一系列拥有专利和注册商标产品的情况下,从一般的供应商处购买雷尼替丁。

2. 案件经过

2.1 加拿大税务法庭之争

2008年,加拿大公司就税务局的决定向税务法庭(TCC)上诉。

加拿大公司认为一般制药厂的价格不可比。一是因为公司的实际经营环境与其他的一般公司是完全不同的,进而根据加拿大所得税法案69(2)部分的规定,其交易不可比;二是因为加拿大公司从瑞士公司购买的颗粒状雷尼替丁不同于一般市场上的雷尼替丁,前者的生产基于葛兰素集团制定的GMP(good manufacturing practices)和HSE(health,safety and environmental standards)两项标准。

税务法庭支持税务局补征税款的决定,认同其在决定购买价格的合理性时,专利许可协议是一项无关的因素,只考察购买交易本身,两项合同应当分开来看。

2.2 联邦上诉法院之争

2010年,加拿大公司不满税务法庭的审判结果,将案件上诉至联邦上诉法院(FCA)。

联邦上诉法院否定了税务局的决定和税务法庭的判决。法院认为,要决定转让价格,需要借助"理性商业人测试"来考量可比性分析中所谓的"合理的环境",即作为一个理性的商业人站在加拿大公司的角度,遇到类似情况是否会考虑专利许可协议的规定,是否会接受这样的购买定价。

联邦上诉法院认为专利许可协议属于"合理的环境"的考量因素之一,列举出在确定雷尼替丁的转让价格时必须考虑的与许可协议相关的五点情况:

(1)集团公司拥有善胃得商标,即使加拿大公司是一个符合独立交易原则的获许可人。

(2)善胃得的销售价格高于一般的雷尼替丁药物(溢价)。

(3)集团公司拥有雷尼替丁的专利,即使加拿大公司与其关系符合公平交易原则。

(4)如果没有该专利许可协议,加拿大公司无法使用雷尼替丁专利和善胃得商标。因此,在这些情况下,对加拿大公司而言唯一的可能性是进入一般的市场。而考虑到两个竞争对手(Apotex和Novopharm,税务局选取的一般性制药商的代表)已占据很好的市场地位,进入这一市场的成本将是很高的。

(5)如果没有许可协议,加拿大公司无权获取许可协议下其他已申请专利和注册商标的产品。

最终，联邦上诉法院并没有撤销税务法庭的判决，而是将案件发回税务法庭进行重审，要求税务法庭根据上述所列情况重新做出判决。

2.3 加拿大最高法院之争

2012年，税务局向最高法院提出上诉，理由为联邦上诉法院对加拿大所得税法案69(2)部分规定做出的解释在一定程度上与该条文的表达、内容和目的有所冲突，也与经合组织（OECD）的转让定价原则相违背。税务局表示，在转让定价的实践中，合理的分析仅需要针对购买协议找出雷尼替丁的公平交易价格，其他的因素不需要考虑。因此，关于"购买者是希望占有雷尼替丁的同类药品市场，还是希望占有其高端品牌市场""购买者是否根据某一许可证协议，被要求必须从特定的供应商处购买雷尼替丁"这两个问题并不重要，应忽略对专利许可协议的考虑。

随后，加拿大公司就案件向最高法院提起交相上诉，要求推翻撤回上诉法院将案件移交税务法庭重审的判决，应由最高法院做出最终的决定。

最高法院裁定认为，根据"合理的环境"、可比性标准和OECD转让定价指南的规定，在确定此案中所涉及的购买价格时必须考虑加拿大公司购买雷尼替丁是为了销售善胃得的这一事实，不能只参考一般的药品购买价格。公平交易价格的确定必须考量相关经济环境的影响，包括和采购交易有关的其他交易。

同时，最高法院驳回了税务局的上诉及葛兰素加拿大公司的交相上诉，宣布将此案件交回税务法庭进行重审。

案例使用说明

一、教学目的与用途

1. 教学用途：本案例适用于税务专业硕士的《国际税收筹划》《国际税收》等课程的教学。

2. 教学目标：通过课堂讨论、教师讲解、模拟法庭等多种教学方式，学生应当了解OECD转让定价指南，重点掌握可比性分析的内涵以及可比非受控价格法、再销售价格法、成本加成法等转让定价方法的适用情况，了解税务行政诉讼中的法律适用、基本流程等。

二、启发思考题

1. 加拿大公司签订的两个协议是否均具有合理的商业目的？两个合同之间的关系如何？

2. 加拿大公司整体享受到的权利有哪些？应履行的义务有哪些（支付的对价）？权利与义务是否对等？

3. 加拿大公司支付给瑞士公司以购买雷尼替丁的价格，与税务局选取的两个医药公司购买雷尼替丁的价格是可比的吗？

4. 特许权协议是否构成加拿大所得税法案中所提到的"合理的环境"？在衡量加拿大公司购买雷尼替丁的价格时，是否应该考虑该因素？

5. 联邦上诉法院和最高法院为何要把案件发回税务法庭重新审判？加拿大公司为何要向最高法院提起交相上诉，要求撤回联邦上诉法院之前将案件发回税务法庭重新审判的决定？

三、分析思路

（一）梳理案件中葛兰素史克相关公司的交易关系

见背景介绍部分。

（二）梳理案件各场诉讼的原告、被告及判决

1. 税务局对加拿大公司做出补税决定。

税务局认为，加拿大公司在采购雷尼替丁时向瑞士公司支付了过高的价款，远高于同类厂商在公开市场购买雷尼替丁的价格，违反了独立交易原则。

加拿大公司则认为，根据专利许可协议和特许销售善胃得的业务规则，支付给瑞士公司的价格是合理的。为了销售善胃得并占有市场，加拿大公司被要求必须从瑞士公司采购雷尼替丁。

最终，税务局要求加拿大公司补缴税款。

2. 税务法庭诉讼。

本次诉讼中，原告是加拿大公司，被告是税务局。

加拿大税务法庭认为，税务局关于转让定价的判决是基于生产同类商品厂商的价格做出的。税务法庭支持税务局补缴税款的决定。

3. 联邦上诉法院诉讼。

本次诉讼中,原告是加拿大公司,被告是税务局。

联邦上诉法院不认可加拿大公司上诉案件中税务法庭的裁决。联邦上诉法院认为为了正确判定转让定价,必须考虑"合理的环境",而许可协议即为"合理的环境"的一部分。同时,加拿大公司也没有履行自己的义务。联邦上诉法院采用了"理性商业人测试",即作为一个理性的商业人站在加拿大公司的角度,遇到类似状况是否会考虑专利许可协议的规定,是否会接受这样的购买定价。

联邦上诉法院确定了与许可协议相关的五种情况,这些情况是在确定雷尼替丁的转让价格时所必须考虑的:

(1)集团公司拥有善胃得商标,即使加拿大公司是一个符合独立交易原则的获许可人。

(2)善胃得销售价格远高于一般雷尼替丁药物。

(3)集团公司拥有雷尼替丁的专利,即使加拿大公司与其关系符合公平交易原则。

(4)如果没有该专利许可协议,加拿大公司无法使用雷尼替丁专利和善胃得商标。因此,在这些情况下,由于政府管制因素,进入加拿大市场是非常困难的,对加拿大公司而言唯一的可能性是进入一般的市场。而考虑到两个竞争对手已经占有了很好的市场地位,进入这一市场的成本将是很高的。

(5)如果没有许可协议,加拿大公司无权获取许可协议下其他已申请专利和注册商标的产品。

最终,联邦上诉法院并没有撤销税务法庭的判决,而是将案件发回税务法庭重审。

4. 最高法院诉讼。

这是一次交相上诉,税务局是主诉人。税务局提出上诉的理由是联邦上诉法院根据其法案解释的69(2)部分做出的判决,在一定程度上与该条文的表达、内容和目的都有所冲突,也与OECD转让定价指南相违背。加拿大公司对联邦上诉法院将案件移交回税务法庭的判决提出上诉。

最高法院认为,"合理的环境"这一术语,可比性标准和OECD转让定价指南意味着法院确定价格时必须考虑到加拿大公司购买雷尼替丁是为了销售善胃得,因此法院不能只看一般药品的价格。公平交易价格的确定必须考虑其相关经济环境的影响,包括和采购交易有关的其他交易。最终驳回了税务局和加拿大公司的上诉,将案件发回税务法庭重新判决。

(三)寻找法规依据,结合案例情况分析

本案的主要法律依据为加拿大所得税法案及 OECD 转让定价指南。由于 OECD 转让定价指南仅具有参考性,其中未被定义的部分应当参照加拿大所得税法案。

四、理论依据与分析

(一)加拿大所得税法案

加拿大所得税法案 69(2)部分规定:

> Where a taxpayer has paid or agreed to pay a non-resident person with whom the taxpayer was not dealing at arm's length as price, rental, royalty or other payment for or for the use or reproduction of any property, or as consideration for the carriage of goods or passengers or for other services an amount greater than the amount that would have been reasonable in the circumstances if the non-resident person and the tax payer had been dealing at arm's length, the reasonable amount shall, for the purpose of computing the taxpayer's income under this Part, be deemed to have been the amount that was paid or is payable therefore.

纳税人在不符合独立交易原则时以现金、租金和特许权使用费的形式支付或者同意支付给非居民纳税人任何财产或财产的使用权的价格,以及为货物运输或旅客运输以及其他服务支付的价格,高于纳税人和非居民纳税人满足独立交易原则时"合理的环境下"的价格,在按照本章的规定,应当以独立交易原则下合理的价格计算纳税人的收入。

(二)OECD 转让定价指南

OCED 转让定价指南在" D. Guidance for applying the arm's length principle"中规定:

D.1 Comparability analysis

D.1.1 Significance of the comparability analysis and meaning of "comparable"

1.33 Application of the arm's length principle is generally based on a comparison of the conditions in a controlled transaction with the conditions in transactions between independent enterprises. In order for such comparisons to be useful, the economically relevant characteristics of the situations being compared must be sufficiently comparable. To be comparable means that none of the differences (if any) between the situations being compared could materially affect the condition being examined in the methodology (e.g. price or margin), or that reasonably accurate adjustments can be made to eliminate the effect of any such differences. In determining the degree of comparability, including what adjustments are necessary to establish it, an understanding of how independent enterprises evaluate potential transactions is required. Detailed guidance on performing a comparability analysis is set forth in Chapter III.

1.36 In making these comparisons, material differences between the compared transactions or enterprises should be taken into account.

D.1.2 Factors determining comparability

1.38 Attributes or "comparability factors" that may be important when determining comparability include the characteristics of the property or services transferred, the functions performed by the parties (taking into account assets used and risks assumed), the contractual terms, the economic circumstances of the parties, and the business strategies pursued by the parties.

D.1 可比性分析

D.1.1 可比性分析的重要性以及"可比"的含义

1.33 独立交易原则的运用主要是基于对受控交易条件和独立交易条件的对比。为了使这样的比较有意义,可比对象和受控对象的相关经济特征必须充分可比。可比意味着可比对象和受控对象之间可能存在的差别对适用的独立交易方法没有任何实质性影响,或者可以通过一些合理准确的调整来消除这种差别带来的影响。要确定可比程度,以及需要进行哪些必要调整,必须了解独立企业如何评估潜在交易。可比性分析的具体指引详见第三章。

1.36 在进行可比性分析时,必须考虑可比性交易或可比性企业之间的实质性差异。

D.1.2 决定可比性的因素

1.38 决定可比性的特征或重要的"可比性因素"包括转让资产或服务的特点、各方的职能(考虑资产的使用和风险的承担)、合同条款、各方的经济环境及各方的经营战略。

(三) 分析

首先,根据加拿大所得税法案 69(2)部分,税务局认为,确定雷尼替丁的可比价格只包括与购买雷尼替丁相关的经济特征,而不包括销售善胃得的相关特征。但是最高法院认为,合理性标准要求对交易进行考量,而并不仅限于单个购买交易;税务局此前的判定未考虑许可协议及加拿大公司购买的雷尼替丁与同市场产品之间的差异性,过于严格。同时,一般的制药厂不能作为恰当的可比对象,因为一般的制药厂是主要生产商,与新产品生产相关的无形资产以及与无形资产相关的投资研发活动是由主要生产商承担的,而加拿大公司并不承担主要生产,而只是加工商。故一般的制药厂并不能反映出加拿大公司的商业实质。简言之,税务局并未选择合适的可比对象和可比价格。

其次,尽管 OECD 转让定价指南提出应当在单个交易的基础上适用独立交易原则,但是也补充说明这仅是建议,"某些情况下,单个交易之间非常相关,以至于在单个交易的基础上无法充分评估价格"。而在本案中,许可协议将相关的权益部分授予加拿大公司,直接影响了善胃得在市场上的销售以及加拿大公司的收益,因此属于"合理的环境"中的含义。

最后,根据加拿大之前的转让定价案例,在本案中加拿大公司的义务仅限于引证相关事实或法律来证明重新评估中的税收问题是错误的。最高法院判定,加拿大公司并未完成其义务。退一步说,即便加拿大公司完成了其作为纳税人的义务,联邦上诉法院及最高法院也有权将案件发回税务法庭重新审理。

五、关键点

本案有以下几个关键点：

1. 加拿大税务局选取的 Apotex 和 Novopharm 购买雷尼替丁的价格是否具有可比性？

2. "合理的环境"中是否要求考虑瑞士公司销售的雷尼替丁与一般的雷尼替丁之间的差别？是否要求考虑许可协议？

3. 加拿大公司在诉讼中是否完成了其作为纳税人的义务？

六、建议的课堂计划

为了使学生更加深入地从不同主体的角度理解该案例，建议采用模拟法庭的形式进行课程教学。教师提前将案例材料提供给学生，并将学生分为五组，分别代表加拿大公司、加拿大税务局、税务法庭、联邦上诉法院及最高法院，进行准备。在课堂上，按照如下流程进行教学：

1. 模拟法庭。加拿大公司、加拿大税务局、税务法庭、联邦上诉法院及最高法院各组依照税务局行政处罚、税务法庭诉讼、上诉法庭诉讼、最高法院交相诉讼等环节，分别发言陈述观点及质询，并由各级法庭的模拟法官分别宣判。

2. 观众提问。未参加模拟法庭各组的学生在各级法庭宣判后可以对该场诉讼的原告及被告提出问题。

3. 教师点评。教师结合案例背景和课堂情况，教师帮助学生梳理案件的脉络及分析框架，并对模拟法庭做出点评。

七、案例的建议答案以及相关法规依据

1. 加拿大公司签订的两个协议是否均具有合理的商业目的？两个合同之间的关系如何？

签订专利许可协议的原因主要有以下两个方面：

（1）若没有专利许可协议，加拿大公司无法利用原料加工出最终的目标产品，只能是一个与一般制药厂产品类似的无专利权的药品，即唯一的可能性是进入一般性市场，而考虑到两个竞争对手已经占有了很好的市场地位，进入这一市场的成本将是很高的。

（2）与其他国家相比，加拿大国内对专利和知识产权的保护制度欠缺，而政府的管制确很多，因此，在加拿大开展经营活动的风险更大；专利发明需要投入大量的人力财力物力，与一般的生产商相比，会要求更高的回报以弥补研发成本。在这种制度下，加拿大公司认识到了自主研发的困难性，没有选择自主研发。而在不自主研发的情况下，要想打进品牌药品市场，与集团公司签订许可协议是最好的选择。

签订购买协议是由于受到专利许可协议的约束，只能从指定供应商处购买原料，考虑到专利许可协议带来的种种好处，购买原料支付的较高价格属于在充分考量下所能接受的合理的价格，具有真实合理的商业目的。

2. 加拿大公司整体享受到的权利有哪些？应履行的义务有哪些（支付的对价）？权利与义务是否对等？（开放性问题）

加拿大公司享受到的权利主要有：

（1）使用葛兰素史克集团拥有的商标生产和销售善胃得。

（2）获得加工善胃得的技术支持。

（3）获取与加拿大卫生局监管相关的支持。

（4）市场营销支持。

（5）源于专利侵权发生的损失可获得赔偿。

应履行的义务主要有：

为专利权（整个专利有效期内）、商标和其他无形资产（用于分配注册商标产品善胃得的整个期间）的使用支付销售额的 6%，从指定供应商购买原料雷尼替丁，并支付每千克 1 500 美元的费用。

3. 加拿大公司支付给瑞士公司以购买雷尼替丁的价格，与税务局选取的两个医药公司购买雷尼替丁的价格是可比的吗？

不可比，理由如下：

（1）葛兰素加拿大公司的实际经营环境与 Apotex 和 Novopharm 是完全不同的，进一步根据加拿大所得税法案 69（2）部分来看，其交易不可比。

从商业实质上来说，Apotex 和 Novopharm 是主要生产商，与新产品生产相关的无形资产及与无形资产相关的投资研发活动是由主要生产商承担的，而加拿大公司并不负责主要生产，而只是加工商。故一般的制药厂并不能反映出加拿大公司的商业实质，两者不具有可比性的基础。

（2）从瑞士公司处购买的原料是在葛兰素集团制定的 GMP(good manufacturing practices)和 HSE(health, safety and environmental standards)的两个标准下生产出来的。而 Apotex 和 Novopharm 购买的雷尼替丁并不需要通过该类标准的审核，因此，两种雷尼替丁是存在差异的，不具有可比性的基础。

（3）善胃得的品牌效应对价格的影响很大，加拿大公司从瑞士公司购买的雷尼替丁以销售善胃得为目的，而 Apotex 和 Novopharm 购买的雷尼替丁只是为了销售一般的药品，两者不具有可比性。

更进一步地考虑许可协议，加拿大公司从瑞士公司购买雷尼替丁的交易和许可协议是紧密相连的，而按照许可协议的规定，在获取许可协议权利（如商标和专利使用权）的同时，也必须承担相应的义务，即只能从集团公司指定的经销商处购买雷尼替丁，并承担较高的支付价格。从这个角度而言，与许可协议紧密相连的交易与从 Apotex 和 Novopharm 处购买的交易不可比，价格也不可比。

加拿大最高法院的判决支持以上观点。

4. 特许权协议是否构成加拿大所得税法案中所提到的"合理的环境"？在衡量加拿大公司购买雷尼替丁的价格时，是否应该考虑该因素？

OECD 转让定价指南第 142 段并不像税务法庭主张的那样严格。

> 理想情况下，为了最精确地近似公平市场价格（fair market value），应当在单个交易的基础上适用独立交易原则（the arm's length principle）……某些情况下，单个交易之间非常相关，以至于在单个交易的基础上无法充分评估价格。

所以，尽管逐个交易的判断方法非常理想，但是指南本身也承认在某些情况下它并不合适。

更进一步来说，OECD 转让定价指南的第 1.15 段为应当何时考虑相关交易提供了指引：

> 独立交易原则一般适用于受控交易和独立交易的比较。为了使这种比较有意义，被比较的经济性关联的特征（economically relevant characteristics）应当是充分可比的。可比的意思是两种情况的差别（如果有的话）不能实质性地影响到交易（从价格或利润等的实践角度），或者可以通过合理的精确调整来消除差异的影响。

所以，为了适当地使用独立交易原则，应当考虑独立和非独立交易中的经济性关联的特征，以保证它们（指特征）充分可比。在没有相关的交易，或者相关交易不会影响判定案件中价格的合理性时，单个交易的办法是合适的。但是，"比较不同情况的经济性关联的特征"可能使考虑影响到转让定价的其他交易变得有必要。在所有情况中，通过考虑相关的情况（即经济性相关特征）以提出这一问题（单个交易的办法是否适用）是有必要的。

显然，通过许可协议，加拿大公司获得了与特许权相关的利益，并且相应地支付了较高的购买价格，许可协议属于"合理的环境"的内涵。

5. 联邦上诉法院和最高法院为何要把案件发回税务法庭重新审判？加拿大公司为何要向最高法院提起交相上诉，要求撤回上诉法院之前将案件发回税务法庭重新审判的决定？

如前所述，在本案中，税务局并未选择合适的可比对象和可比价格，而且许可协议将相关的权益部分授予了加拿大公司，直接影响了善胃得在市场上的销售及加拿大公司的收益，因此属于"合理的经济情形"。但是，根据之前加拿大的转让定价案例，在本案中加拿大公司的义务仅限于引证相关事实或法律来证明重新评估中的税收问题是错误的。所以，最高法院判定，加拿大公司并未完成其义务，需要发回税务法庭重审。退一步说，即便加拿大公司完成了其作为纳税人的义务，联邦上诉法院和最高法院也有权将案件发回税务法庭重新审理。

加拿大公司向最高法院提起交相上诉，是因为加拿大公司作为案件的相对方，有独立的不同的诉讼请求。加拿大公司要求撤回上诉法院之前将案件发回税务法庭重新审判的决定，则可能是出于诉讼效率的考虑，最高法院既然已对本案展开审理，就没有必要再交由税务法庭来重复处理。

税收征管

M 机械制造有限公司税务检查

樊 勇

摘 要：本案例以 M 机械制造有限公司为例，税务机关针对其申报的 2012—2015 年间的主营业务收入、应纳增值税、购销额及增值税进销项税额等数据，计算并分析了 M 机械制造有限公司各年的增值税负担、购进额占销售额的比例及增值税弹性等指标，发现其相关指标发生异常变动，合理推测纳税人存在的疑点，后结合被查单位行业特点，综合分析纳税人征管信息和经营情况后，采用获取并分析企业经营资料和外围取证等税务检查方法，使相关疑点得到确认，查明了纳税人少缴税款的违法事实，并根据相关法律规定对纳税人进行了处理（处罚）。本案例意在通过对来源于稽查工作实践的相关个案的分析，使学生更好地掌握税务稽查的基础理论及法律依据，同时对税务稽查的实践工作有一定程度的认识。

关键词：机械制造 增值税 偷漏税 税务检查

1. 公司基本情况

M 机械制造有限公司成立于 2004 年 12 月，为私营有限责任公司，主要生产除尘设备、矿山设备、冶金工业专用设备，是增值税一般纳税人。

该公司主要生产销售不同型号的静电除尘器，产品单台价值较高，生产安装周期较长，主要销往钢厂、球团厂、发电厂等灰尘污染较严重的企业。

销售均订立购销合同,散件运抵用户,由该公司负责运输及安装调试。采用"3331"结算方式(合同签订,收取30%预付款后,合同成立;设计完毕送达客户审阅后,开始购进原材料时再收取30%的款项;生产完成,准备发货或货物送达客户时再收取30%款项,留下总标的额的10%作为质量保证金,质量保证期到期时收取),以及一票制结算方式(送货上门及负责安装的费用和货款全部使用一张增值税应税票据结算)。

该公司没有安装资质,需另外与有安装资质的单位签订安装合同,由该公司与安装单位另行结算;该公司的财务账是纸质账;该公司目前有彩钢板厂房的在建工程。

2. 纳税申报数据

2.1 主营业务销售收入和应纳增值税

2012—2014年及2015年1—5月的主营业务销售收入及应纳增值税情况如表1和图1所示。

表1 2012—2014年及2015年1—5月主营业务销售收入及应纳增值税

(单位:元)

	主营业务收入(销售额)	应纳增值税
2012年	18 446 854.61	772 923.21
2013年	36 844 816.72	1 798 188.61
2014年	55 264 931.09	1 506 864.18
2015年1—5月	34 423 492.33	990 394.50

注:2013年同行业税收负担率为4%。

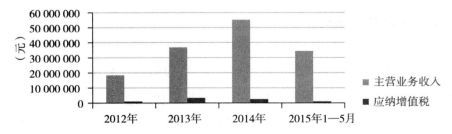

图1 2012—2014年及2015年1—5月主营业务销售收入及应纳增值税情况

2.2 购销情况

2012—2014 年及 2015 年 1—5 月的购销情况如表 2 和图 2 所示。

表 2　2012—2014 年及 2015 年 1—5 月购销情况

（单位：元）

	主营业务收入（销售额）	购进额
2012 年	18 446 854.61	20 000 000.00
2013 年	36 844 816.72	27 633 612.50
2014 年	55 264 931.09	48 080 490.00
2015 年 1—5 月	34 423 492.33	32 358 082.79

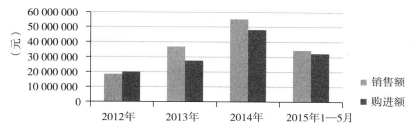

图 2　2012—2014 年及 2015 年 1—5 月购销情况

2012—2015 年各年 1—5 月的购销情况如表 3 和图 3 所示。

表 3　2012—2015 年各年 1—5 月购销情况

（单位：元）

	主营业务收入（销售额）	购进额
2012 年 1—5 月	2 314 085.43	4 923 586.02
2013 年 1—5 月	19 652 306.38	9 236 584.54
2014 年 1—5 月	21 353 580.87	13 025 684.33
2015 年 1—5 月	34 423 492.33	32 358 083.00

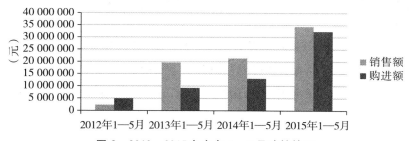

图 3　2012—2015 年各年 1—5 月购销情况

2.3 销项税额和进项税额

2013—2015 年各年 1—5 月的销项税额和进项税额情况如表 4 所示。

表 4 2013—2015 年各年 1—5 月销项税额和进项税额

(单位:元)

	销项税额	进项税额
2013 年 1—5 月	2 353 010	1 497 113
2014 年 1—5 月	2 424 405	2 023 270
2015 年 1—5 月	4 516 128	5 258 026

案例使用说明

一、教学目的与用途

1. 案例主要适用于"税务稽查"课程,也适用于"税收征管"等课程。

2. 本案例的教学目的在于通过对来源于稽查工作实践的相关个案的分析,使学生更好地掌握税务稽查的相关基础理论知识,同时对税务稽查的实践工作有一定程度的认识。

二、启发思考题

1. M 机械制造有限公司 2012—2015 年税收负担率及税收弹性值分别是多少?说明可能存在什么问题?

2. 若将 M 机械制造有限公司不同年度的数据进行比较分析,应该选择哪一年作为基期?

3. 根据第 1 题及第 2 题的结论,结合 M 机械制造有限公司的具体经营情况,可以合理推出 M 机械制造有限公司存在哪些问题?

4. 针对 M 机械制造有限公司存在的问题,应该运用什么样的方法来进行税务稽查?

三、分析思路

根据题目已知条件,通过分析 M 机械制造有限公司 2012—2015 年度增值税税收负担、增值税弹性,可以发现该企业 2014 年与 2015 年可能存在收入滞后、未足额确认收入或未按规定抵扣增值税等问题;再结合具体的检查程序,对相关问题予以核实,根据相应的法律法规进行处理(处罚)。

四、理论依据及分析

(一)申报数据分析

1. 增值税税收负担分析。

企业 2014 年及 2015 年 1—5 月税收负担率突然降低(见表 5)。以 2012 年为基期,2013 年、2014 年、2015 年 1—5 月的税负差异率分别为 16.5%、-34.84%、-31.26%,税负变动异常。

表 5 2012—2014 年及 2015 年 1—5 月增值税税收负担率

(单位:元)

	主营业务收入(销售额)	应纳增值税	增值税税收负担率
2012 年	18 446 854.61	772 923.21	4.19%
2013 年	36 844 816.72	1 798 188.61	4.88%
2014 年	55 264 931.09	1 506 864.18	2.73%
2015 年 1—5 月	34 423 492.33	990 394.50	2.88%

2. 购销分析。

由于该公司 2013 年的税收负担率为 4.88%,与同行业税收负担率 4% 相比,属于正常范围。因此将 2013 年购进额占销售额的比例(75%)作为基期(见表 6),比较发现,2014 年及 2015 年 1—5 月购进额占销售额的比例与基期差异很大,2015 年 1—5 月与基期的差距达到 19%,这说明 2014 年及 2015 年 1—5 月存在滞后确认收入的可能。

表 6 2012—2014 年及 2015 年 1—5 月购进额占销售额的比例

（单位：元）

	主营业务收入（销售额）	购进额	购进额占销售额的比例
2012 年	18 446 854.61	20 000 000.00	—
2013 年	36 844 816.72	27 633 612.50	75%
2014 年	55 264 931.09	48 080 490.00	87%
2015 年 1—5 月	34 423 492.33	32 358 082.79	94%

为增强数据分析的科学性和精确度，我们对该公司 2012—2015 年各年 1—5 月的购销数据进行进一步细化比较（见表 7）。

表 7 2012—2015 年各年 1—5 月购进额占销售额的比例

	主营业务收入（销售额）	购进额	购进额占销售额的比例
2012 年 1—5 月	2 314 085.43	4 923 586.02	—
2013 年 1—5 月	19 652 306.38	9 236 584.54	47%
2014 年 1—5 月	21 353 580.87	13 025 684.33	61%
2015 年 1—5 月	34 423 492.33	32 358 082.79	94%

比较发现，该企业各年同期数据差异较大，说明该企业在确认收入的时间上存在问题，不符合持续、稳定经营的经营常规。

3. 增值税弹性分析。

该企业两个测算期间的增值税弹性差异较大（见表 8），表明其测算期间的购销情况存在异常。

表 8 增值税弹性

（单位：元）

测算期间	基期销项税额	比较期销项税额	销项增长速度	基期进项税额	比较期进项税额	进项增长速度	增值税弹性
2014 年 1—5 月	2 353 010	2 424 405	3%	1 497 113	2 023 270	35%	9%
2015 年 1—5 月	2 424 405	4 516 128	86%	2 023 270	5 258 026	160%	54%

通过以上的分析可以看出，该企业 2014 年及 2015 年存在收入滞后、未足

额确认收入或未按照规定抵扣增值税等问题。

（二）经营情况分析

通过对 M 机械制造有限公司经营情况的分析，结合申报数据分析结果，可以认为该公司可能存在以下几方面问题：

（1）该公司产品生产安装周期较长，可能存在滞后确认收入的问题。

（2）该公司销售货物负责运输，可能存在以代开的运费发票结算货款或虚拟运输业务取得运输发票抵扣税款的问题。

（3）该公司近期有在建工程建设，可能存在在建工程耗用物资抵扣税款的问题。

（三）检查方法

1. 获取企业经营资料。

具体包括以下四方面的经营资料：一是从财务部门获取账簿、凭证、报表等涉税资料；二是从销售部门获取销售合同、安装合同、发货记录等原始资料；三是从生产部门获取企业的排产计划、材料采购计划、产品入库情况等资料，并盘点库存产成品和原材料；四是由技术检查人员调取企业的财务、销售、生产部门的电子资料。

2. 分析核对获取的经营资料。

以申报数据分析环节分析出的涉税疑点为切入点，从购销合同的签订、预收款收取到产品的生产计划，从组织生产、发货、安装到开票、结算，从各部门的电脑记录到具体的财务核算，逐一进行勾稽对比。

3. 外围取证。

就发现的涉税疑点询问该公司相关人员。

（四）检查结果

检查发现，该企业存在以下情况：以实际收款金额而非合同标注金额确认收入、超出合同所载销售金额收款、"设计服务费"具体业务不清、预收账款长期存在较大余额、账实不符、部分货物发出较长时间却未确认收入等。经过外围取证，查实该企业存在以下涉税违法问题：

（1）该公司向 P 市某冶炼公司、N 市某地产发展有限责任公司、T 市某钢铁公司等 12 家企业销售货物，但未按规定时间确认收入，应补缴增值税 5 729 229 元。

（2）该公司向 T 市某钢铁公司等 4 家企业销售产品时,利用建安发票、地税统一发票分解收入,应补缴增值税 600 085 元。

（3）该公司购进彩钢板厂房用于在建工程申报抵扣进项税 219 402 元,应补缴增值税 219 402 元。

（4）该公司取得假运费发票 3 份,申报抵扣进项税 8 544 元,应补缴增值税 8 544 元。

（五）处理（处罚）结果及依据

（1）依据《中华人民共和国增值税暂行条例》第一条、第六条第一款及其《实施细则》第三十三条、《国家税务总局关于纳税人销售自产货物提供增值税劳务并同时提供建筑劳务征收流转税问题的通知》（国税发〔2002〕117 号）第一条、《财政部国家税务总局关于增值税若干问题的通知》（财税〔2005〕165 号）第一条之规定,查补增值税 6 329 314 元。

（2）依据《中华人民共和国增值税暂行条例》第十条第一款及《东北地区扩大增值税抵扣范围若干问题的规定》（财税〔2004〕156 号）第四条之规定,查补增值税 219 402 元。

（3）依据《中华人民共和国增值税暂行条例》第九条、《中华人民共和国发票管理办法》第二十二条之规定,查补增值税 8 544 元。

（4）以上合计查补增值税 6 557 260 元。依据《中华人民共和国税收征收管理法》第三十二条之规定,从滞纳税款之日起,按日加收滞纳税款万分之五的滞纳金。

五、关键点

1. 逐层分析加外围调查的方法,准确锁定疑点。
2. 检查环节和分析环节衔接紧密,准确查实问题。

六、建议的课堂计划

课堂安排	时间分配
学生阅读案例	5 分钟
学生自由讨论	10 分钟

（续表）

课堂安排	时间分配
学生对案例发表意见	5分钟
老师讲解案例	20分钟
学生针对案例提问，老师答疑	5分钟

七、案例的建议答案以及相关法律依据

（一）建议答案

1. M机械制造有限公司2012—2015年税收负担率及税收弹性值分别是多少？说明可能存在什么问题？

2012年、2013年、2014年、2015年1—5月税收负担率分别为4.19%、4.88%、2.73%、2.88%，企业2014年及2015年1—5月税收负担率突然降低。以2012年为基期，2013年、2014年、2015年1—5月的税负差异率分别问16.5%、-34.84%、-31.26%，税负变动异常。2014年1—5月增值税弹性为9%，2015年1—5月增值税弹性为54%。该企业两个测算期间的增值税弹性差异较大，表明其测算期间的购销情况存在异常。

2. 若将M机械制造有限公司不同年度的数据进行比较分析，应该选择哪一年作为基期？

选择2012年作为基期。

3. 根据第1题及第2题的结论，结合M机械制造有限公司的具体经营情况，可以合理推出M机械制造有限公司存在哪些问题？

该公司产品生产安装周期较长，可能存在滞后确认收入的问题；该公司销售货物负责运输，可能存在以代开的运费发票结算货款或虚拟运输业务取得运输发票抵扣税款的问题；该公司近期有在建工程建设，可能存在在建工程耗用物资抵扣税款的问题。

4. 针对M机械制造有限公司存在的问题，应该运用什么样的方法来进行税务稽查？

运用获取企业经营资料、分析核对获取的经营资料、外围取证等。

（二）案例相关法律依据

（1）依据《中华人民共和国增值税暂行条例》第一条、第六条第一款及其《实施细则》第三十三条、《国家税务总局关于纳税人销售自产货物提供增值税劳务并同时提供建筑劳务征收流转税问题的通知》（国税发〔2002〕117号）第一条、《财政部国家税务总局关于增值税若干问题的通知》（财税〔2005〕165号）第一条之规定，查补增值税 6 329 314 元。

（2）依据《中华人民共和国增值税暂行条例》第十条第一款及《东北地区扩大增值税抵扣范围若干问题的规定》（财税〔2004〕156号）第四条之规定，查补增值税 219 402 元。

（3）依据《中华人民共和国增值税暂行条例》第九条、《中华人民共和国发票管理办法》第二十二条之规定，查补增值税 8 544 元。

（4）以上合计查补增值税 6 557 260 元。依据《中华人民共和国税收征收管理法》第三十二条之规定，从滞纳税款之日起，按日加收滞纳税款万分之五的滞纳金。

R 公司转让定价特别纳税调整案

刘天永

摘　要：B 市国税局直属分局第四税务所对 R 公司 2003 年至 2006 年的关联交易情况实施跟踪调查，并于 2009 年 12 月 31 日向 R 公司送达了《B 市国税局直属税务分局转让定价调查调整通知书》，决定：(1) 以 R 公司仅为简单加工制造企业且不实际承担固定资产清理和存货损失风险为由，将 R 公司在 2003 年度税前列支的税款所属期为 2000 年、2001 年的固定资产清理和存货损失共计 62 728 170.78 元分别对应调增 R 公司 2000 年度应纳税所得额 21 494 543.78 元、2001 年度应纳税所得额 32 699 286.40 元；(2) 对 R 公司 2003 年至 2006 年适用的完全成本加成率中位值，调增应纳税所得额共计 162 082 741.23 元。本次 B 市国税局直属分局第四税务所对 R 公司 2003 年至 2006 年累计调增应纳税所得额 216 276 571.41 元，涉及补缴所得税款 28 896 800.69 元。2010 年 1 月 5 日，R 公司收到调查决定后于 2010 年 1 月 18 日缴清税款。2010 年 3 月 3 日，R 公司向 B 市国税局直属分局提请行政复议，请求撤销 B 市国税局直属分局第四税务所对 R 公司的转让定价调整通知书。税企双方就资产减值损失及转让定价纳税调整存在争议。

关键词：转让定价　特别纳税调整　资产损失风险承担　税务行政复议

1. 案件基本信息

涉案企业：R 公司，成立于 1991 年 12 月 1 日，是一家位于 B 市 S 区的中外合资企业。

经营范围：集成电路及大规模集成电路产品的制造、销售和售后服务。

案件类型：转让定价特别纳税调整。

涉案金额：税款 36 509 965.32 元。

2. 案件详情

1998 年至 2002 年，B 市国税局直属税务分局第四税务所对 R 公司与关联企业间的业务往来情况进行了转让定价调查，并对这一期间关联交易应纳税所得额进行了相应调整。2003 年至 2006 年是 R 公司 1998 年至 2002 年转让定价调查的跟踪调查期。

从 2008 年开始，B 市国税局直属分局第四税务所对 R 公司 2003 年至 2006 年的关联交易情况实施跟踪调查，并于 2009 年 7 月 31 日送达了《B 市国税局直属税务分局转让定价调查初步调整通知书》（B 国税直税初调〔2009〕001 号）。通知书调增应纳税所得额共计 214 041 699.86 元，应补缴企业所得税共计 29 624 070.69 元。

《B 市国税局直属税务分局转让定价调查初步调整通知书》（B 国税直税初调〔2009〕001 号）如下所示：

B 市国家税务局直属税务分局

B 市国税局直属税务分局
转让定价调查初步调整通知书
B 国税直税初调〔2009〕001 号

R 公司：

　　经调查，你企业自 2003 年至 2006 年纳税年度，违反《中华人民共和国企业所得税法》及其实施条例和《中华人民共和国税收征收管理法》及其实施细则关于特别纳税调整的有关规定,初步调增你企业应纳税所得额 214 041 699.86 元,应补企业所得税 29 624 070.69 元。

若你企业对上述初步调整意见有异议,请你企业收到本通知书之日起七日内书面报送我局,逾期视为弃权处理,我局将按税收法律法规的有关规定实施纳税调整。

特此通知。

B 市国税局直属税务分局
第四税务所(公章)
2009 年 7 月 31 日

R 公司:

经过对你公司 2003—2006 年度与有关联企业间的业务往来情况的审计,确认你公司未按独立企业间业务往来收取或支付价款,存在转让定价问题,根据原《中华人民共和国外商投资企业和外国企业所得税法》第十三条及其实施细则第五十六条的有关规定,参照 1998—2002 年度调整方法,先将我局对你公司的初步调整意见通知如下:

你公司 2003 年度利润总额为 -99 110 730.34 元,经注册会计师调整确认的应纳税所得额 -151 231 709.41 元,经我局转让定价调查审计,你公司 2003 年度应纳税所得额中列有所属 2000 年度和 2001 年度财产损失 62 728 170.78 元,调增 2003 年度应纳税所得额 62 728 170.78 元,调整后 2003 年度应纳税所得额为 -88 503 538.63 元,累计应纳税所得额 -239 445 277.57 元。

同理相应调减 2000 年度应纳税所得额 21 494 543.78 元,调减 2001 年度应纳税所得额 41 233 627.00 元,因你公司为简单加工制造企业,仅应承担有限风险,因此该损失应由技术所有者给予一定补偿,分别调增 2000 年度和 2001 年度应纳税所得额 10 962 217.33 元和 21 029 149.77 元，2000 年度和 2001 年度累计应纳税所得额分别为 56 070 228.50 元和-23 425 064.38 元。2000 年度应纳企业所得税 6 728 427.42 元，因企业已缴纳企业所得税 7 992 306.60 元，应退企业所得税-1 263 879.17 元，2001 年度累计应纳税所得额-23 425 064.38 元可依法在以后 5 年内连续抵补。

你公司 2004 年度利润总额为 51 092 927.63 元，经注册会计师调整确认的应纳税所得额 46 514 416.26 元，经我局转让定价调查审计调增应纳税所得额 35 800 761.39 元，调整后 2004 年度应纳税所得额为 82 315 177.65 元，累计应纳税所得额-157 130 099.92 元。

你公司 2005 年度利润总额为 60 558 858.26 元，经注册会计师调整确认的应纳税所得额 54 532 320.72 元，经我局转让定价调查审计调整应纳税所得额 88 077 884.35 元，调整后 2005 年度应纳税所得额为 142 610 205.07 元，累计应纳税所得额-14 519 894.85 元。

你公司 2006 年度利润总额为 81 535 184.50 元，经注册会计师调整确认的应纳税所得额 85 047 998.94 元，经我局转让定价调查审计调整应纳税所得额 58 171 687.02 元，调整后 2006 年度应纳税所得额为 143 219 685.96 元，累计应纳税所得额 128 699 791.11 元。适用税率 24%，应补缴企业税 30 887 949.87 元，扣除应退 2000 年度所得税 1 263 879.11 元，应补缴企业所得税 29 624 070.69 元。

综上所述，对你公司 2003—2006 年度共计调增纳税所得额 214 041 699.86 共计应补缴企业所得税 29 624 070.69 元。

若你公司对上述初步调整意见有异议，请你公司法人代表或负责人在收到本通知书(签收)之日七日内书面上报我局，逾期视为弃权处理，我局将按税收法律法规有关规定实施调整。

特此通知。

企业签收人：×××

签收日期：2009 年 7 月 31 日

2009年11月18日,B市国税局直属分局第四税务所再次送达了《B市国税局直属税务分局转让定价调查初步调整通知书》(B国税直税初调〔2009〕002号),废止B国税直税初调〔2009〕001号文件,调增应纳税所得额共计244 778 503.54元,应补缴企业所得税共计36 509 965.32元。

《B市国税局直属税务分局转让定价调查初步调整通知书》(B国税直税初调〔2009〕002号)如下所示:

B市国家税务局直属税务分局

B市国税局直属税务分局
转让定价调查初步调整通知书

B国税直税初调〔2009〕002号

R公司:

通过对你公司2003—2006年度与有关企业间的业务往来情况的审计,确认你公司未按独立企业间业务往来收取或支付价款,存在转让定价问题,我局曾送达B国税直税初调〔2009〕001号文件通知你公司初步调整意见,之后又发现相关证据,因此B国税直税初调〔2009〕001号文件废止。根据原《中华人民共和国外商投资企业和外国企业所得税法》第十三条及其实施细则以及《中华人民共和国税收征收管理法》第三十六条及其实施细则的有关规定,现再次将我局对你公司的初步调整意见通知如下:

你公司2003年度利润总额为-99 110 730.34元,经注册会计师调整确认的应纳税所得额-151 231 709.41,经我局转让定价调整调查审计,你公司2003年度应纳税所得额中列有所属2000年度和2001年度财产损失62 728 170.78元,调增2003年度应纳税所得额62 728 170.78元,调整后2003年度应纳税所得额为-88 503 538.63元,同理相应调减2000年度应纳税所得额21 494 543.78元,调减2001年度应纳税所得额41 233 627.00元。

上述财产损失为市场原因造成,而你公司为简单加工制造企业,仅应承担有限风险,因此该损失不应由你公司承担,故在上述调整的基础上再分别调增 2000 年度和 2001 年度应纳税所得额 21 494 543.78 元和 41 233 627.00 元。2000 年度和 2001 年度累计应纳所得额分别为 66 602 554.96 元和 -3 220 587.15 元,2003 年度累计应纳税所得额为 -216 020 213.19 元。

你公司 2004 年度利润总额为 51 092 927.63 元,经注册会计师调整确认的应纳税所得额 46 514 416.26 元,经我局转让定价调查审计调增应纳税所得额 35 800 761.39 元,调整后 2004 年度应纳税所得额为 82 315 177.65 元,累计应纳税所得额 -133 705 035.54 元。

你公司 2005 年度利润总额为 60 558 858.26 元,经注册会计师调整确认的应纳税所得额 54 532 320.72 元,经我局转让定价调查审计调整应纳税所得额 88 077 884.35 元,调整后 2005 年度应纳税所得额为 142 610 205.07 元,累计应纳税所得额 8 905 169.53 元,适用税率 24%,应补缴企业所得税 2 137 240.69 元。

你公司 2006 年度利润总额为 81 535 184.50 元,经注册会计师调整确认的应纳税所得额 85 047 998.94 元,经我局转让定价调查审计调整应纳税所得额 58 171 687.02 元,调整后 2006 年度应纳税所得额为 143 219 685.96 元,累计应纳税所得额 143 219 685.96 元。适用税率 24%,应补缴企业税 34 372 724.63 元。

综上所述,对你公司 2003—2006 年度共计调增纳税所得额 244 778 503.54 元,共计应补缴企业所得税 36 509 965.32 元。

若你公司对上述初步调整意见有异议,请你公司法人代表或负责人在收到本通知书(签收)之日七日内书面上报我局,逾期视为弃权处理,我局将按税收法律法规有关规定实施调整。

特此通知。

B 市国税局直属税务分局
第四税务所(公章)
2009 年 11 月 18 日

企业签收人:×××

签收日期:2009 年 11 月 18 日

2009年12月31日，B市国税局直属分局第四税务所向R公司签发了《B市国税局直属税务分局转让定价调查调整通知书》（B国税直税四税调〔2009〕002号），废止了B国税直税初调〔2009〕001号文件和B国税直税初调〔2009〕002号文件。其中：（1）将R公司2003年税前列支的应归属于2000年、2001年的固定资产清理和存货损失62 728 170.78元予以应纳税所得额调增处理，并追溯调减了2000年、2001年应纳税所得额合计62 728 170.78元；但又以"R公司为简单加工制造企业，仅应承担有限风险"为由，对该62 728 170.78元损失分别调增2000年应纳税所得额21 494 543.78元、2001年应纳税所得额32 699 286.4元。（2）对R公司2003年至2006年适用的完全成本加成率中位值，调增应纳税所得额共计162 082 741.23元。本次B市国税局直属分局第四税务所对R公司2003年至2006年累计调增应纳税所得额216 276 571.41元，涉及补缴所得税款28 896 800.69元。2010年1月5日，R公司收到该通知书后于2010年1月18日缴清税款。

《B市国税局直属税务分局转让定价调查调整通知书》（B国税直税四税调〔2009〕002号）如下所示：

B市国家税务局直属税务分局

B市国税局直属税务分局
转让定价调查调整通知书

B国税直税四税调〔2009〕002号

R公司：

通过对你公司2003—2006年度与有关企业间的业务往来情况的审计，确认你公司未按独立企业间业务往来收取或支付价款，存在转让定价问题，根据原《中华人民共和国外商投资企业和外国企业所得税法》第十三条及其实施细则，以及《中华人民共和国税收征收管理法》第三十六条及其实施细则的有关规定，现将我局对你公司的调整意见通知如下：

企业2003年度利润总额为-99 110 730.34元,经注册会计师调整确认的应纳税所得额-151 231 709.41,经我局转让定价调查审计,企业2003年度应纳税所得额中列有所属2000年度和2001年度财产损失62 728 170.78元,调增2003年度应纳税所得额62 728 170.78元,调整后2003年度应纳税所得额为-88 503 538.63元,同理相应调减2000年度应纳税所得额21 494 543.78元,调减2001年度应纳税所得额41 233 627.00元。

上述财产损失为市场原因造成,而你公司为简单加工制造企业,仅应承担有限风险,因此该损失不应由企业全部承担,故在上述调整的基础上再对存货分别调增2000年度和2001年度应纳税所得额21 494 543.78元和6 170 601.19元。并按2001—2003年度关联销售占总收入的3年平均比例75.66%,对固定资产损失35 063 025.66元进行调整,调增2001年度应纳税所得额26 528 685.21元,调整后2000年度和2001年度累计应纳税所得额分别为66 602 554.96元和-11 754 927.75元,2003年度累计应纳税所得额为-227 774 140.94元。

企业2004年度利润总额为51 092 927.63元,经注册会计师调整确认的应纳税所得额46 514 416.26元,经我局转让定价调查审计调增应纳税所得额35 383 375.19元,调整后2004年度应纳税所得额为81 897 791.45元,累计应纳税所得额-145 876 349.49元。

企业2005年度利润总额为60 558 858.26元,经注册会计师调整确认的应纳税所得额54 532 320.72元,经我局转让定价调查审计调整应纳税所得额80 643 787.89元,调整后2005年度应纳税所得额为135 176 108.61元,累计应纳税所得额-10 700 240.88元。

企业2006年度利润总额为81 535 184.50元,经注册会计师调整确认的应纳税所得额85 047 998.94元,经我局转让定价调查审计调整应纳税所得额46 055 578.15元,调整后2006年度应纳税所得额为131 103 577.21元,累计应纳税所得额120 403 336.21元。适用税率24%,应补缴企业税28 896 800.69元。

综上所述,对企业 2003—2006 年度共计调增纳税所得额 216 276 571.41元,共计应补缴企业所得税 28 896 800.69 元。

限你企业自收到本通知之日起15天内,向B市国税局直属税务分局负责税款征收部门缴纳上述税款,逾期未缴纳税款的,从滞纳税款之日起,按日加收滞纳税款万分之五的滞纳金。

B 市国税局直属税务分局

第四税务所(公章)

2009 年 12 月 31 日

告知:你企业如对本通知书调整纳税方面有异议,必须先依照本通知书决定缴纳或解缴税款、利息及滞纳金,或者提供相应的担保,并自收到本通知之日起 60 日内向 B 市国税局直属税务分局申请行政复议。

企业签收人:×××

签收日期:2010 年 1 月 5 日

2000—2006 年转让定价调查调整表

年份	利润总额	应纳税所得额	调整的应纳税所得额			调整后应纳税所得额	累计应纳税所得额	适用税率	应补退税款
			调增	调减	合计				
2000	12 983 399.82	66 602 554.96	21 494 543.78	21 494 543.78	0.00	66 602 554.96	66 602 554.96	12%	0.00
2001	−237 355 722.12	−3 220 587.15	32 699 286.40	41 233 627.00	−8 534 340.60	−11 754 927.75	−11 754 927.75	12%	0.00
2002					0.00		−139 270 602.31		
2003	−99 110 730.34	−151 231 709.41	62 728 170.78		62 728 170.78	−88 503 538.63	−227 774 140.94	24%	
2004	51 092 927.63	46 514 416.26	35 383 375.19		35 383 375.19	81 897 791.45	−145 876 349.49	24%	
2005	60 558 858.26	54 532 320.72	80 643 787.89		80 643 787.89	135 176 108.61	−10 700 240.88	24%	
2006	81 535 184.50	85 047 998.94	46.055 578.15		46 055 578.15	131 103 577.09	120 403 336.21	24%	28 896 800.69
合计			279 004 742.19	62 728 170.78	216 276 571.41				28 896 800.69

注1:2001年度固定资产损失按照2001—2003年度关联销售收入占总收入的3年平均比例75.66%进行调整,75.66%=(94.2%+67.6%+65.2%)/3,即固定资产调整额=固定资产损失×关联销售收入占总收入的比例≈35063025.66×17.66%=75.85≈26528685.21

2001年度损失调整额=存货损失+固定资产调整额=6 170 601.19+26 528 685.21=32 699 286.4

> 2000年度损失21 494 543.78全部为存货损失,全额调整。
>
> 注2:本次调整数2002年度累计应纳数所得额为-127 515 674.56,本次调整后2001年度应纳税所得额-11 754 927.75,因此2002年度累计应纳税所得额为-139 270 602.31。

2010年3月3日,R公司向B市国税局直属分局提请行政复议,请求撤销B市国税局直属分局第四税务所对R公司的转让定价调整通知书(B国税直税四税调〔2009〕002号)。2010年3月11日,B市国税局直属分局向R公司送达了《受理复议通知书》(税复受字〔2010〕第01号),受理R公司的复议申请。2010年4月29日,B市国税局直属分局行政复议委员会向R公司送达《决定延期通知书》(税复延字〔2010〕第01号),决定延期至2010年6月2日做出复议决定。

《受理复议通知书》(税复受字〔2010〕第01号)如下所示:

B市国家税务局直属税务分局

受理复议通知书

税复受字〔2010〕第01号

R公司:

R公司不服B市国家税务局直属税务分局第四税务所2009年12月31日做出的《B市国家税务局直属税务分局转让定价调查调整通知书》(B国税直税四税调〔2009〕002号)的复议申请收悉,经审查,决定自收到复议申请书之日2010年3月5日起予以受理。

B市国税局直属税务分局

(行政复议专用章)

2010年3月11日

《决定延期通知书》(税复延字〔2010〕第 01 号)如下所示:

B 市国家税务局直属税务分局

决定延期通知书

税复延字〔2010〕第 01 号

R 公司：

　　R 公司不服 B 市国家税务局直属税务分局第四税务所 2009 年 12 月 31 日做出的《B 市国家税务局直属税务分局转让定价调查调整通知书》(B 国税直税四税调〔2009〕002 号)提出的复议申请，本机关已于 2010 年 3 月 5 日受理，由于情况复杂，不能在法定期限内做出行政复议决定。根据《中华人民共和国行政复议法》第三十一条的规定，行政复议决定延期至 2010 年 6 月 2 日做出。

B 市国家税务局直属税务分局行政复议委员会
行政复议专用章
2010 年 4 月 29 日

---

3. 各方观点

　　B 市国税局直属分局第四税务所认为，R 公司 2002 年、2003 年的财产损失是市场原因造成的，R 公司是简单加工制造企业，仅应承担有限风险，因此该损失不应由企业全部承担。2003 年至 2006 年 R 公司关联交易利润水平低于独立交易原则下的同行业利润水平，应当对其 2003 年至 2006 年的应纳税所得额进行调整。

　　R 公司认为，B 市国税局直属分局第四税务所在跟踪调查期间选取可比公司时没有遵循正式调查期间确立的可比公司选取原则，所依据的利润水平未充分考虑各方面因素的影响,不具有可比性。2001 年发生的固定资产损失是与正常生产经营活动直接相关并可以在税前扣除的,对 2000 年和 2001 年发生的存货损失进行的转让定价调整不应影响 2003 年的应纳税所得额。

4. 争议焦点

本案的争议焦点在于:

B 市国税局直属分局第四税务所是否有义务公开实际采用的可比数据资料;B 市国税局直属分局第四税务所纳税调整所依据的行业利润水平是否合理;B 市国税局直属分局第四税务所能否对已获批复的财产损失重新实施调整。

案例使用说明

一、教学目的与用途

1. 本案例主要适用于税务专业硕士的"税务管理专题""税务稽查专题"及"中国税制专题"等课程。

2. 本案例的教学目的:介绍境内企业实施转让定价的主要方法,以及税务机关对企业实施转让定价特别纳税调查调整的案件,理解我国转让定价税制的基本规定及税企双方的权利义务,并介绍企业如何有效地解决转让定价税务争议。

二、启发思考题

1. B 市国税局直属分局第四税务所是否有义务公开实际采用的可比数据资料?

2. B 市国税局直属分局第四税务所纳税调整所依据的行业利润水平是否合理?

3. B 市国税局直属分局第四税务所能否对已获批复的财产损失重新实施调整?

4. B 市国税局直属分局第四税务所如何承担举证责任?

三、理论依据与分析

（一）B 市国税局直属分局第四税务所应当公开可比数据资料，并承担举证责任

可比数据信息资料属于转让定价调整的核心证据。根据我国以往及现行的转让定价税制，税务机关在转让定价调整中既要判定企业在交易中的价格及利润水平低于同行业，还要通过可比数据确定企业合理的价格利润水平，并据此进行转让定价调整。而在转让定价调整这一具体行政行为中，可比数据信息的主要作用是作为计算最终调整的依据，其数值的多少直接影响企业最终的经济利益和纳税义务，所以这也是 B 市国税局直属分局第四税务所进行转让定价调整的核心证据。

税务机关可以使用"非公开信息资料"，但并不可以不承担举证责任。根据《特别纳税调整实施办法（试行）》（国税发〔2009〕2 号）第三十七条之规定，税务机关应选用本办法第四章规定的转让定价方法分析、评估企业关联交易是否符合独立交易原则，分析评估时可以使用公开信息资料，也可以使用非公开信息资料。此处所谓公开或不公开，针对的是信息资料本身的特性描述，该规定并未赋予税务机关在转让定价调整时不履行明示告知义务这一权利。而根据我国行政法律法规的规定，在具体行政行为中，行政机关必须履行举证责任。B 市国税局直属分局第四税务所不向企业公开可比数据信息资料的行为已造成该具体行政行为核心证据的"举证不能"。《税务行政复议规则》第五十三条规定，在行政复议中，被申请人对其做出的具体行政行为负有举证责任。《税务行政复议规则》第六十一条规定，申请人和第三人可以查阅被申请人提出的书面答复、做出具体行政行为的证据、依据和其他有关材料，除涉及国家秘密、商业秘密或个人隐私外，行政复议机关不得拒绝。本次 B 市国税局直属分局第四税务所在对 R 公司进行的 2003 年至 2006 年的转让定价调整时，自始至终未向 R 公司公开调整所采用的可比数据信息资料，并最终导致 B 市国税局直属税务分局第四税务所在此次具体行政行为中未履行举证责任。《中华人民共和国行政复议法》第二十八条第三款规定，具体行政行为的主要事实不清、证据不足的，应当撤销、变更或确认该具体行政行为违法。

综上，B市国税局直属分局第四税务所在对R公司公司做出转让定价调整时，未向企业公开可比数据信息资料，使得其调整依据缺乏足够的证明力，在实际上造成了举证责任的未完全履行，并直接导致该具体行政行为的合法性存在重大瑕疵。此外，在行政复议阶段，B市国税局直属分局第四税务所应当提交当初做出转让定价调整的证据、依据和其他有关材料，以充分证明其调整行为的合法性，而即便B市国税局直属分局第四税务所在转让定价调整阶段未向R公司公开其所采用的信息资料，R公司在行政复议阶段仍有权利依法查阅B市国税局直属分局第四税务所在对R公司转让定价调整时所采取的信息资料，B市国税局直属分局第四税务所有义务及时提供相关信息资料。

（二）B市国税局直属分局第四税务所依据的行业利润水平过高，可比性不足

本案中，B市国税局直属分局第四税务所对R公司进行过1998年至2002年、2003年至2006年两次转让定价调查及调整。《国家税务总局关于加强转让定价跟踪管理有关问题的通知》（国税函〔2009〕188号）第一条规定，2008年1月1日以后结案的转让定价调整案件，税务机关应自企业被调整的最后年度的下一年度起5年内实施跟踪管理。R公司1998年至2002年之间的转让定价调查于2008年1月10日结案，因此其2003年至2006年的调整属于跟踪管理期内的调整。而B市国税局直属分局第四税务所对R公司在转让定价跟踪期内的调整与之前的调整差异较大，从行政执法的合理性、转让定价的基本原理、行业发展状况分析及通过公共数据多次筛选查验来看，B市国税局直属分局第四税务所采用的行业利润率水平过高，且与R公司不具有可比性。

（1）B市国税局直属分局第四税务所违背了行政执法的合理性原则。

合理性原则是我国行政执法的基本原则之一，要求具体行政机关要秉承公平公正原则、并充分考虑相关因素原则和比例原则。一方面公平、公正原则要求行政机关平等对待行政相对人，即相似情况下的相似对待。R公司在调查期（1998年至2002年）和跟踪期（2003年至2006年）内，相关的内部和外部环境未有重大变动，在此前提下，同一纳税人在相对相似情况下受到了两次差异巨大的利润水平调整，明显违背了公平、公正原则。另一方面考虑相关因素原则要求行政机关行使行政自由裁量权时，只能考虑符合立法授权目的的各种因

素,不得考虑不相关因素。转让定价由于其原理的特殊性,在一定程度上税务机关具有较大的自由裁量权,据此,税务机关应当慎重考虑各类相关因素。

(2) B 市国税局直属分局第四税务所违背了转让定价的可比性原理。

根据转让定价的可比性原理,具有高度可比性的独立企业其定价价格、利润水平应当相近。R 公司在 1998 年至 2002 年和 2003 年至 2006 年间,在执行的功能、承担的风险、使用的资产,所处的行业和市场情况,经营规模,经济周期和产品生命周期,成本、费用、所得和资产在各交易间的分摊,会计处理及经营管理效率等方面并未发生重大变动。就可比性而言,调整期内的 R 公司与跟踪期内的 R 公司具备极强的可比性。因此从可比性原理来看,税务机关对 R 公司在跟踪期内的转让定价调整应当与调查期内保持较大程度上的一致性,并充分考虑前次转让定价调整所采用的调整比率,如有明显差异需要承担进一步的举证责任。而 B 市国税局直属分局第四税务所两次调整所采取的利润指标却存在重大差异,这一方面表明 B 市国税局直属分局第四税务所的本次转让定价调整较随意、不合理,另一方面也证明了 B 市国税局直属分局第四税务所选择的可比对象在一定程度上与 R 公司不具有可比性。

(3) B 市国税局直属分局第四税务所未充分考虑影响利润的诸多因素。

R 公司的经营情况在 2003 年至 2006 年期间受到了诸多内外因素的影响,包括全球经济形势、行业发展状况及其自身的技术能力等,这些因素都对其利润水平产生了影响,而 B 市国税局直属分局第四税务所未充分考虑以上因素的影响。

全球经济形势的影响。R 公司所处的半导体行业受全球经济形势的影响十分显著,经济的繁荣或萎缩都会影响市场对手机、视频装置及各种电子用品等使用半导体非常多的产品的需求。由于半导体行业一直需要巨额的投资,该行业面对宏观经济的变化和市场需求的变化总是缺少及时调整和应对的手段。在 2003 年到 2006 年期间,中国的 GDP 一直保持在 10% 左右的水平。对 R 公司而言,由于其产品大部分用于出口,受中国经济发展的影响较小。R 公司产品主要用于计算机、显示器、钟表、电表等消费电子产品,作为此类电子产品的主要消费国,美国、日本和欧盟等国家和地区的 GDP 表现可以在一定程度上反映市场对此类消费电子产品的需求变化情况。在 2003 年到 2006 年期间,美国、日本和欧盟的 GDP 基本保持相似的稳中有升的趋势并伴随着小幅波动。

因此 R 公司处在一个略有波动、整体较为稳定的经济环境中,该经济环境状况直接反映在了 R 公司 2003 年至 2006 年的利润水平指标变动上。

行业发展状况的影响。道琼斯半导体工业指数表明,在 2003 年至 2006 年期间,全球半导体工业行业经历了明显的波动,2003 年行业迅速增长,2004 年至 2005 年相对低迷,而 2006 年又有所复苏。上述发展趋势与《2005—2006 年中国集成电路产业调查研究报告》中的描述基本一致。产业链方面,R 公司的主要原材料是硅片和芯片,基础原材料包括有色金属及石油产品等。从对 R 公司产品销售毛利的分析及销售成本构成的分析来看,在这一期间原材料成本的增加是影响其经营业绩的最重要因素。基础能源价格的持续走高导致 R 公司的材料成本不断增加。2003 年至 2006 年伦敦有色金属市场价格指数表明 2003 年至 2006 年期间有色金属整体价格一路攀升。从 1988 年至 2007 年伦敦洲际交易所(ICE)布伦特原油月平均价格走势中,也不难看出 2003 年至 2006 年期间石油价格大幅上涨。作为主要需求方的计算机硬件行业,受电子产品需求增长的影响,总体保持上升的趋势,对原材料的需求也不断增加。但由于半导体行业的产能利用率一直保持在较高水平,市场对计算机硬件产品原材料的供应也比较充分,因此计算机硬件行业的繁荣并未引起半导体产品价格的明显上涨。因此,在此期间 R 公司产品销售收入的大幅增加并未带来收益率的快速增长。

自身技术能力的影响。自 2003 年起,R 公司的前工序技术一直未进行升级,其后工序技术则在不断提升,其技术更新存在一定的偏向性。与全球半导体行业技术的进步相比,R 公司并未处于技术发展的最前沿。

综上所述,B 市国税局直属分局第四税务所对影响 R 公司利润水平的重要因素未进行充分考量,而依据我国转让定价税制管理的规定,此类因素属于转让定价交易净利润法下应当充分考虑的可比性因素。B 市国税局直属分局第四税务所本次转让定价调整使用的行业利润水平过高,其选取的可比公司(A 公司)的利润水平也与 R 公司缺乏可比性。

(4)可比数据的筛选主观性较强,未获得税企双方的共同论证与认可。

由于目前我国转让定价税制管理对可比公司的来源、筛选条件及理由并无具体、明确的强制性规定,所以可比数据获得过程的主观性较强。因设定条件的不同,最终获取的可比企业也往往不尽相同,从而导致最终选用的利润率水平存在较大的差异。B 市国税局直属分局第四税务所本次调整中选用的可比公司的可比公司中位数如表 1 所示。

表 1　可比公司中位数

	2003 年	2004 年	2005 年	2006 年	加权平均数
A 公司关联销售完全成本加成率	10.54%	5.86%	2.88%	7.17%	6.06%
可比公司中位数	9.62%	10.10%	10.15%	9.79%	9.92%
纳税调增率	0.00	4.24%	7.27%	2.62%	—

同时,在设定一定可比条件的前提下,R 公司本次新筛选了国内 A 股上市的集成电路行业相关的企业,并形成了如表 2 所示的一组有关完全成本加成率指标的数据:

表 2　完全成本加成率指标数据

公司名称	2003 年	2004 年	2005 年	2006 年	加权平均数
上海贝岭股份有限公司	4.32%	1.68%	3.63%	6.56%	3.73%
有研半导体材料股份有限公司	2.13%	5.13%	7.85%	7.88%	6.35%
上海宽频科技股份有限公司	2.67%	-6.40%	-9.48%	-16.16%	-5.72%
中国振华(集团)科技股份有限公司	1.94%	2.63%	5.16%	3.95%	3.63%
广东风华高新科技股份有限公司	-5.35%	2.30%	3.68%	2.36%	0.90%
中位数	2.13%	2.30%	3.68%	3.95%	3.63%
B 市国税局直属分局第四税务所可比公司中位数	9.62%	10.10%	10.15%	9.79%	9.92%
1998—2002 年度正式调查期间确立的原则所选取的可比公司中位数	10.54%	5.86%	2.88%	7.17%	6.06%

通过对比上述两组数据可以发现,本案中 B 市国税局直属分局第四税务所选用的行业利润水平与 R 公司选取的国内 A 股上市公司的利润水平存在重大差异。作为转让定价调整方的 B 市国税局直属分局第四税务所应当就其可比对象的选择承担全面的举证责任,并有充分证据证明选取较高利润水平对 R 公司进行转让定价调整是合理的,否则不得使用。

（三）B 市国税局直属分局第四税务所对已获批复的财产损失重新实施调整违法

R 公司在 2001 年发生的固定资产设备损失是伴随提高生产能力和优化产品结构等技术升级活动而发生的生产活动中的正常损失。该技术升级获得《国家计委关于调整 R 公司电子有限公司增资扩产方案的批复》（计高技〔2000〕324 号），被认定为以扩大产能为目的的技术升级。因此，R 公司在 2001 年发生的设备损失属于正常经营活动中为提高生产能力而发生的正常损失。2000 年和 2001 年 R 公司的存货损失也是其在正常经营过程中真实产生的，也与企业的生产经营有直接关系。上述两项损失分别获得 B 市国税局直属分局的正式批复：《关于对 R 公司申请财产损失税前扣除问题的批复》（B 国税外批复〔2002〕374 号）和《关于对 R 公司申请财产损失税前扣除问题的批复》（B 国税外批复〔2003〕216 号），允许企业税前扣除。在作为上级直管部门的 B 市国税局直属分局两项具体行政行为尚合法有效的情况下，B 市国税局直属分局第四税务所无权调整。行政行为成立后，即使被认为是违法的，在有权行政机关或法院予以撤销或变更之前，行政相对方及相关的当事人都不能否定或推翻该行政行为，都必须视该行政行为是有效的。因此，虽然 B 市国税局直属分局第四税务所在对 R 公司下达 B 国税直税四税调〔2009〕002 号通知书中提出了相关的固定资产和存货的财产损失应当由境外关联方参与承担，但 B 市国税局直属分局第四税务所的行政级别明显低于 B 市国税局涉外分局，前者为后者下属单位，不具有否定上级机关行政许可的权限。而且自始至终，上述两份批复批准 R 公司对该财产损失税前扣除的文件仍未被其他有权行政机关或法院予以撤销或变更，故 B 国税直税四税调〔2009〕002 号通知书中对该两份批复的否定部分于法无据。

四、关键点

B 市国税局直属分局第四税务所在对 R 公司公司做出转让定价调整时，未向企业公开可比数据信息资料，使得其调整依据缺乏足够的证明力，在实际上造成了举证责任的未完全履行，并直接导致该具体行政行为的合法性存在重大瑕疵。B 市国税局直属分局第四税务所本次对 R 公司的纳税调整属于跟踪期内的调整,可比数据选择的主观性强,缺乏可比性,两次调整所采取的利润指标存在着重大差异,调整结果与调查期差异巨大,缺乏合理性。同时,B市国税局直属分局第四税务所本次对R公司2002年和2003年已获批复的财产损失税前扣除进行调整属于越权的行政行为,本身系违法行为。

随着中国转让定价及相关反避税管理制度的日臻完善,在中国从事经营或投资活动的企业应对转让定价的合规要求给予充分的重视,及早地管理企业在中国的转让定价风险。

(一)主动预防和管理转让定价税务风险

企业存在大量关联交易或主要交易对象是其关联方的,应当建立全面的关联交易转让定价管理体系,制定合理的转让定价政策,重视同期资料的准备。首先,企业在制定自身的转让定价政策时,应遵循"合理商业目的"和"独立交易原则",保证转让定价的合规性。应积极对各种定价方法进行可比性研究,可比性分析应着重考察关联交易与非关联交易在功能风险及合同条款上的差异,以及影响成本加成率的其他因素,具体包括制造、加工、安装及测试功能,市场及汇兑风险,机器、设备的价值及使用年限,无形资产的使用及价值,商业经验,会计处理及管理效率,等等。其次,要重视同期资料的准备、保存,提前做好转让定价税务风险的应对准备。同期资料包括但不限于组织结构、生产经营情况、关联交易情况、可比性分析、转让定价方法的选择和使用。准备同期资料不仅是一个履行合规性义务的过程,更是一个进行有效的税务规划和风险管理的工具,不但有助于证明企业的关联交易符合独立原则,还能证明其商业架构及安排的合理性,从而防范转让定价税务风险。

为建立转让定价税务风险管理体系,减轻企业涉税风险,企业可以借助专业中介机构的鉴定经验,对关联方和关联交易进行风险评估,识别主要的转让定价风险。对一些金额较大的关联交易,企业应当重点关注,针对可能出现风险的任何转让定价,企业应该及时调整定价政策以预防风险。企业可以借助外部(如税务师事务所、税务律师事务所)力量,结合自身财务管理部门,全面摸清企业转让定价现状,寻找潜在风险点,对可能出现的转让定价纳税调整风险提前做好应急预案;定期组织税务人员、财务人员的税法培训,及时定期更新税法制度与会计制度;主动整理和汇总各关联企业普遍存在的转让定价风险问题,组织财税人员进行集中培训,提高企业整体的风险识别和应对能力。

利用预约定价安排,降低转让定价调整风险。预约定价(APA)是企业防范转让定价风险的有效途径,满足条件的企业可以通过预约定价安排一并解决多年潜在的转让定价问题。《特别纳税调整实施办法(试行)》第四十八条规定,预约定价安排适用于同时满足以下条件的企业:年度发生的关联交易金额在4 000万元以上;依法履行关联申报义务;按规定准备、保存和提供同期资料。截至2012年12月31日,中国税务机关已收到书面谈签意向但尚未受理正式申请的案件79个,其中双边案件73个。因申请的企业数量较多,面对大量的谈签意向和有限的人力资源,税务机关严把申请关,在决定是否优先受理企业申请时考虑的最重要因素是所提交申请的质量,如材料是否齐备、预约定价安排拟采用的定价原则和计算方法是否合适等。预约定价安排谈签和执行包括六个阶段:预备会议、正式申请、审核评估、磋商、签订、监控执行。详细谈签流程如下图所示:

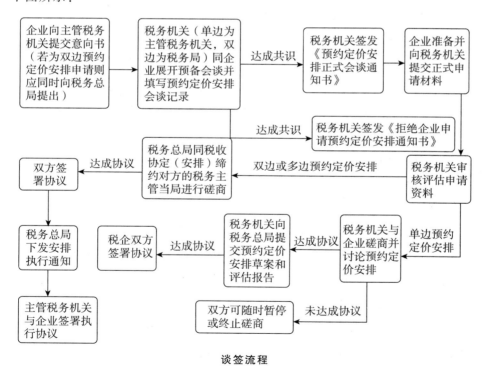

谈签流程

（二）积极应对转让定价调查和调整，维护自身合法权益

企业在应对税务机关转让定价调查时，应当积极配合税务机关的工作，及时、准确、充分地向税务机关依法提交各类资料，并积极主动与税务机关进行沟通磋商，努力达成共识，保持良好的税企关系。切忌消极对待、拒绝调查，隐瞒材料或提交虚假材料。税务机关实施现场调查的，企业应当予以积极配合，并有权监督税务机关实施现场调查时是否履行了相应的法定程序和义务，如出示税务检查证，送达税务检查通知书，调查笔录应交当事人核对确认，需要调取账簿及有关资料的，应当按照税收征收管理法及其实施细则的有关规定办理法定手续，并应妥善保管，按法定时限如数退还。在调查阶段，税务机关依法要求企业提供相关资料的，企业应当在税务机关规定的期限内提供相关的真实、完整的资料，切忌隐瞒或提供虚假资料。

在整个调查调整过程中，企业应当积极主动地与税务机关开展沟通和交流，陈述自身的特殊情况，最大程度上取得税务机关的谅解。税务机关下达初步调整方案后，企业可以与税务机关进行协商谈判，提出对初步调整方案的异议及理由，并依照税务机关规定的期限按照税务机关的要求提供相关资料。税务机关审议下达初步调整通知书后，企业仍有异议的，应在7日内向税务机关书面提出，并也可以再次启动与税务机关的协商谈判。如果在7日内没有提出异议，视为企业同意初步调整方案。本案中B市国税局直属分局第四税务所向R公司送达初步调整通知书后，R公司及时提交了书面异议及情况解释说明书，并在与B市国税局直属分局第四税务所的进一步协商谈判之后，B市国税局直属分局第四税务所最终还是做出了一定的让步和妥协。最终调整方案比初步调整方案少调增应纳税所得额2 800余万元，少调增应补缴的企业所得税760余万元。这充分说明了企业积极主动地与税务机关展开谈判和协商的重要意义。

税务机关做出最终的转让定价纳税调整方案后，企业还可以在法定期限内向其上级税务机关提请行政复议，但需要先缴清经最终调整应补缴的税款或提供相应担保。企业应尽量在税务机关规定的期限内缴清经调整后应补缴的税款，否者会面临加收滞纳金的处罚。上级税务机关受理复议申请后，企业可以积极与上级税务机关沟通，表明和解和接受调解的意愿，努力促成和解结案，最

大程度上争取自身利益。《税务行政复议规则》鼓励企业与税务机关在按照自愿、合法的原则在行政复议机关做出行政复议决定以前达成和解,上级税务机关也可以进行调解。需要注意的是,和解结案的案件,复议申请人不得以同一事实和理由再次申请行政复议。如果企业仍对和解协议存有异议的,还可以通过行政诉讼维护自身权益。

五、案例的建议答案以及相关法规依据

(一)案例的建议答案

详见"三、理论依据与分析"部分。

(二)相关法规依据

《中华人民共和国企业所得税法》

《中华人民共和国企业所得税法实施条例》

《特别纳税调整实施办法(试行)》(国税发〔2009〕2号)

《国家税务总局关于加强转让定价跟踪管理有关问题的通知》(国税函〔2009〕188号)

《中华人民共和国行政复议法》

《税务行政复议规则》(国家税务总局令第21号)

一次追溯十年的税务查核

燕　冬

摘　要：区国税局对 A 公司的关联交易进行纳税调整,调整周期为十个纳税年度,并调整了 A 公司的开始获利年度和定期减免税起始年度。A 公司不认可该调整是反避税调整,不认可对定期减免税起始年度的调整,不认可补税追溯十年。

关键词：特别纳税调整　纳税评估　企业所得税　税收优惠　行政审批

1. 相关背景

A 公司系在华注册经营的 E 国独资企业,归属于 E 国 AA 集团。A 公司于 2003 年 9 月 27 日取得营业执照,根据原《中华人民共和国外商投资企业和外国企业所得税法》的有关规定,A 公司于 2005 年 10 月 13 日向区国税局提交《开业日期报告表》,自报开业时间为 2005 年 10 月 9 日,经区国税局核实,确认 A 公司开业时间为 2005 年 7 月 8 日。

A 公司原被确认的获利年度为 2006 年,并在 2006 年到 2007 年享受原《中华人民共和国外商投资企业和外国企业所得税法》规定的生产企业免征所得税优惠(税率 33%,免征后实际征收率为 0),在 2008—2010 年享受生产企业减半征收所得税优惠(减半后实际征收率为 12.5%)。

A 公司在境内有 8 家关联公司,在全球其他地区有若干家关联公司,其与境内的 B 公司和境外的 C 公司之间存在关联交易。

B 公司 2005—2007 年的企业所得税税率为 33%,2008 年之后为 25%,无税收优惠。

2015 年,区国税局对 A 公司先以纳税评估的名义进行查核,评估区间为 2005—2014 年,评估税种为所得税;在 A 公司对评估期间提出疑问后,告知 A 公司该评估同时也是反避税的管理服务工作内容。A 公司接受了该税务查核。

2. 案例简述

区国税局经过查核后,向 A 公司进行了反馈,并且认为 A 公司存在的主要问题有以下几方面:

2.1 境内关联方费用分配与扣除不合理

区国税局称,2005—2010 年,A 公司因参与项目投标而支付给了招标公司、咨询公司等招标代理费、中标服务费。但经查核,部分中标方并非 A 公司,而是其关联方 B 公司,还有部分中标方是 A 公司和 B 公司联合体,但 A 公司列支了所有招投标费用。区国税局认为,该部分与招投标有关的费用,全部由 A 公司支付,不区分中标方或不区分受益额,属于关联方之间转移费用和利润的行为,故:第一,A 公司不得扣除 B 公司中标发生的费用;第二,对 A 公司和 B 公司联合体中标的费用,应按照双方中标销售收入的比例进行分摊,并将应由 B 公司负担的部分从 A 公司的费用中调出;第三,对确实应由 A 公司承担的费用,在项目整个周期范围内按各年度完成的工程进度进行分摊。具体调增金额如表 1 所示。

表 1 2005—2010 年度纳税调整计算表

(单位:万元)

年度	企业原申报应纳税所得额	所得税实际征收率	已纳企业所得税额	纳税调增额(替关联方支付服务费)	调整后应纳税所得额	所得税实际征收率	应纳企业所得税额
2005	−200	33%	0	800	600	0	0
2006	3 000	0	0	1 100	4 100	0	0

(续表)

年度	企业原申报应纳税所得额	所得税实际征收率	已纳企业所得税额	纳税调增额（替关联方支付服务费）	调整后应纳税所得额	所得税实际征收率	应纳企业所得税额
2007	10 000	0	0	30	10 030	16.5%	1 655
2008	6 000	12.5%	750	50	6 050	12.5%	756
2009	6 000	12.5%	750	500	6 500	12.5%	813
2010	12 000	12.5%	1500	−800	11 200	25.0%	2 800
合计	36 800		3 000		38 480		6 024

2.2 向境外关联方支付的费用属于管理费

区国税局称，A公司与境外关联方C公司签署了《管理服务协议》，约定由C公司向A公司提供制造、销售及市场营销、采购及物流、财务、审计和会计、法律、保险、税务及并购、商业协助、人员培训和信息技术等服务。但《管理服务协议》中列示的服务项目无具体内容且无明细收费标准，费用金额不能可靠计量，A公司无法提供C公司提供具体服务的证据，且A公司无法提供AA集团内其他子公司向C公司支付服务费的标准、数额、协议等。故认为该《管理服务协议》项下的服务费有人为调整境内外利润的嫌疑，属于不具有合理商业目的的不合理支出，对该《管理服务协议》有效期内按该协议支付的费用应予以纳税调增。具体调增金额如表2所示。

表2 2011—2014年度纳税调整计算表

（单位：万元）

年度	企业原申报应纳税所得额	所得税实际征收率	已纳企业所得税额	纳税调增额（管理服务协议）	调整后应纳税所得额	所得税实际征收率	应纳企业所得税额
2011	2 900	25%	725	450	3 350	25%	838
2012	8 000	25%	2000	500	8 500	25%	2125
2013	10 000	25%	2500	550	10 550	25%	2 638
2014	9 000	25%	2 250	600	9 600	25%	2 400
合计	29 900		7 475		32 000		8 001

2.3 获利年度变化应补缴税款并加收滞纳金

区国税局称,因为境内关联方费用分配与扣除不合理,A 公司获利年度应为 2005 年,并从 2005 年起重新计算减免税期,即 2005—2006 年免税,2007—2009 年减半征收,减半后,2007 年实际征收率为 16.5%,2008—2009 年实际征收率为 12.5%。根据上文所描述的问题,A 公司需要在 2007—2014 年补缴企业所得税合计 3 550 万元,并按年度加收滞纳金。

3. A 公司对区国税局提出的问题给出答复

3.1 认可对关联交易部分的调整数据

A 公司称,其替 B 公司承担的招投标费用确实不符合收入与扣除匹配的原则,认可区国税局计算的纳税调增额;其支付给 C 公司的管理服务费也确实无法全部辨认,认可区国税局计算的纳税调增额。

3.2 不认可税局进行的是反避税调查

A 公司称,鉴于 B 公司是境内关联方,且实际税负在 2005—2010 年持续不高于 A 公司的实际税负,将 A 公司与 B 公司之间的交易认可为关联交易,其无异议,但国税局因此进行反避税调查,与政策不合。C 公司虽是境外关联方,但 A 公司与 C 公司之间的关联交易额很小,对企业利润影响极小,亦低于税务总局所定的关注目标,国税局对此进行反避税调查,有失公平。

根据规则,反避税调查的发起,必须经过税务总局立案后方可进行,区国税局以纳税评估名义对企业查核,待企业提出查核期限疑义后,方才说是反避税管理服务,属程序错误。

A 公司基于以上原因,不认可区国税局进行的是反避税调查。

3.3 不认可因获利年度调整而产生的补缴税款和滞纳金

A 公司称其认可因境内关联方费用分配与扣除不合理而导致 2005 年度企业应纳税所得额转为正数这个事实,但是,根据当年政策,企业是在下半年开业的,既可以以当年作为获利年度,开始计算定期减免税,也可以在当年按照适用税率计算缴纳所得税,从下一个年度起开始计算定期减免税。按照政策规定,如何适用,选择权在纳税人而非税务局,区国税局将 2005 年确认为获利年度并同时确认为定期减免税第一个年度的做法,侵害了纳税人的选择权,加重了纳税人负担,故不予认可。

A 公司称,区国税局逻辑混乱,如果其真认为上文(2.1 节和 2.2 节)所述内容是反避税调查,就不应主张对(2.1 节和 2.2 节)所涉及的补税金额计算滞纳金,而只能主张对 2008 年以后因反避税调整的应纳税额计算利息,但 A 公司不会对此利息进行缴付。根据其加收滞纳金的说法,A 公司有理由认为区国税局进行的是纳税评估,但评估期长达 10 个纳税年度,显然超过税收征管法所授权的期限,故虽认可其调增数据,但不会就超过 5 个纳税年度的部分进行补税,更不会对超过 5 个纳税年度的部分缴纳滞纳金。

案例使用说明

一、教学目的与用途

本案例的教学目的是通过对具体税收事项和税收征纳双方观点的分析,使学生对税收法律及政策在实务中的具体适用进行辨析;对税收政策变迁而引发的税收争议事项判定进行思考,理解税收政策的适用时间和空间;理解执法程序与实体的关系,深刻理解程序法的重要性;对纳税评估和反避税调查的基本原则有初步了解。

本案例适用于"税收制度与政策""国际税收""纳税评估"等课程。

二、启发思考题

1. 你认为区国税局此次税务查核到底是纳税评估还是反避税调查?理由是什么?

2. A 公司是否应该就超过 5 年的税款追征进行补税?为什么?

3. 如果你是一个税务官员或企业的税务主管,你认为是否有必要对已失效废止的税收法律法规政策进行学习了解?

三、分析思路

本案例是一个典型的在税收征纳中对法律法规政策适用的争议事项,并由此引发了执法程序、税款计算、追征期间等具体争议。

1. 引导分析此次查核的性质(纳税评估、反避税调查)。
2. 确认了查核性质后,可以进一步判断区国税局的执法程序是否恰当。
3. 根据查核性质,结合税收征管法、所得税法的有关规定,判断追征期限应为几年。
4. 根据查核性质,判断到底应该加收滞纳金还是加收利息,以及 A 公司所称不会缴付利息的法律后果。
5. 分析双方对获利年度、定期减免税起始期的理解,这需要有原外商投资企业和外国企业所得税法的知识积累。
6. 通过本案例,对关联方费用支付与分摊进行一定程度的了解。

四、理论依据及分析

分析本案例,需要以下领域法律法规政策的支撑:

1. 纳税评估与反避税调查的基本规定。

(1)《国家税务总局关于印发〈纳税评估管理办法(试行)〉的通知》(国税发〔2005〕43 号)是目前纳税评估的政策来源,该文件称"纳税评估是指税务机关运用数据信息对比分析的方法,对纳税人和扣缴义务人(以下简称"纳税人")纳税申报(包括减免缓抵退税申请,下同)情况的真实性和准确性做出定性和定量的判断,并采取进一步征管措施的管理行为"。"开展纳税评估工作原则上在纳税申报到期之后进行,评估的期限以纳税申报的税款所属当期为主,特殊情况可以延伸到往期或以往年度"。"发现纳税人有偷税、逃避追缴欠税、骗取出口退税、抗税或其他需要立案查处的税收违法行为嫌疑的,要移交税务稽查部门处理"。"发现外商投资和外国企业与其关联企业之间的业务往来不按照独立企业业务往来收取或支付价款、费用,需要调查、核实的,应移交上级税务机关国际税收管理部门(或有关部门)处理"。

(2)《中华人民共和国税收征收管理法》及其《实施细则》、《中华人民共和国企业所得税法》及其《实施条例》的有关条款规定了税务机关进行特别纳税调整的一般规则,税务总局在《国家税务总局关于印发〈特别纳税调整实施办法(试行)〉的通知》(国税发〔2009〕2号)中规定了反避税调查的基本程序,包括"税务机关有权依据税收征管法及其实施细则有关税务检查的规定,确定调查企业,进行转让定价调查、调整"。"实际税负相同的境内关联方之间的交易,只要该交易没有直接或间接导致国家总体税收收入的减少,原则上不做转让定价调查、调整"。

基于以上规则,可以分析得出以下结果:

第一,纳税评估与反避税调查是两种流程的税务事项,纳税评估是"管理行为",而反避税调查则需"依据税收征管法及其实施细则有关税务检查的规定",不能混为一谈。

第二,纳税评估即使"发现外商投资和外国企业与其关联企业之间的业务往来不按照独立企业业务往来收取或支付价款、费用,需要调查、核实的",也不能直接把评估转换为反避税调查,而"应移交上级税务机关国际税收管理部门(或有关部门)处理"。

第三,基本可以确定,区国税局进行的是纳税评估,而非反避税调查。因为区国税局与纳税人对评估结论进行了沟通,而非转交稽查部门。

2. 税款追征期限。

(1)《中华人民共和国企业所得税法实施条例》第一百二十三条规定,企业与其关联方之间的业务往来,不符合独立交易原则,或者企业实施其他不具有合理商业目的安排的,税务机关有权在该业务发生的纳税年度起十年内,进行纳税调整。

(2)《中华人民共和国税收征收管理法》第五十二条规定,因纳税人、扣缴义务人计算错误等失误,未缴或者少缴税款的,税务机关在三年内可以追征税款、滞纳金;有特殊情况的,追征期可以延长到五年。

对偷税、抗税、骗税的,税务机关追征其未缴或少缴的税款、滞纳金或者所骗取的税款,不受前款规定期限的限制。

(3)《中华人民共和国税收征收管理法实施细则》第八十二条规定,税收征管法第五十二条所称特殊情况,是指纳税人或者扣缴义务人因计算错误等失误,未缴或者少缴、未扣或者少扣、未收或者少收税款,累计数额在十万元以上的。

(4)基于这些条款,和上文的分析结果,我们应当认为,税务机关可以主张的追征期限为五年,而非十年、非不受追征期限限制。

3. 关联方往来与扣除。

(1)《中华人民共和国税收征收管理法》及其《实施细则》,《中华人民共和国企业所得税法》及其《实施条例》的有关条款对关联方往来的原则进行了规定。除此之外,所得税的一般规则中也明确了扣除的部分要与企业的收入有相关性。

(2)不论是基于反避税调整还是基于一般所得税原则,如果无法确认 A 公司替 B 公司支付的招投标服务费、A 公司支付给 C 公司的管理服务费与 A 公司取得应税收入相关,那么其在所得税前的扣除均明显缺乏正当性。

4. 加收滞纳金与利息。

(1)《中华人民共和国税收征收管理法》第三十二条规定,纳税人未按照规定期限缴纳税款的,扣缴义务人未按照规定期限解缴税款的,税务机关除责令限期缴纳外,从滞纳税款之日起,按日加收滞纳税款万分之五的滞纳金。

(2)《中华人民共和国税收征收管理法实施细则》第七十五条规定,税收征管法第三十二条规定的加收滞纳金的起止时间,为法律、行政法规规定或者税务机关依照法律、行政法规的规定确定的税款缴纳期限届满次日起至纳税人、扣缴义务人实际缴纳或者解缴税款之日止。

(3)《中华人民共和国企业所得税法》第四十八条规定,税务机关依照本章规定做出纳税调整,需要补征税款的,应当补征税款,并按照国务院规定加收利息。

(4)基于前节的分析,既然区国税局进行的是纳税评估而非反避税调查,那么应当适用加收滞纳金的规定,而不能适用加收利息的规定。区国税局虽然被 A 公司质疑"程序错误",但其加收滞纳金的判断并无错误,A 公司应就属于追征期范围内的少缴税款计算缴纳滞纳金。

(5)A 公司还称不会对利息进行缴付,其逻辑如下:如果的确是反避税调查,那么对补征的税款可加收利息;但《税收征管法》存在滞后性,目前只在第四十条规定"税务机关采取强制执行措施时,对前款所列纳税人、扣缴义务人、纳税担保人未缴纳的滞纳金同时强制执行",而对利息无任何规定。理论上,在反避税调查后税务机关主张加收利息时,如果被调查纳税人拒绝缴纳该利息,在《税收征管法》进行修订并生效前,税务机关只能确认纳税人这种行为违反法律规定,而不能进行任何强制措施。

5. 获利年度与定期减免税。

(1) 这个问题主要考查学生对税收法律历史沿革和延续性的了解,学生应知道,对某个时点税务问题的处理,原则上应遵循该时点的法律规范。

(2)《中华人民共和国外商投资企业和外国企业所得税法实施细则》第七十六条规定:"税法第八条第一款和本细则第七十五条所说的开始获利的年度,是指企业开始生产经营后,第一个获得利润的纳税年度。企业开办初期有亏损的,可以依照税法第十一条的规定逐年结转弥补,以弥补后有利润的纳税年度为开始获利年度。税法第八条第一款和本细则第七十五条规定的免征、减征企业所得税的期限,应当从企业获利年度起连续计算,不得因中间发生亏损而推延。"第七十七条规定:"外商投资企业于年度中间开业,当年获得利润而实际生产经营期不足六个月的,可以选择从下一年度起计算免征、减征企业所得税的期限;但企业当年所获得的利润,应当依照税法规定缴纳所得税。"

(3)《国家税务总局关于外商投资企业获利年度的确定和减免税期限计算问题的通知》(国税发〔1995〕121号)规定:"根据《中华人民共和国外商投资企业和外国企业所得税法》(以下简称"税法")及其实施细则的有关规定,现就外商投资企业开业当年获利,第二年又发生亏损,应如何确定获利年度及计算免征、减征企业所得税期限的问题通知如下:根据税法实施细则第七十六条和第七十七条的规定,外商投资企业开业当年获得利润,无论其开业当年的实际经营期长短,均属于税法第八条第一款和税法实施细则第七十五条所规定的开始获利的年度,除属于税法实施细则第七十七条所述情况外,均应当从该年度起连续计算免征、减征企业所得税的期限,不得因中间发生亏损而推延。外商投资企业属于税法实施细则第七十七条所述情况,于年度中间开业,当年生产经营期不足六个月,企业选择就当年获得的利润依照税法规定缴纳企业所得税的,其免征、减征企业所得税的期限可推延于下一年度(而不是从下一获利年度)起计算。因此,如企业获利次年发生亏损,不得重新确定开始获利的年度及再推延计算免征、减征企业所得税的期限。"

(4) 基于案例的事实和以上规定,区国税局将A公司的获利年度调整为2005年并无不当;但是,区国税局混淆了获利年度和减免税起始期的概念,因A公司2005年经营期不足6个月,其可以将当年的所得依法缴纳所得税,从2006

年起享受定期减免税的税收优惠。

五、关键点

1. 在该案例中,学生务必了解反避税与一般所得税管理的异同,以及反避税调查与纳税评估、一般税务检查的异同。

2. 学生应关注税法沿革、变化导致的征纳双方的合规、遵从等风险。

3. 学生应该对税收征管法等基本征管法律有所理解。

4. 如果有兴趣,学生还可以研究探讨行政审批结果对征纳双方日后举证责任的影响。假设现在仍适用2005年的税收法律,但没有《开业报告表》这种需要税务机关确认的批准流程,那么,对于2005年,企业的开业日期是否不足半年?征纳双方需要如何证实?需要谁来举证?

六、建议的课堂计划

1. 时间安排:本案例建议总教学时间3课时。其中,教师介绍案例背景材料和案例事项1课时;学生分组讨论(可以分成区国税局方和A公司方)互相辩论1课时;分组代表发言和教师点评1课时。

2. 板书布置:本案例因内容较复杂,建议使用投影装置将案例本身投射。建议将板书交给学生分组讨论时使用,双方学生可将各自观点写至黑板,讨论时逐条辩论。

3. 组织引导:根据使用课程的不同,建议教师适当引导学生从税收征管、纳税评估、国际税收不同的角度进行分析,与其他教学内容相结合,从案例中深化学生对法律、政策适用的理解。

七、案例的建议答案以及相关法规依据

请参考"四、理论依据及分析"部分内容。

亚马逊美国无形资产的成本分摊

杨志清　官　昊　景诗曼

摘　要：本案例讨论了无形资产成本分摊协议中无形资产价值和成本分摊成本库的确认问题。亚马逊欧洲总部（亚马逊卢森堡）成立后，在美国的母公司（亚马逊美国）向其转让了三项无形资产，并签订了成本分摊协议，协议中亚马逊卢森堡根据其从三项无形资产中获得的预期收益向亚马逊美国进行补偿性支付。亚马逊美国分别计量三项无形资产的预期收益，确定亚马逊卢森堡每年需支付的补偿性金额为 2.5 亿美元。税务机关通过整体评估亚马逊卢森堡从三项无形资产中获得的预期收益，得出亚马逊卢森堡每年需支付 34.7 亿美元的结论。

关键词：无形资产　成本分摊协议　预期收益　补偿性支付条款

随着经济全球化进程的不断深入，世界各国的贸易往来日益频繁。在全球利益最大化的驱动下，跨国公司运用转让定价方法以实现其避税目标的动机更为强烈，所涉及的境外关联交易类型也更加多样化，其中无形资产交易取代传统有形资产交易成为避税新方向的趋势愈加明显。特别是在全球竞争激烈的技术环境下，无形资产在产品价值链中的重要性逐渐增加，其交易经常涉及跨国集团成员间的职能分工议题及计价基础的争议，故经常引发跨国公司与各国税务机关的税务处理争议。经济合作与发展组织（OECD）所发布的税基侵蚀及利润转移（BEPS）对于无形资产转让定价指南（《BEPS 转让定价指南》），提供了征纳双方更清晰的分析框架,并期望能够透过这些框架和指南,来解决无形资产交易造成的税务争议。本案例研究的目的是在现行的税收与经济环境中,说明跨境交易无形资产所产生的税务挑战及争议,并透过相关案例及理论基础,分析征纳双方在处理无形资产转让或授权问题时应注意的事项,并为跨国无形资产交易所衍生的避税问题提供参考。

1. 亚马逊美国的基本情况

亚马逊公司(纳斯达克代码:AMZN)创立于1995年,是一家《财富》500强公司,总部位于美国华盛顿州的西雅图。目前已成为全球商品品种最多的网上零售商之一和全球第三大互联网公司。

亚马逊的欧洲业务始于1998年。1998年4月,亚马逊收购了英国在线书店Bookpages和德国在线书店Telebook.Inc,并于当年在其Amazon.co.uk和Amazon.de等域名下重新推出了这些网站。截至1999年,Amazon.co.uk、Amazon.de和Amazon.com已成为欧洲三大最受欢迎的在线零售域名。2000年8月,亚马逊以非收购的方式推出了法国业务,并定义了其在法国的业务域名Amazon.fr。亚马逊德国和亚马逊英国的在线零售总额接近或超过两位数,亚马逊法国相对落后。1999—2006年,亚马逊美国—欧洲架构如图1所示。

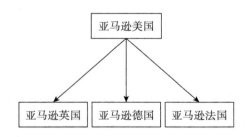

图1　1999—2006年的亚马逊美国—欧洲架构图

1999—2006年,亚马逊的欧洲零售业务主要由亚马逊德国有限公司、亚马逊法国控股公司及各欧洲公司的下属子公司开展经营。与此同时,亚马逊美国直接控制上述全部欧洲子公司,统一集中处理欧洲业务。截至2006年4月30日,亚马逊美国成为欧洲公司的库存所有者和欧洲业务的总供货商,欧洲公司同时为亚马逊美国提供服务,具体包括设立委托安排、提供零售支持、存储设施,后台支持及本地财务管理等。

2005—2006年间,亚马逊开始创建欧洲中央总部。建立欧洲总部的一个目的是通过将服务器放置在更靠近客户的位置来增强客户体验,从而减少网站延迟,并通过将高层管理人员置于与客户相同的时区,降低个别国家的重复成本,达到高效生成订单、进行定价、提供标准化客户服务的目的。与此同时,创建泛欧履约基础设施(pan-European fulfillment infrastructure),以促进其在其他欧盟国家的进一步扩张。亚马逊建立欧洲总部的第二个目的在于获得相关税收利益。为避免亚马逊美国在欧洲构成常设机构,欧洲人员无法代表亚马逊美国在欧洲签署合同或做出最终商业决策。而通过建立欧洲总部,亚马逊欧洲总部在欧洲开展业务可以避免成为美国的税收居民,从而减轻所得税的税收负担,并可以根据单一税收管辖权以单一税率缴纳增值税,以及进行增值税的进项税额抵扣。除此之外,在欧洲总部设立地的选择上,亚马逊选择将欧洲总部设立在企业所得税有效边际税率显著低于美国的卢森堡,并与卢森堡政府谈判签订预付税协议,享受低至1%的所得税实际税率,最大限度地争取所得税税收优惠。

2. 基本案情

2006年,亚马逊美国—欧洲架构有了变化,如图2所示。

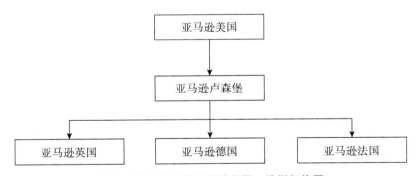

图2　2006年后的亚马逊美国—欧洲架构图

亚马逊欧洲总部(亚马逊卢森堡)成立后,作为亚马逊美国的全资子公司,直接控股所有亚马逊欧洲子公司,成为亚马逊公司的欧洲业务中心,统管欧洲子公司的所有零售业务。自此,亚马逊美国对欧洲子公司的直接控制权转移至亚马逊卢森堡,亚马逊卢森堡对亚马逊欧洲子公司的所有零售业务进行集中管理。亚马逊欧洲总部成立后,亚马逊美国将与欧洲网站业务相关的三项重大无形资产向亚马逊卢森堡进行转让,其中具体包括网站相关技术、营销型无形资产及欧洲客户信息资源,亚马逊卢森堡将三项无形资产作为"亚马逊知识产权"。由于转让后三项无形资产的开发维护成本均由亚马逊美国承担,亚马逊美国在相关资产转让后与亚马逊卢森堡签订成本分摊协议。通过成本分摊协议,双方同意共同分摊与"亚马逊知识产权"相关的维护、改进、增强或拓展研究费用及开发、营销和其他活动成本。在参与成本分摊协议的过程中,亚马逊卢森堡将仅通过支付年度无形资产分摊成本的"财务贡献"方式协助正在进行的欧洲网站开发运营业务,其中,成本分摊协议要求双方确定"总可分配开发成本",然后根据预计获得收益的比例进行分摊。亚马逊美国的无形资产交易结构如图3所示。

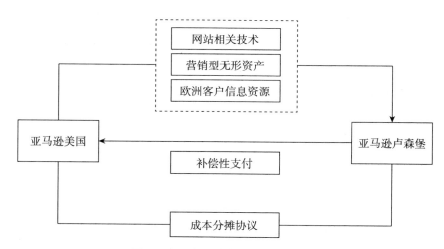

图3 亚马逊美国的无形资产交易图

2005—2006年,根据本案当事人亚马逊美国与亚马逊卢森堡签订的成本分摊协议,亚马逊卢森堡需要在无形资产转让交易达成后的每年以从上述无形资产中获得的合理预期收益为依据计算并向亚马逊美国支付无形资产的成本价款(补偿性支付)。亚马逊美国通过逐项评估三项无形资产的公允价值得出亚马逊卢森堡需要以每年2.5亿美元的价格向亚马逊美国进行补偿性支付。美国国内收入署(IRS)认定网站相关技术、营销型无形资产及欧洲客户信息资源三项无形资产总价值为 34.7 亿美元。双方在补偿性支付上的主张存在巨大差异，IRS 认为亚马逊美国对无形资产产生预期收益的价值评估不符合独立交易原则，导致亚马逊卢森堡对亚马逊美国支付的成本分摊价款极低，并要求本案当事人补缴税款 15 亿美元。

2017 年 3 月 23 日，美国税务法庭宣判亚马逊美国胜诉，认为 IRS 对纳税人成本分摊安排的重大调整是武断的、任意的、不合理的，并将 IRS 对亚马逊美国的相关税务认定予以驳回。2017 年 9 月 29 日，IRS 再次向美国联邦第九巡回上诉法院提起诉讼，法院将进一步审议当事双方各自递交的立场文件，但目前尚未对二次上诉进行判决。

3. 案件争议聚焦

本案的涉事双方亚马逊美国与 IRS 的争议主要集中在亚马逊卢森堡对亚马逊美国的补偿性支付款项金额是否合理的问题上。成本分摊协议中，补偿性支付款项是由成本分摊协议成本库基础和无形资产受益各方从标的无形资产中获得预期收益两方面计算得来的。结合本案例，亚马逊美国与 IRS 的争议焦点也主要集中于对亚马逊卢森堡获得预期收益的估值和成本分摊协议中成本库的确认两方面。

3.1 对无形资产预期收益的估值

自 1996 年起，美国成本分摊法规对无形资产的估值政策不断进行修订。2005 年，美国成本分摊法规拟定规章引入了同期交易①的概念，对补偿性支付交易方式进行定义，并在此基础上进一步提出了参照交易②的概念，为评估受控参与方在同期交易下应付补偿的方法提供了基础，并在一定程度上确保了资源或技能的完全经济价值能在外部贡献的补偿上得以体现。2009 年的美国成本分摊法规暂行规章提出了"平台交易贡献"的概念，度量同期交易的收款方在成

---

① 同期交易是指某一受控参与方（预备或同期交易收款方）有权就其外部贡献，从其他受控参与方（预期或同期交易付款方）处获得补偿的受控交易。

② 参照交易是排他性并永久性地提供作为外部贡献的资源或技能中所有权益利益的交易，但不包括任何不经进一步开发而利用现有无形资产的权利。

本分摊协议外对标的资产做出开发、维持等的资源构成。

本案例中涉事双方在对无形资产预期收益进行估值时，采用的估值方法存在差异。IRS 认为，三项无形资产彼此之间存在不可分割的联系，因此应采用整体估值法对无形资产的预期收益进行估值，并作为补偿性支付的计算基础。而亚马逊美国认为，网站相关技术、营销型无形资产及欧洲客户信息资源这三项无形资产在运营过程中产生的现金流可被分别计量并准确记录，因而应分别对三项无形资产产生的预期收益进行折现计算。由于三项无形资产彼此存在联系，在整体估值的框架下，估值的标的资产将被隐性放大，即纳入估值范围的无形资产将不仅仅局限于上述三种无形资产，还会包括资产运营过程中产生的其他隐性无形资产，因此在整体折现的方法下，无形资产预期收益的计量将显著高于分别折现方法下确认的金额。

在对无形资产预期收益估值的过程中，涉事双方对于估值要素的确认上也存有争议。第一，在无形资产使用寿命方面，IRS 主张以永续寿命来看待三项无形资产，在无限的存续期内对无形资产预期收益进行估计；而亚马逊美国认为基于三项无形资产的自身特性，网站技术、营销型无形资产及欧洲客户信息资源均存在一定的时效性，因此并不能无限期使用，对三项无形资产产生的预期收益应限定在一定的期间内进行折现。第二，在估值过程中标的无形资产折现率要素的确认方面，IRS 选择应用较低的 13% 折现率对无形资产整体进行折现；而亚马逊美国则选择以 18% 的折现率对网络技术、营销型无形资产及欧洲客户信息资源三项无形资产分别进行折现。

3.2　对成本分摊成本库基础的确认

本案例中涉事双方的另一争议点在对无形资产开发成本基础的确认上。由于本案例中无形资产的开发成本作为亚马逊美国与其子公司亚马逊卢森堡进行成本分摊的基础，无形资产开发成本确认的金额越大，意味着亚马逊卢森堡将承担越大的分摊成本，并据此对亚马逊美国进行补偿性支付。

本案例中，纳入成本分摊协议的成本包括销售成本、履行成本、市场营销成本、技术和内容（T&C）成本、一般行政成本（G&A）及其他成本。本案中有关成本库确认的争议主要集中在技术和 T&C 成本的确认上。从广义上讲，T&C 类别中累积的成本包括与技术开发和网站内容相关的费用。在成本分摊基础的

T&C成本的确认上，IRS主张将T&C成本中心的全部成本纳入成本分摊的基础，而亚马逊美国通过提交其在美国证券交易委员会的相关文件，表明其T&C成本主要为参与研究和开发的员工的工资和相关费用，2005—2006年，T&C成本中心存在部分员工仅从事其他类型活动的情况，其工作时间发生的成本费用不应纳入T&C成本。因此，亚马逊美国认为在确认分摊成本时应剔除与研究和开发无关的人工成本。

4. 法院的判决

4.1 无形资产预期收益的估值争议判决

法院认为三项无形资产整体运营的过程中不可避免地会产生如持续经营价值、企业商誉等非标的无形资产，IRS采用整体估值的方式将必然导致三项无形资产预期收益估值的虚高，而亚马逊美国和亚马逊卢森堡的成本分摊协议明确了成本分摊的范围为转让的三项无形资产，因此基于三项无形资产运营后续产生的非标的无形资产不应纳入成本分摊范围，相应也不能将上述非标的无形资产产生的预期收益作为成本分摊的依据。

4.2 三项无形资产的使用寿命争议判决

针对无形资产使用寿命的争议，美国税务法庭驳回了IRS将无形资产定义为永续存在的决定。美国《国内收入法典》中的"482规则"强调成本分摊协议的各参与方分摊成本时确定的预期收益应符合独立交易原则。具体到本案中的网络技术，由于自2005年1月起网络技术这项无形资产的主要组成部分每年都会被修改或替换，亚马逊卢森堡通过每年对亚马逊美国的补偿性支付，可以作为该项无形资产的实际所有人，在这种情况下，如果亚马逊卢森堡作为独立第三方与亚马逊美国进行交易，其支付的补偿性支付金额应逐年递减。基于此原因，美国税务法庭认为，网络技术存在有限的使用寿命，并进一步认定该项技术的合理使用寿命为七年。三项无形资产中的欧洲客户信息资源包括2006年5月1日之前与亚马逊欧洲子公司进行过交易的欧洲零售客户的数据，具体包括客户的姓名、电子邮件地址、电话号码、购买历史记录和信用卡信息，由于客户的购买习惯会随着时间的推移而发生显著变化,且亚马逊公司仅使用相对较新的数据,因此美国税务法庭认为亚马逊美国将旧数据视为价值很小甚至没有价值的资源是合理的,该项无形资产使用寿命有限的认定符合独立交易原则。

4.3　无形资产估值适用折现率的争议判决

针对涉事双方估值过程中折现率的选用争议上,美国税务法庭基于控辩双方估值专家的分析,确定了资本资产定价模型中亚马逊卢森堡适用的 β 值,并最终认定三项无形资产均应使用 18% 这一相同的折现率。

案例使用说明

一、教学目的与用途

1. 本案例主要适用于税务专业硕士的"国际税收筹划"课程,也适用于税收学研究生的"国际税收研究"、本科生的"国际税收"等课程。

2. 教学对象为具有一定税法基础、对国际税收问题具有一定了解的税务专业硕士、税收学研究生及税收相关专业的本科生。

3. 本案例的教学目标

（1）掌握成本分摊协议、转让定价的概念及内容。

（2）结合 BEPS 第八项至第十项行动计划,深入理解转让定价结果与价值创造相匹配的涵义。

（3）深入了解无形资产转让定价及价值评估的税务争议点。

（4）了解 OECD、美国及我国关于无形资产成本分摊的相关政策规定。

（5）掌握我国无形资产转让定价问题应考虑的因素,并强化对地域特殊因素概念的理解。

二、启发思考题

1. 无形资产的基本定义是什么？依次从税会认定、国际税收及各国不同认定的异同等角度,分析这一基本概念。进一步说明定义差异带来的影响。

2. 根据本案,进一步结合我国相关规定,简要分析无形资产成本分摊管理的基本原则有哪些?

3. 无形资产转让定价调整方法有哪些?每种方法的适用条件各是什么?进一步探讨本案选择可比非受控价格法的原因。

4. 结合 BEPS 行动计划谈谈无形资产的价值创造,以及目前国际政策的局限性。

三、分析思路

1. 引导学生从基础概念入手,了解无形资产定义、成本分摊管理的基本原则。

2. 引导学生梳理无形资产转让定价调整的基本方法及适用条件,并引导学生疏理 BEPS 行动计划最新成果。

3. 引导学生梳理亚马逊美国与 IRS 的争议焦点。

4. 引导学生分析美国联邦第九巡回上诉法院做出判决的依据。

四、理论依据与分析

1. 我国有关无形资产成本分摊的相关政策。

(1)《国家税务总局关于印发〈特别纳税调整实施办法(试行)〉的通知》(国税发〔2009〕2 号)中规定成本分摊协议主要包括以下内容:参与方的名称、所在国家(地区)、关联关系、在协议中的权利和义务;成本分摊协议所涉及的无形资产或劳务的内容、范围,协议涉及研发或劳务活动的具体承担者及其职责、任务;协议期限;参与方预期收益的计算方法和假设;参与方初始投入和后续成本支付的金额、形式、价值确认的方法,以及符合独立交易原则的说明;参与方会计方法的运用及变更说明;参与方加入或退出协议的程序及处理规定;参与方之间补偿支付的条件及处理规定;协议变更或终止的条件及处理规定;非参与方使用协议成果的规定。

(2)《国家税务总局关于规范成本分摊协议管理的公告》(国家税务总局公告 2015 年第 45 号)中,有关税务管理的规定是取消事前审批,强调后续管理,对不符合独立交易原则和成本与收益相匹配原则的成本分摊协议,实施特别纳税调查调整。同时,企业执行成本分摊协议期间,参与方实际分享的收益与分摊的成本不配比的,应当根据实际情况做出补偿调整。参与方未做补偿调整的,税务机关应当实施特别纳税调查调整。

(3)《国家税务总局关于完善关联申报和同期资料管理有关事项的公告》(国家税务总局公告 2016 年第 42 号)中,主体文档主要披露最终控股企业所属企业集团的全球业务整体情况,包括以下内容:企业集团开发、应用无形资产及确定无形资产所有权归属的整体战略,包括主要研发机构所在地和研发管理活动发生地及其主要功能、风险、资产和人员情况;企业集团对转让定价安排有显著影响的无形资产或无形资产组合,以及对应的无形资产所有权人;企业集团内各成员实体与其关联方的无形资产重要协议清单,重要协议包括成本分摊协议、主要研发服务协议和许可协议等;企业集团内与研发活动及无形资产相关的转让定价政策;企业集团会计年度内重要无形资产所有权和使用权关联转让情况,包括转让涉及的企业、国家及转让价格等。

2. 美国《国内收入法典》中的"482 规则"。

美国《国内收入法典》对于成本分摊的政策做了明确规定(见表1)。

表 1　美国成本分摊政策一览表

成本分摊的定义	关联参与方达成的一种协议,在协议中参与方按照各自合理且可预期收益份额的比例分担无形资产开发过程中的成本和风险
构成成本分摊的必要条件	强调存在明确的、可分割的利益
参与各方的要求	分摊的成本与和风险,需要与各自的合理可预期收益份额相配比
基本原则	符合独立交易原则
调整	通过成本共享交易支付和平台贡献交易支付,保证各参与方分担的成本和风险与其合理预期收益相匹配

3. 无形资产成本分摊协议相关政策的国际比较。

关于无形资产成本分摊协议(CSA)相关政策,各国和地区不尽相同,我们选择了中国、美国和 OECD 进行比较(见表2)。

表 2 CSA 相关政策的国际比较

	中国	美国	OECD
CSA 的预期收益	各方存在预期收益是符合独立交易原则的成本分摊的前提		
配比原则	分摊的成本和风险合理可预期收益的匹配		
补偿性支付	补偿调整	成本共享交易支付 平台贡献交易支付	平衡支付调整
同期文档	强制提供		建议性准备
不符合独立交易原则的 CSA	按照补偿性支付条款进行调整		参与各方在平衡支付调整后纳税
驱动因素的识别	价值和利润驱动因素（市场溢价,成本节约）	利润的驱动因素（高效的供应链,市场首发因素）	
税务机关权限	不符合相关原则的企业,自行分摊的成本不允许税前扣除	IRS 无法轻易推翻符合标准的 CSA,而只能挑战交易安排、定价、成本分摊基数	税务机关可以根据商业实质否认 CSA 在税务上的有效性

五、关键点

1. 无形资产成本分摊是无形资产转让定价的重要形式。根据中国的《中华人民共和国企业所得税法》等相关税收法规、美国的"482 规则"及 OECD 的《OECD 转让定价指南》,了解国际上对无形资产成本分摊管理的基本原则及调整方法,并结合无形资产的价值创造流程对无形资产成本分摊相关规定的完善进行思考。

2. 无形资产作为现代社会越来越重要的资产,重点关注重大无形资产产生的利润不当分配导致的税基侵蚀和利润转移问题,重点审视无形资产转让定价问题。

3. 结合案例,在 BEPS 行动计划和转让定价指南第六章的背景下,进一步对无形资产成本分摊中无形资产的价值创造及利润归属问题展开思考。

六、建议的课堂计划

1. 建议安排两课时讲解本案例,以小组讨论的形式进行。

2. 第一课时:学生分为三个小组,对案例进行阅读和梳理。

3. 第二课时:三个小组分别代表亚马逊美国、IRS、美国联邦法院依次进行观点阐述,并可以针对争议事实进行辩论。结束后对案例内容和辩论结果进行总结。

七、案例的建议答案以及相关法规依据

1. 无形资产的基本定义是什么?依次从税会认定、国际税收及各国不同认定的异同等角度,分析这一基本概念。进一步说明定义差异带来的影响。

美国的《国内收入法典》、中国的《中华人民共和国企业所得税法实施条例》及 OECD 的《OECD 转让定价指南》中关于无形资产的定义描述都不尽相同（见表3）。在无形资产的要素构成方面,美国的《国内收入法典》中的"482 规则"以列举的方式对无形资产的范围进行了说明,包括专利、发明、公式、程序、设计、模型、版权、文学、音乐、艺术创作、商标等共六大类 30 多项无形资产。中国的《中华人民共和国企业所得税法实施条例》第 65 条同样采用正列举的方式说明无形资产的要素范围,包括专利权、商标权、著作权、土地使用权、非专利技术、商誉等,除此之外,在《国家税务总局关于印发〈特别纳税调整实施办法（试行）〉的通知》（国税发〔2009〕2 号文）中,我国又进一步补充定义了关联交易中无形资产的转让和使用,包括土地使用权、版权（著作权）、专利、商标、客户名单、营销渠道、牌号、商业秘密和专有技术等特许权,以及工业品外观设计或实用新型工业产权的所有权转让和使用权的提供业务。而 OECD 的《OECD 转让定价指南》较前两者相比对无形资产的定义更为宽泛,其并未采取列举法对无形资产进行定义,而是用文字进行总体描述,即无形资产是一种实物资产和金融资产之外的可被企业拥有或控制的资产。在无形资产的持有目的上,美国国内税法认为无形资产的持有目的在于从事设计、开发、制造、生产、经营、保养和维修等活动。相比之下,我国的相关规定则较为局限,将无形资产的持有范围限定在生产产品、提供劳务、出租或经营管理方面。OECD 在无形资产持有目的上的解释最为宽泛,其泛化地说明了无形资产的持有目的在于"应用于商业活动",并进一步规定无形资产是一种在可比独立交易下的使用或转让中需要得到补偿的资产。上述无形资产范畴定义的国际比较可简单总结如表 3 所示。

表3 无形资产范畴定义的国际比较

	中国	美国	OECD
无形资产的要素构成	专利权、非专利技术、软件、著作权、商标权； 土地使用权、版权（著作权）、专利、商标、客户名单、营销渠道、牌号、商业秘密和专有技术等特许权，以及工业品外观设计或实用新型等工业产权的所有权转让和使用权的提供业务	专利、发明、公式、程序、设计、模型、版权、文学、音乐、艺术创作、商标等共六大类30多项	一种实物资产和金融资产之外的可被企业拥有或控制的资产
无形资产的持有目的	生产产品、提供劳务、出租或经营管理方面	从事设计、开发、制造、生产、经营、保养和维修等活动	应用于商业活动，在可比独立交易下的使用或转让中需要得到补偿的资产

根据对税会差异及相关规定的对比，我们可以发现并得出两个结论：第一，我国税法对"无形资产"的认定比美国等国际会计准则范围小；第二，会计准则对无形资产的认定相对狭隘（可辨认），税法对无形资产的定义相对宽泛，转让定价中的无形资产应该是更加广泛的。这可能带来的后果是：来自美国母公司向中国子公司的无形资产转让定价的部分无法纳入我国纳税调整范围，从而使我国税法确认的转让定价税基整体偏低，不利于维护我国的税收权益。

2. 根据本案，进一步结合我国相关规定，简要分析无形资产成本分摊管理的基本原则有哪些？

无形资产成本分摊管理的基本原则我们可以总结为以下三个方面：独立交易原则、可比性分析原则、平衡支付原则。但美国、中国及OECD的法律解释不完全相同（见表4）。

表4 成本分摊协议管理的基本原则

	中国	美国	OECD
成本分摊协议的预期收益	各方存在预期收益是符合独立交易原则的成本分摊的前提		
配比原则	成本与预期收益相配比		

（续表）

	中国	美国	OECD
平衡支付原则	补偿调整	成本共享交易支付 平台贡献交易支付	平衡支付调整
不符合独立交易原则的成本分摊协议	按照补偿性支付条款进行调整		参与各方在平衡支付调整后纳税

（1）立场原则：独立交易原则。

除极个别国家之外，国际上普遍主张根据独立交易原则对转让定价进行管理。自1933年独立交易原则引入国际税收协定以来，美欧各国税务机关纷纷将该原则引入本国税法，并作为转让定价管理的基本原则。《OECD税收协定范本》第九条指出，因企业间商业或财务上的特殊关联关系导致其中一个企业本应取得而未取得的利润，应计入该企业利润并据以征税。《中华人民共和国企业所得税法》第四十一条同样规定，企业与其关联方之间的业务往来，不符合独立交易原则而减少企业或者其关联方应纳税收入或所得额的，税务机关有权按照合理方法调整。企业与其关联方共同开发、受让无形资产在计算应纳税所得额时同样应当按照独立交易原则进行分摊。《中华人民共和国企业所得税法实施条例》第一百一十条进一步对独立交易原则进行了定义，指出独立交易原则是没有关联关系的交易各方按照公平成交价格和营业常规进行业务往来的遵循的原则。

应用到无形资产成本分摊的管理中，独立交易原则具体表现为成本分摊协议下各参与方分摊的成本与预期收益的匹配原则。《中华人民共和国企业所得税法》和国税发〔2009〕2号文件，明确说明了企业与其关联方应当按照成本与预期收益相匹配的原则进行，关联方承担的成本应与非关联方在可比条件下为获得上述受益权而支付的成本相一致。《OECD转让定价指南》与美国《国内收入法典》中的"482规则"均强调了参与方分担的成本和风险需与各自的合理可预期收益份额相匹配。

（2）技术原则：可比性分析。

可比性分析是独立交易原则的核心，其内含在于寻找与被测试关联交易最为可比的独立交易，最终确定符合独立交易原则的利润水平。在寻找可比独立交易的过程中,各国应用的可比性因素虽存在差异但主要围绕着交易资产或劳务特性、交易各方功能和风险功能、合同条款、经济环境、经济策略五个方面展开细节讨论。在无形资产转让定价的可比性分析中,基于无形资产交易的特性,可比性因素的确定需要更加具体。

根据无形资产的可比性要求,两项无形资产必须在大致相同的行业或市场中用于相似的产品或流程,且具有相似的获利能力。首先,围绕交易资产或劳务特性选择可比无形资产。由于无形资产的特性决定了其应用的行业和流程,无形资产研发过程的精细化程度决定了其在应用中的获利能力,因此对无形资产进行可比性分析,在可比性无形资产的选择中,需侧重资产特点及研习情况的可比性。其次,从交易各方功能和风险功能方面筛选可比无形资产,通过关注交易双方承担的重大经济活动和责任、使用的资产及承担的风险进行无形资产的功能风险分析,并对关联性无形资产与可比无形资产功能上的实质性差异做出调整。此外,选择可比性无形资产的过程中,还需关注受控与非受控交易所涉无形资产合同条款的一致性,通过了解合同中销售购买数量、赊购付款条件、售后维护范围等具体条款设计判断选择的无形资产是否具有可比性。最后,在分析具体合同条款的基础上,融入对当前经济环境和企业经营策略的思考。通过了解被测试企业与可比企业所处经济背景、分析二者的经济战略等方式,进一步预测无形资产在企业中创造价值的空间,进而判断所选无形资产是否具备可比性。

(3) 调整原则:平衡支付原则。

在无形资产成本分摊的过程中,当出现各参与方预期收益预期分摊的成本或风险显著不匹配时,各参与方在进行所得税纳税调整之前先进行补偿性调整。平衡支付原则为无形资产成本分摊协议满足独立交易原则提供了保证。中国、美国、OECD 在有关无形资产成本分摊的政策中都规定了"平衡支付"的条款,但具体名称有所不同。中国的平衡支付原则具体表现为"补偿调整",强调成本分摊执行期间,参与方实际分享的收益与分摊成本不相配比时,应根据实际情况对其分摊的成本做出补偿性调整。美国"482 规则"中,与平衡支付相关联的概念包括成本共享交易支付和平台贡献交易支付,其中规定通过成本共享交易支付和平台贡献交易支付保证各参与方分担的成本和风险与其合理可预期收益相匹配。

3. 无形资产转让定价调整方法有哪些,并探究每种方法的适用条件? 进一步探讨本案选择可比非受控价格法的原因。

由于关联交易不受市场力量主导,因此并非所有的转让定价都符合独立交易原则,中国的《中华人民共和国企业所得税法》、美国的《国内收入法典》及OECD 的《OECD 转让定价指南》对于不符合独立交易原则的无形资产转让都赋予税务当局进行相关调整的权限。无形资产成本分摊协议作为国际上无形资产转让定价的一种方式具体的调整方法归纳起来主要有三大类:

(1) 比较价格法。

比较价格法主要包括可比非受控价格法、再销售价格法和成本加成法。

可比非受控价格法以非关联方之间的与关联交易相同或类似业务活动收取的价格为关联交易的独立交易价格,其对于资产的可比性要求较高。在无形资产转让定价的调整中,可比非受控价格法通常会被优先考虑。当关联转让与非关联转让中的无形资产具有同质性时,该方法下取得的结果将最为可靠;但关联转让与非关联转让存在微小差异时,通过合理的调整,也可认为二者是可比的。

再销售价格法是从可比的非受控价格中减去合理的毛利确定的正常交易价格。再销售价格法适用的前提是转售方未对产品的价值进行实质性提升。具体到无形资产转让定价的调整,如果转让方对无形资产做出了实质性改进,则再销售价格法在该无形资产转让定价调整上的适用性将大大削弱。

成本加成法是以关联交易的生产成本加上符合正常交易原则的利润,来判断受控交易的定价是否为正常交易价格的方法。适用成本加成方法需要满足成本可比和成本会计核算一致两个条件。由于各国会计准则存在差异,对于关联企业间无形资产的跨境转让,成本加成方法在该种无形资产转让定价调整中的适用性较差。

(2) 比较利润法。

比较利润法主要包括可比利润法、交易净利润法和利润分割法。其中适用于无形资产转让定价调整的方法主要为利润分割法。利润分割法是根据交易各方对关联交易整体利润的贡献程度计算各自应分配的利润,具体包括贡献分析法和剩余利润贡献法。从两种方法的实质出发,贡献分析法和剩余利润法都是对资产产生利润进行分配的方法,但二者在分配基础上存在差异,其中贡献分析法没有对有形资产和无形资产产生的利润进行区分,而是直接进行分配。剩余利润分割法是在资产产生的总利润中剔除有形资产产生的常规利润后得出剩余利润,再根据各关联企业对无形资产所做的贡献大小,对剩余利润进行分配。应用在无形资产转让定价调整中,需要根据无形资产创造利润的情况针对性地选择使用方法,若无形资产创造利润相对于整体利润相比较低,则选择贡献分析法;但在无形资产创造了大部分的利润时,采用贡献分析法做出的调整不能真实反映出无形资产的价格,此时采用剩余利润分割法更为合适。

(3)预约定价安排。

区别于价格法和利润法,预约定价安排是税务机关按照税法的规定,对企业提出的关联交易定价的计算方法进行审核,并与协商一致达成的定价安排。相对于价格法和利润法,预约定价安排明确了转让定价的调整,具有更强的确定性。在无形资产转让定价调整中进行预约定价安排时,要考虑相关预约定价安排的耗时性,耗时较长的预约定价安排将对相关资产的转让定价调整产生一定的滞后性。

4. 结合 BEPS 行动计划谈谈无形资产的价值创造及目前国际政策的局限性。

在《OECD 转让定价指南》的第六章以及 BEPS 第八项至第十项行动计划中,专门为无形资产的交易确定独立交易原则的事项提供指南。指南的核心观点可以提炼为:跨国集团的成员应根据无形资产在开发(development)、价值提升(enhancement)、维护(maintenance)、保护(protection)和利用(exploitation)过程中履行的功能、投入的资产和承担的风险判断对无形资产价值的贡献程度,确定各自应享有的收益,这里简称 DEMPE 过程。

局限性:

从无形资产法律所有权和经济所有权的角度讲,尽管法律所有权收取了无形资产的相关收益,但跨国集团的其他成员也为无形资产价值执行了相关的功能、使用了相关资产或做出了相应的贡献。因此,无形资产的相关收益和成本的最终分配应与无形资产的开发、价值提升、维护、保护和利用的过程中的功能和风险匹配。在无形资产的成本分摊中,虽然确定法律所有权人和合同安排是转让定价分析的重要出发点,但这一出发点区别于符合独立交易原则的补偿问题。法律所有权人这一事实并不意味着该法律所有权人有权享有补偿跨国集团成员执行功能、承担风险的剩余收益,集团其他成员在 DEMPE 过程中就其执行的功能也应获得符合独立交易原则的补偿。同时,在考虑跨国集团内成员的功能贡献所获得的符合独立交易原则的补偿时,一些重要功能的特殊性因素也应考虑在内,对于自行开发的无形资产,相关的重要功能包括设计、控制研究、营销流程、控制无形资产开发的战略性决策及管理和控制预算等。

八、其他教学支持材料

1. 杨志清,《国际税收前沿问题研究》,中国税务出版社,2012 年。
2. 朱青,《国际税收》(第七版),中国人民大学出版社,2016 年。
3. G20 税基侵蚀与利润转移(BEPS)项目成果,2015 年。

A 公司平价股权转让的特别纳税调整

杨志清 陈 珂

摘 要：本案例研究的是境内居民企业之间平价股权转让的特别纳税调整。中国居民企业 A 公司平价向 B 公司转让其所持的 J 银行股权，A 公司认为本次交易未获得转让收益，因此没有进行纳税申报。但经过税务人员的多方稽查，发现 B 公司系 A 公司的关联企业，本次股权转让价格不公允，应当对本次股权转让价格进行重新核算。在引入第三方机构后，税务人员对本次所转让的 J 银行股权进行了重新定价，核算相关税款。最后 A 公司补缴相关税款、利息和罚款。本案例主要分析境内关联方平价转股背后的涉税问题及税收风险。

关键词：关联关系 平价转股 特别纳税调整 股权价格

随着改革开放的不断深化，资本的流通性不断加大，股权交易也更加频繁。但我国资本市场交易信息披露机制尚不成熟，现行税收政策、税源管理的手段仍需研究，征管中的问题亟待解决。因此，如何加强股权转让的税收管理，及时弥补税收漏洞，充分发挥税收的调节作用，保护市场投资主体的积极性，是当前税务机关需要着力解决的问题。本案例主要分析境内关联方平价股权转让背后的涉税问题及税收风险。

1. A 公司基本情况

A 公司为江苏省常州市的一家建筑工程公司，注册资本 7 000 万元，A 公司向 B 公司借款 4 205.7 万元。A 公司于 2012 年 12 月 27 日向 B 公司转让其所持的 J 银行 3 000 万股股票,每股转让价格为 1.62 元,总金额 4 860 万元。此次股权转让交易,A 公司并未进行纳税申报。对此,企业财务人员解释称,收购 J 银行股权时,除了支付每股 1 元股本,还接受了银行一部分不良资产,这笔不良资产折算为每股 0.62 元,合计收购总成本为每股 1.62 元。因为是平价转让股权,没有收益,因此没有进行纳税申报。

A 公司所持股的 J 银行虽然不是上市银行,但其在当地知名度颇高,业务规模和盈利能力在常州市金融机构中名列前茅。另外,J 银行股东较多,企业间股权交易较频繁,为了规范股权管理,J 银行已委托常州市股权托管中心对其股权交易进行托管。A 公司向 B 公司平价转让这样的优质股权似乎不合常理,因此引起了税务机关怀疑,税务机关对其进行了税务检查。

2. 关于平价股权转让的特别纳税调整

2.1 A 公司和 B 公司关联关系的认定

B 公司向 A 公司提供借款 4 205.7 万元,超过 A 公司注册资本的 50%。按照《国家税务总局关于印发〈特别纳税调整实施办法(试行)〉的通知》(国税发〔2009〕2 号)第九条规定,一方与另一方(独立金融机构除外)之间借贷资金占一方实收资本 50% 以上,可判定为关联关系。A 公司和 B 公司符合关联企业条件,其发生的股权转让行为属关联交易。根据企业所得税法相关规定,应核定 A 公司与 B 公司之间该笔股权交易的应纳税所得额。

2.2 A 公司平价转股的定价调整问题

A 公司认为,平价转让其所持 J 银行的股权给 B 公司,没有造成国家税收收入减少,因此该交易不应做定价调整。

2.3 A 公司股权转让价格偏低的问题

通过常州市股权托管中心可以查询到 A 公司历次获得 J 银行股份的数量和成本。通过计算,最终确定 A 公司转让的股权成本为每股 1.58 元。故需要对 A 公司所称持股成本 1.62 元进行调整。同时,2012 年 12 月,J 银行在常州市股权托管中心实际成交股权的平均价格为每股 3.4 元。此价格可作为核定 A 公司与 B 公司股权交易价格的依据。而 A 公司所转让的股权价格为每股 1.62 元,明显低于参考价,计税价格偏低。

2.4 A 公司平价转股的所得税问题

经过核查计算,A 公司所持 J 银行的股权成本需要调整。A 公司向 B 公司所转让的股权价格有失公允,需要进一步评估。根据《中华人民共和国企业所得税法》的规定,境内居民企业股权转让所得应缴纳企业所得税,适用税率为 25%,具体计算公式为:应纳税金 = 应纳税所得额×25%。符合税法规定优惠税率的企业其所得税税率适用优惠税率。在对 A 公司的股权价格进行评估之后,税务机关判定 A 公司需要补缴企业所得税。

综上可知,问题的关键点在于,在判定 A 公司本次股权转让为关联交易之后,能否对该交易进行特别纳税调整,以及如何评估转让股权的价格。

3. 关于平价转股的争议

3.1 是否应该进行特别纳税调整

A 公司认为,根据国税发〔2009〕2 号文件第三十条"实际税负相同的境内关联方之间的交易,只要该交易没有直接或间接导致国家总体税收收入的减少,原则上不做转让定价调查、调整"规定,企业此次股权交易是平价转让,未使国家税收减少,因此该交易不应做定价调整。

税务机关认为,在该项交易中,A 公司将自己持有 J 银行的股权平价转让给 B 公司后,虽然 A 公司转让所得减少,但 B 公司接受 J 银行股权后,当期马上再将 J 银行股权转让给第三方,A 公司转让减少的所得会通过 B 公司转让 J 银行股权增加的所得来实现,在此情况下,该笔交易转让所得的总体税收收入不减少。但是,B 公司并没有当期转让股权,那么此项纳税义务将递延至以后年度转让时实现,由于股权转让所得存在不确定性,客观上就会减少当期税收收入。因此,A 公司与 B 公司的这次股权交易不符合国税发〔2009〕2 号文件第三十条所述情况,需重新核定交易价格,对股权交易做定价调整。

3.2 股权转让价格如何定价

税务机关将 J 银行在常州市股权交易中心同期实际成交股权的加权平均价格每股 3.4 元作为重新核定交易价格的依据。对此,A 公司并不认可,A 公司认为每股 3.4 元价格过高,有失公允。

A 公司提交了一份由企业自行聘请的某评估机构出具的评估报告。该报告中评定 A 公司与 B 公司的股权交易价格为每股 1.98 元,由于该报告中并未注明采取何种评估方法得出此价格,税务机关当即否决了该报告。随后,A 公司又向检查人员提交了由同一家评估机构出具的另外一份评估报告。该报告中称,参照三家同规模上市城市商业银行股权价格信息实施评估,由于 J 银行不是上市银行,其股份缺少流通性,同时 A 公司与 B 公司交易的股权数量达不到控股 J 银行的份额,因此评估时以三家上市银行收盘价均价为基础,去除市场供求对股价的影响等因素,得出 A 公司与 B 公司所交易股权单价应为每股 2.24 元。税务机关对于 A 公司再次提供的评估报告仍不认可。

在多次协商无效的情况下,税务机关引入中介评估机构,对股权转让当期 J 银行实际资产、经营状况、市场购销等因素进行了客观分析,结合同期 J 银行股权交易市场价格水平,得出每股 3.01 元的评估价格。A 公司表示认可。

4. 处理结果

最终,税务机关根据 A 公司与 B 公司股权交易实际情况,对 A 公司依法做出处理决定:

第一,A 公司原持有的 J 银行股份每股成本 1.58 元,低于此前财务人员所称的每股成本 1.62 元,A 公司转让 3 000 万股 J 银行股份给 B 公司,少申报财产转让收入 120 万元,应补缴企业所得税 30 万元,加收滞纳金约 6.1 万元,并处罚款 15 万元。

第二,A 公司与 B 公司间的转让股权属关联交易,应以 3.01 元每股的价格核定应纳税所得额,A 公司需补缴企业所得税约 1 042.5 万元,并加收利息约 130.9 万元。因 A 公司交易当年未按规定报送相关业务报表,按规定处罚款 2 000 元。

A公司平价股权转让的特别纳税调整

案例使用说明

一、教学目的与用途

1. 本案例主要适用于税务专业硕士的"税收筹划"课程,也适用于税收学研究生的"税收理论与政策"等课程、本科生的"税收学"等课程。

2. 教学对象为具有一定税法基础、对国内税收问题具有一定了解的税务专业硕士、税收学研究生、税收相关专业的本科生。

3. 本案例的教学目标:

(1) 使学生了解关联关系的认定标准。

(2) 使学生掌握核定股权转让价格偏低的税务处理方法。

(3) 使学生深入了解境内关联企业间平价、低价转让股权问题中常见的税务争议点。

(4) 使学生把握核定转让股权的定价方法。

二、启发思考题

1. 什么是关联企业?关联关系该如何判定?

2. 税务机关对A公司进行特别纳税调整的税务依据是什么?

3. 股权转让交易该如何定价?

4. 关联方之间平价、低价转股有哪些涉税风险?

三、分析思路

1. 引导学生首先考虑A公司和B公司的关联关系。

从案例中可以得出:A公司注册资本7 000万元,向B公司借款4 205.7万元。借款资金超过注册资本的50%,根据《国家税务总局关于印发〈特别纳税调整实施办法(试行)〉的通知》(国税发〔2009〕2号)第九条的规定,可判定A公司和B公司为关联企业。

2. 引导学生找出A公司和税务机关之间关于股权转让的争议点。

A公司与税务机关的争议点有两个。第一,是否应该对本次平价转股交易进行特别纳税调整。A公司认为,企业此次股权交易是平价转让,没有直接或间接导致国家总体税收收入的减少,原则上不应该进行转让定价调查和调整。税务机关认为,如果 A 公司将股权转让给 B 公司后,B 公司在当期马上将 J 银行股权转让给第三方,A 公司转让减少的所得会通过 B 公司转让 J 银行股权增加的所得来实现,在此情况下,该笔交易转让所得的总体税收收入不减少。但是 B 公司并没有当期转让股权,那么此项纳税义务将递延至以后年度转让时实现,由于股权转让所得存在不确定性,客观上就会减少当期税收收入。因此需重新核定交易价格,对股权交易做定价调整。

第二,在股权定价方面,税企双方分歧较大。A 公司认为税务机关核定的 J 银行股权每股 3.4 元的价格过高,有失公允。A 公司聘请外部评估机构对本次转让的股权价格进行评定,两次的评估价格分别为每股 1.98 元和每股 2.24 元,但都遭到税务人员的否决。在双方协商无效的情况下,税务机关引入中介评估机构,对股权转让当期 J 银行实际资产、经营状况、市场购销等因素进行了客观分析,结合同期 J 银行股权交易市场价格水平,得出每股 3.01 元的评估价格。

3. 组织学生得出小组讨论的分析结论。

针对 A 公司和税务机关的观点,要求学生分析各方观点的法律依据及合理性。由各组学生进行角色扮演,分别从 A 公司、税务机关和评估机构三个角度,阐述关于本案例的税务处理观点。最终由每个小组得出具体的分析结论。

4. 从本案例中延伸思考关联方股权转让的涉税风险。

通过对本案例的分析,可以思考境内关联方平价、低价转让股权存在的风险点:第一,税务调查风险。股权转让交易向来是税收监管的重点领域。在《国家税务总局关于加强股权转让企业所得税征管工作的通知》(税总函〔2014〕318 号)中,国家税务总局特别提出了在所得税的税收征管中,要重点排查"股权转让价格偏低的交易"。关联方平价、低价转让股权都是"低于市场价格"的交易行为,应当判定其是否具有合理的商业目的。如果存在不正当理由,应当启动税务稽查程序或特别纳税调整程序。第二,补缴税款风险。关联方的平价、低价转股在面临税务调查时,可能存在补缴企业所得税、个人所得税、印花税等的风险。

四、理论依据与分析

1. 关联关系的定义和认定。

(1) 关联关系。

关联关系是指公司控股股东、实际控制人、董事、监事、高级管理人员与其直接、间接控制的企业之间的关系,以及可能导致公司利益转移的其他关系。关联企业,是指与其他企业之间存在直接、间接控制关系或重大影响关系的企业。关联关系的判定在转让定价调查中至关重要。当企业之间交易行为出现异常,无正当理由以低于市场价格进行股权转让时,应当首先核查双方是否为关联企业,然后才能决定是否启用特别纳税调整程序。

(2) 认定标准。

《国家税务总局关于印发〈特别纳税调整实施办法(试行)〉的通知》(国税发〔2009〕2号)的第九条对关联关系的判定做出了详细规定。关联关系的具体判定如表1所示。

表1 关联关系的判定

控制关系	主要项目	具体内容
资金控制	持股比例	一方直接或间接持有另一方的总股份达到25%以上,或者双方直接或间接同为第三方所持有的股份达到25%以上。若一方通过中间方对另一方间接持有股份,只要一方对中间方持股比例达到25%以上,则一方对另一方的持股比例按照中间方对另一方的持股比例计算
资金控制	借贷资金	一方与另一方(独立金融机构除外)之间借贷资金占一方实收资本50%以上,或者一方借贷资金总额的10%以上由另一方(独立金融机构除外)担保
人事控制	委派高管	一方半数以上的高级管理人员(包括董事会成员和经理)或至少一名可以控制董事会的董事会高级成员由另一方委派,或者双方半数以上的高级管理人员(包括董事会成员和经理)或至少一名可以控制董事会的董事会高级成员同为第三方委派
人事控制	兼任高管	一方半数以上的高级管理人员(包括董事会成员和经理)同时担任另一方的高级管理人员(包括董事会成员和经理),或者一方至少一名可以控制董事会的董事会高级成员同时担任另一方的董事会高级成员
经营控制	特许权控制	一方的生产经营活动必须由另一方提供工业产权、专有技术等特许权才能正常进行
经营控制	购销控制	一方的购买或销售活动主要由另一方控制
经营控制	劳务控制	一方接受或提供劳务主要由另一方控制
其他控制	利益相同	一方对另一方具有实质性控制,或者双方具有利益关联关系,包括一方与另一方的主要持股方享受基本相同的经济利益,如家族、亲属关系等

国税发〔2009〕2号文件主要解决税务机关对企业相关特别纳税调整事项,主要包括转让定价、预约定价安排、成本分摊协议、受控外国企业、资本弱化及一般反避税等。它被视为中国转让定价法规历史上的一座里程碑。文件中除了对关联交易行为的判定提供了依据,第十条还列举了关联交易的类型:有形资产的购销、转让和使用;无形资产的转让和使用;融通资金;提供劳务。

在本案中,B公司向A公司提供借款4 205.7万元,而A公司注册资本为7 000万元,借款资金超过注册资本的50%,符合《特别纳税调整实施办法(试行)》第九条第二款借贷资金的判定条件。因此,税务机关判定A、B公司为关联企业是合理的。

2. 关联企业平价转股的税务处理依据。

即使认定双方企业为关联企业,也并不一定要进行纳税调整,要结合具体情况分析。《特别纳税调整实施办法(试行)》第三十条规定:"实际税负相同的境内关联方之间的交易,只要该交易没有直接或间接导致国家总体税收收入的减少,原则上不做转让定价调查、调整。"反之,如果境内关联交易的关联方之间存在实际税负差异,且因此导致了国家整体税款的减少,那么税务机关有权对其进行纳税调整。因此,税务机关是否对关联交易进行特别纳税调整,应该关注两个点:第一,境内关联方之间的税负是否相同;第二,该交易是否造成国家总体税收的减少。

造成境内关联企业之间税负不同的原因可能有两个:第一,双方适用的企业所得税税率不同。一般企业适用的所得税税率为25%,若另一方为小微企业、高新技术企业或其他适用企业所得税优惠政策的企业,其税率会低于25%。由于适用税率的不同会造成企业之间实际税负差异,这就引发了企业通过关联交易避税的动机。第二,关联交易双方存在利润转移。《中华人民共和国企业所得税法》第十八条规定:"企业纳税年度发生的亏损,准予向以后年度结转,用以后年度的所得弥补,但结转年限最长不得超过5年。若关联企业一方盈利,而另一方亏损。盈利企业可以通过关联交易的方式将利润转移到亏损企业,弥补亏损之后其应纳税额的减少。"二者实际税负产生差异。

关联方之间无论是由于税率差异转移利润还是盈利企业通过将利润转移到亏损企业的方式达到避税目的,都会造成国家总体税收的流失,符合《特别纳税调整实施办法(试行)》的规定,税务机关对相关交易进行特别纳税调整。

在本案中，A公司与B公司实际税负相同，B公司认为此次股权交易是平价转让，未使国家税收减少，因此该交易不应做定价调整。但是A公司与B公司之间的交易已经违背了独立交易的原则。《中华人民共和国税收征管法》第三十六条规定："企业或者外国企业在中国境内设立的从事生产、经营的机构、场所与其关联企业之间的业务往来，应当按照独立企业之间的业务往来收取或者支付价款、费用；不按照独立企业之间的业务往来收取或者支付价款、费用，而减少其应纳税的收入或者所得额的，税务机关有权进行合理调整。"A公司向B公司转让的所持J银行的股权在正常交易价格下为每股3.4元，但A公司平价转让该股权给B公司违背了独立交易原则，客观上造成了国家税收流失，所以税务机关有权对A公司与B公司的股权转让交易进行特别纳税调整。

3. 股权转让的定价方法。

境内关联企业之间发生的低价、平价股权转让行为如果违背了独立交易原则，根据《中华人民共和国税收征管法》第三十六条的规定，税务机关有权进行特别纳税调整，重新核定股权转让价格。但是在税务调查的过程中，征纳双方对于价格的核定往往存在分歧，采用不同的评估方法，股权价格也存在差异。

对关联交易转让定价的评估方法有可比非受控价格法、再销售价格法、成本加成法、交易净利润法、利润分割法等。其中，可比非受控价格法适用于所有类型的关联交易，包括金融资产的转让。但是，该方法的适用，应该以居民企业与非关联企业之间也发生同样的股权转让事项为前提。鉴于股权转让，尤其是非公开市场的股权转让，信息披露不透明，这样就造成可比非受控价格法很难真正成为关联企业股权转让定价依据的调整方法。再销售价格法、成本加成法、交易净利润法、利润分割法不适用于股权转让的定价核算。因此，应当选用其他方法对股权转让价格进行评估。

《关于发布〈特别纳税调查调整及相互协商程序管理办法〉的公告》（国家税务总局公告2017年第6号）第二十二条规定："其他符合独立交易原则的方法包括成本法、市场法和收益法等资产评估方法，以及其他能够反映利润与经济活动发生地和价值创造地相匹配原则的方法。"这是我国税收法规中第一次明确引入"资产评估方法"。这三种方法都可适用于关联企业低价转让股权的价格核算，不同的方法存在差异。

（1）成本法。

成本法是以替代或重置原则为基础，通过在当前市场价格下创造一项相似资产所发生的支出确定评估标的价值的评估方法。它适用于能够被替代的资产价值评估。税务机关可以运用成本法确定平价转让股权的公允价值。

关联方之间平价转让一方所持的第三方股权，其实质是对第三方的净资产进行重新分配。转让方就转让股权部分占第三方的全部股权的比例分配净资产，剔除的转让方在第三方的股权就是转让方的股权转让所得。如果税务机关要对此次平价股权转让进行定价评估，可先核查第三方的净资产，从而核算出第三方股权的公允价值。通过转让方所持第三方的股权比例，可以算出该部分股权的公允价值，即股权的转让价格，其与该部分股权成本的差价部分为股权转让所得，即为须缴纳所得税的部分。

成本法的优点是适用范围广泛，结果趋于公平合理，但是需要搜集的资料较多，计算复杂，工作量大。当然，如果可获得的第三方公司资料不足，无法核算第三方股权的公允价值，那么成本法的应用就会产生困难，可能需要采用其他评估方法。

（2）市场法。

市场法是利用市场上相同或相似资产的近期交易价格，经过直接比较或类比分析以确定评估标的价值的评估方法。市场法适用于在市场上能找到与评估标的相同或相似的非关联可比交易信息时的资产价值评估。简单来说，就是从现有的市场中寻找类似案例，与被评估资产进行对比分析，根据分析结果调整市场价值，最终得到被评估资产价值。

运用市场法有三个前提：第一，市场活跃，可寻找到类似案例。如果要在市场上寻找评估标的的参照物，那么这个市场必须是发育完善并且活跃的。在这样的市场条件下，资产种类多，交易频繁，才有可能找到近期交易成功的类似资产的实例。第二，参照物与被评估资产具有可比性。选取的参照物应当与被评估资产具有可比性，要进行对比的指标和相关的调整系数可以获取。调整的因素包括时间、地域、功能和交易等。第三，标的估值能在交易对象交易价格基础上调整得到。市场法的本质是对比分析。将被评估资产与选取的合适参照物对比，找出可比较因素之间的差别，并对此进行量化修正，最后可以得出被评估资产的价值：

评估对象价值＝参照物成交价格×评估对象 A 因素/参照物 A 因素

但在实际操作中,不同资产具有不同的特点。由于各自的交易市场不同,选取的参照物也不同,在不同资产价值评估中的做法可能差别较大。市场法的优点是原理较为简单,易于理解,并且能够随着市场的变化改变参数,更加直观灵活。评估价格也更接近市场价,易被交易双方接受。缺点是寻找合适的参照物较为困难,对差异因素的调整具有不确定性。

(3) 收益法。

收益法基于未来,也叫收益现值法。它先预测出被评估资产的未来收益,考虑时间价值进行折现,然后把折现之和作为被评估资产的价值。收益法主要用于对企业整体资产和可预期未来收益的单项资产评估。运用收益法进行评估的资产对象要满足以下三个条件:第一,被评估对象必须是经营性资产,而且具有持续获利的能力。这样才能对其未来的收益进行预测。第二,被评估资产是能够用货币衡量未来收益的单项或整体资产。第三,产权所有者所承担的未来经营风险也必须能用货币衡量。收益法的评估模型一般公式为:

$$P = \sum_{t=1}^{n} \frac{F_t}{(1+r)^n}$$

在公式中,P 为被评估对象价值,t 是收益期间,n 是预期收益年限,F_t 是未来第 t 年的收益额,r 为折现率。从这个公式中可以看出,运用收益法要把握三个重要因素,即预期收益额、折现率和预期收益年限。预期收益额是客观的,一般来说有三种选择类型:净利润、净现金流量和利润总额。具体选择哪种类型可根据被评估对象的性质、资料可得性、评估模型等多方面因素来确定。折现率是影响评估价值的一个重要因素。《资产评估准则——企业价值》规定,在进行资产评估时,应当结合企业的具体情况,考虑利率水平、投资收益率、特定风险等因素,合理确定折现率。未来收益年限是指企业未来能获得收益的时间。确定收益年限时应该把握企业所处的成长阶段、经营规模、市场环境等因素,主要分为有限年期法和永续年期法。不同方法下的收益法企业价值评估模型也不同。在实际运用中,一般采用永续年期法。

在用收益法测算关联企业股权转让价格时,要注意企业会计数据的使用。对企业进行未来收益的预测应该以历史经营状况为基础,这就要求以往会计数据的准确性和客观性。在使用会计数据之前,应该对其中非常规的因素进行调整,使其能够反映出企业的财务状况和盈利能力,保证对未来收益预测的合理性。收益法评估出的资产价值较为真实和准确,但在操作过程中对未来收益的预测难度较大,并且收益法适用的范围较小。

表 2 是上述三种方法的对比。

表 2 股权转让定价三种评估方法对比

	成本法	市场法	收益法
立足点	过去	现在	未来
方法实质	重置成本	对比分析	收益现值
适用范围	可重建、可购置的整体资产等	以市场价值为基础的资产评估	单项资产的价值评估以及企业整体价值的评估
前提条件	历史成本资料可获得;被评估资产必须是可以再生的或是可以复制的	存在交易频繁的活跃市场;对比指标可获得	未来预期收益和承担风险可用货币计量;预期获利年限可预测
优点	适用范围广泛;评估结果趋于公平合理	原理简单、直观灵活;更接近市场价	真实、准确;更易被双方接受
缺点	计算复杂,工作量大	找合适的参照物困难;差异因素的调整不确定性大	预测难度大;适用范围窄

上述三种评估方法各自适用的范围有所差别,所要求的前提条件也不相同,各有优缺点。在评估关联企业股权转让的公允价值时,可以根据企业的具体性质、资料的可获得性、外部条件等情况来具体决定选用哪种方法。

4. 分析结论。

根据以上理论分析,可以得出以下结论:

第一,经过对 J 银行股权价格的核定,发现 A 公司以每股 1.62 元的价格向关联方 B 公司转让该股权的行为存在价格偏低的问题,违背了独立交易原则,并且客观上造成了国家税收的减少。税务机关对 A 公司本次平价转股交易启动特别纳税调整程序是合理的。

第二,股权转让价格的核定是特别纳税调整工作中一个非常重要的问题。采用的方法不同,核定价格可能存在较大差异。在本案例中,评估机构对 A 公司转让的股权构进行了三次评估,最终核定的每股 3.01 元的价格得到 A 公司和税务机关的共同认可。在进行股权价格核定时,应该考虑企业性质、企业规模、业务结构、资产构成、经营模式、资产配置和使用情况、财务风险、交易时间、股权关系、税收利益、成本结构等方面,选择合适的评估方法。

五、关键点

1. 企业之间平价、低价转让股权是我国税收监管的重点领域。根据我国的税收法规,把握关联企业平价、低价转股适用特别纳税调整的税务处理方法。

2. 掌握股权价格的评估方法。

3. 深入思考本案例对税务机关加强反避税工作的重要意义。

六、建议的课堂计划

1. 建议安排课堂教学 2 课时,以小组讨论的形式研讨。

2. 分组讨论以角色扮演的形式开展,分别从 A 企业、税务机关和评估机构三个角度,分别对这个案例进行观点阐述。

3. 小组讨论之后,形成书面讨论报告。

七、案例的建议答案以及相关法规依据

1. 什么是关联企业?关联关系该如何判定?

关联企业是指与其他企业之间存在直接、间接控制关系或重大影响关系的企业。相互之间具有联系的各企业互为关联企业。关联关系可依据《国家税务总局关于印发〈特别纳税调整实施办法(试行)〉的通知》(国税发〔2009〕2 号)第九条规定的八种情形进行判定。

2. 税务机关对 A 公司进行纳税调整的税务依据是什么?

税务机关认为,A 公司向关联方 B 公司转让的 J 银行股权每股 1.62 元的价格不公允,远低于同期 J 银行股权的加权平均价格每股 3.4 元。同时,A 公司平价转股给 B 公司后,B 公司并没有当期转让股权,那么此项纳税义务将递延至以后年度转让时实现,由于股权转让所得存在不确定性,所以客观上会减少当期税收收入。

主要依据是《中华人民共和国税收征管法》第三十六条:"企业或外国企业在中国境内设立的从事生产、经营的机构、场所与其关联企业之间的业务往来,

应当按照独立企业之间的业务往来收取或支付价款、费用；不按照独立企业之间的业务往来收取或支付价款、费用，而减少其应纳税的收入或所得额的，税务机关有权进行合理调整。"

由此可见，A公司向关联方B公司平价转让其所持的J银行股权的价格并不公允，违背了独立交易原则，具有以此达到少缴税款的目的。税务机关有权对其进行纳税调整。

3. 股权转让交易该如何定价？

《关于发布〈特别纳税调查调整及相互协商程序管理办法〉的公告》（国家税务总局公告2017年第6号）第二十二条规定："其他符合独立交易原则的方法包括成本法、市场法和收益法等资产评估方法，以及其他能够反映利润与经济活动发生地和价值创造地相匹配原则的方法。成本法是以替代或者重置原则为基础，通过在当前市场价格下创造一项相似资产所发生的支出确定评估标的价值的评估方法。成本法适用于能够被替代的资产价值评估。市场法是利用市场上相同或者相似资产的近期交易价格，经过直接比较或者类比分析以确定评估标的价值的评估方法。市场法适用于在市场上能找到与评估标的相同或者相似的非关联可比交易信息时的资产价值评估。收益法是通过评估标的未来预期收益现值来确定其价值的评估方法。收益法适用于企业整体资产和可预期未来收益的单项资产评估。"

在进行股权价格核定时，应该根据具体的情况选择合适的评估方法。

4. 关联方之间平价、低价转股有哪些涉税风险？

（1）税务调查风险。

股权转让交易向来是税收监管的重点领域。在《国家税务总局关于加强股权转让企业所得税征管工作的通知》（税总函〔2014〕318号）中，国家税务总局特别提出了在所得税的税收征管中，应重点排查"股权转让价格偏低的交易"等风险点。关联方平价、低价转让股权都是"低于市场价格"的交易行为，应当判定其是否具有合理商业目的。如果存在不正当的避税行为，应当启动税务稽查程序或特别纳税调整程序。

关联企业之间的交易，涉及经营活动、投资活动等业务时应各自独立、自负盈亏、自担风险。按照我国税收法规，关联企业间业务往来应遵循独立交易原则，企业各关联方涉及的关联交易产生的利润应与独立企业经营所获取的利润基本一致,否则将面临税务机关转让定价调查的风险。关联企业以"平价""低价"方式转让股权,实质上都是低于市场价格转让股权的交易行为,违背了独立交易原则,若无法提供"正当理由"则可能会被税务机关进行税务调整,面临启动特别纳税调整程序,补缴企业所得税的风险。

(2)补缴税款风险。

纳税人面临补缴企业所得税的风险。根据《中华人民共和国企业所得税法》的相关规定,关联企业之间的业务往来,如果在不符合独立交易原则的条件下,以减少应纳税收入或者所得额为目的的,税务机关有权按照合理方法调整。因此,关联企业之间的平价、低价转让股权行为如果缺乏合理商业目的可能会被税务机关进行特别纳税调整。一般居民企业应缴纳企业所得税具体计算公式为:应纳税金=应纳税所得额×25%。

纳税人面临补缴印花税的风险。股权转让需要订立财产转让合同,合同规定的转让金额是印花税的计税基础,交易双方按照0.05%的税率贴花。所以,平价、低价转让股权也可能面临补缴印花税的风险。

八、其他教学支持材料

1. 荀旭杰,《股权资本整体解决方案》,人民邮电出版社,2016年。

2. 邓昌平,《特别纳税调整实务指南》,中国市场出版社,2018年。

3. 大连市税务学会课题组,谷兆春,高峻,苏玲,唐守信,王晓玲,郑佰强,"基于收益法的关联股权转让定价评估模型研究",《国际税收》,2015年第7期:第67—72页。

4. 王嵩,"市场法在企业价值评估中的应用研究",《东北财经大学学位论文》,2011年。

5. 车俊文,周生合,王欣,"资产评估中的基本方法的比较",《时代金融》,2018年第21期:第227—228页。